# DIEDERICHS
# GELBE REIHE

# Über den Rand
# des tiefen Canyon

Lehren indianischer Schamanen
Herausgegeben von
Dennis und Barbara Tedlock

Eugen Diederichs Verlag

Aus dem Amerikanischen übersetzt von Jochen Eggert
Titel der Originalausgabe: Teachings from the American Earth
Abbildung auf dem Umschlag: »Creek-Pawnee Zeremonialfeuer« von
Acee Blue Eagle. Photo: Museum of New Mexico

CIP-Kurztitelaufnahme der Deutschen Bibliothek
**Über den Rand des tiefen Canyon :**
Lehren indian. Schamanen / hrsg. von Dennis Tedlock u. Barbara
Tedlock. – [aus d. Amerikan. übers. von Jochen Eggert].
4. Aufl., (11.–12. Tsd.). – Köln : Diederichs, 1983
(Diederichs Gelbe Reihe ; 17 : Indianer)
Einheitssacht.: Teachings from the American Earth <dt.>
ISBN 3-424-00577-0
NE: Tedlock, Dennis [Hrsg.]; EST; GT

Vierte Auflage 1983
© 1975 by Dennis Tedlock and Barbara Tedlock
Alle Rechte der deutschen Ausgabe
beim Eugen Diederichs Verlag GmbH & Co. KG, Köln 1978
Umschlaggestaltung: Eberhart May
Gesamtherstellung: Wagner, Nördlingen
ISBN 3-424-00577-0

# INHALT

ZUR EINFÜHRUNG  9

TEIL I
SEHEN UND HEILEN

WERDEGANG EINES MEDIZINMANNS  26
*Isaac Tens, wiedergegeben von Marius Barbeau*

REISE EINES SCHAMANEN ZU TAKÁNAKAPSÂLUK,
DEM GEIST DES MEERES  35
*Knud Rasmussen*

HANBLECHEYAPI – EINE VISION ERFLEHEN  42
*Schwarzer Hirsch, wiedergegeben von Joseph Epes Brown*

DIE SALZPILGERSCHAFT  64
*Ruth Underhill*

DER PEYOTE-WEG  100
*J. S. Slotkin*

DER WEG DES CLOWNS  109
*Barbara Tedlock*

TEIL II
DENKEN ÜBER DIE WELT

EIN INDIANISCHES MODELL DES UNIVERSUMS  124
*Benjamin Lee Whorf*

ONTOLOGIE, VERHALTEN UND WELTBILD DER
OJIBWA  134
*A. Irving Hallowell*

DAS INNERE GESICHT VON SCHAMANISMUS UND
TOTEMISMUS  168
*Robin und Tonia Ridington*

DIE METAPHYSIK DER OGLALA   183
*Schwert, Finger, Ein-Stern und Tyon, wiedergegeben von J. R. Walker*

DER TOD AUS INDIANISCHER SICHT   198
*Dennis Tedlock*

ANMERKUNGEN   224
REGISTER   238

Die Autoren dieses Buches haben eines gemeinsam: Sie sind entweder Indianer, die sich Gehör verschaffen wollten, oder Weiße, die Indianer gehört haben und deren Leben durch diese Erfahrung verändert wurde.

Solche Autoren zu finden, war uns wichtiger, als zu versuchen, einen systematischen Überblick über die indianischen Lehren des gesamten Kontinents zu geben. Wir selbst sind noch weit davon entfernt, Religion und Weltanschauung der nordamerikanischen Indianer in ihrer Gesamtheit zu verstehen. Uns einem Verständnis anzunähern, dazu verhalfen uns vor allem die Worte von Andrew Peynetsa, Dennis Peynetsa, Alfonso Ortiz, Larry Bird, Essie Parish, Lame Deer und Beeman Logan.

Die Herausgeber

*Dennis Tedlock* wuchs in New Mexico auf und war ein Schüler des Cochiti-Indianers Joe Herrera. Er machte seinen B.A. an der Universität von New Mexico und promovierte in Tulane, nachdem er unter den Navajo, Kosati und Zuñi-Indianern studiert hatte. Er lehrte an der University of California in Berkeley und der Yale-Universität und ist zur Zeit Professor der Universität von Boston.

*Barbara Tedlock* studierte Malerei und Theaterwissenschaften in Washington D. C. Sie machte ihren B.A. an der University of California in Berkeley. Den M.A. in Anthropologie (Studium der Musik der Zuñi-Indianer) machte sie an der Wesleyan University und promovierte an der State University von New York.

# ZUR EINFÜHRUNG

Vieles haben wir schon von den Indianern gelernt, auch wenn wir diese Tatsache gern vergessen. Im hohen Norden ist das Leben auch heute noch teilweise auf die technischen Errungenschaften der Eskimos und Indianer angewiesen; die Parka, der Schneeschuh, der Toboggan (indianischer Schlitten) und der Kajak sind nur einige der Dinge, die wir von ihnen übernommen haben. Mais, Kartoffel, Patate und Maniok, Früchte, die erstmals in der Neuen Welt angebaut wurden, stellen heute die Hälfte der Grundnahrungsmittel unserer Welt. Unser heutiges Baumwolltuch in Ost und West ist zumeist aus jener langfaserigen Sorte hergestellt, die schon von den Indianern Amerikas verwendet wurde. Etwa 220 ihrer Arzeimittel waren oder sind offiziell in die *Pharmacopeia of the United States of America* oder die *National Formulary* aufgenommen. Doch selbst auf diesen praktischen Gebieten haben wir uns mit dem Lernen manchmal ziemlich schwer getan. Es ist kaum dreißig Jahre her, daß wir die indianischen Empfängnisverhütungsmittel als magisches Brimborium abtaten, doch als sich später herausstellte, daß sie tatsächlich die Ovulation verhindern konnten, wiesen sie uns den Weg zur »Pille«.[1]

Für die praktische Seite des Lebens haben wir also vieles von den Indianern gelernt, aber an den schwierigeren Teil der Lektion, die sie uns erteilen können, ihre Lehren über Geist und Seele, haben wir uns noch nicht herangewagt. Einige dieser Lektionen sind eng mit eben jenen Dingen verknüpft, die wir von ihnen übernommen haben, so etwa im Fall der bekanntesten indianischen Stimulationsdroge, des Tabaks. Für den Indianer hatte Tabak schon immer eine sakramentale Bedeutung: der Rauch wurde nach Osten und Westen, nach Norden und Süden, nach oben und unten geblasen, und zuletzt blies man den Rauch auf den eigenen Körper – so wurde die Verbindung zwischen dem Selbst und dem Kosmos hergestellt. Wir übernahmen das Tabakrauchen, verwässerten es jedoch zu einer Gewohnheit, und jetzt haben wir den Mißbrauch so weit getrieben, daß er viele von uns schon das Leben kostet. Die Ironie geht so weit, daß es jetzt schon eine öffentliche Kampagne gegen die heilige Gabe Amerikas gibt, als ob das Rauchen als solches schon ein Übel sei. Beeman Logan, ein Medizinmann der Seneca, gibt uns zu verstehen, daß der Fehler wohl eher in *uns* liegt: Der Tabak tötet uns, so sagt er, weil wir ihn nicht achten.

Wir können es uns leichtmachen und diese Aussage so verstehen, daß die Indianer eben ein anderes Verhältnis zur Natur haben als wir. Wenn sie eine Pflanze »achten« können, so müssen sie »enger mit der Natur verbunden« sein als wir; vor langer, langer Zeit waren wir vielleicht einmal so wie sie, damals, bevor wir anfingen, uns die Natur zu unterwerfen. Wer unter uns an den Fortschritt glaubt, sieht seine Aufgabe darin, den Indianer auf unser Niveau zu erheben, indem er ihm beibringt, wie man die Natur in den Dienst des Fortschritts zwingt. Wer aber dem Fortschritt mißtraut, der beneidet die Indianer und wünscht, wir könnten irgendwie »zurück zur Natur«, ohne daß er jedoch wirklich glaubt, es gebe einen Weg, auf dem wir unsere Unschuld zurückgewinnen könnten. Beide Perspektiven kranken daran, daß sie uns den Indianer nur als ein Fossil zeigen, an dem man bestenfalls etwas über die Vergangenheit lernen kann. Was das Lernen in der Gegenwart betrifft, so nehmen wir einfach an, es sei wohl an uns, *ihnen* etwas beizubringen, ob es nun darum geht, sie in die Gegenwart einzuführen oder sie davor zu warnen, sich mit ihr einzulassen.

Wir können uns freilich dieser Botschaft Logans noch auf andere Weise nähern, nämlich indem wir die Frage ihrer Bedeutung einmal zurückstellen und uns dem »Denkfehler« zuwenden, aus dem sie unserer Ansicht nach hervorging. Aus der Sicht Lucien Lévy-Bruhls müßte man annehmen, daß die für den Indianer charakteristische *participation mystique*, sein Gefühl der Einheit mit der Welt, ein rechtes Verständnis des Unterschieds zwischen ihm und der Tabakpflanze verhindert. Hätte er nur logischen Verstand, so würde er sehen, daß die Pflanze ein unbeseeltes Objekt ist, das weder Achtung verlangt noch strafen kann. Nehmen wir den etwas fortgeschritteneren Standpunkt von Claude Lévy-Strauss ein, so beruht der angebliche Irrtum nicht auf einem Mangel an Logik, sondern auf ihrer vorzeitigen und übereifrigen Anwendung, und zwar in diesem Fall darauf, daß Tatsachen aus den voneinander getrennten Bereichen von Psychologie (die »Achtungs«-Haltung) und Biologie (Tabak und Tod) unzulässigerweise in eine Ursache-Wirkung-*Beziehung* gebracht werden.

Alle bisherigen Versuche, uns der Sache zu nähern, haben uns stets eine Hintertür offengehalten, durch die wir der Möglichkeit, direkt von den Indianern zu lernen, immer wieder entwischen. Zwar kommt es oft genug vor, daß Anthropologen sich als Schüler der Indianer bezeichnen, und sie mögen auch tatsächlich wie Schüler wirken, solange sie unter ihnen sind; sobald sie jedoch ihre »Ergebnisse« publizieren, wird meist deutlich, daß die Indianer vor allem Studien*objekte* für sie waren. Ein Anthropologe, der ernsthaft Schüler der Indianer sein will, müßte vor allem ernst nehmen, was sie für wichtig erachten. Aber wer will schon wirklich am eigenen Leib erfahren, was es heißt, einer Tabakpflanze Achtung zu erweisen? Alle wollen nur wissen, weshalb jemand wie Beeman Logan es tut. Sie hören ihm *zu*, aber sie hören nicht *auf* ihn.

Um Schüler des Roten Mannes zu werden, müssen wir erkennen, daß einiges von dem, was er uns zu lehren hat, über alle Grenzen von Kultur und Geschichte hinaus gültig ist. Genau diese Haltung nimmt Paul Radin in bezug auf die indianische Religion ein, wenn er sagt, daß unsere Erkenntnis keinen Schritt weiterkommen wird, »solange sich die Gelehrten nicht ein für allemal von der Vorstellung freimachen, daß jedes Ding eine Entwicklungsgeschichte hat; solange sie nicht begreifen, daß gewisse Ideen und Vorstellungen für den Menschen als soziales Wesen ebenso voraussetzungs- und bedingungslos gültig sind wie bestimmte physiologische Reaktionen für den Menschen als biologisches Wesen.«[2] In seiner klassischen Arbeit über den Schamanismus drückt Mircea Eliade es so aus: »Natürlich sind die verschiedenen Kulturtypen an gewisse religiöse Formen organisch gebunden, doch das schließt in keiner Weise die Spontaneität und letzten Endes die Ungeschichtlichkeit des religiösen Lebens aus.«[3] Und Lahmer Hirsch, der Heilige Mann der Sioux, sagt (wobei er sich der Vielfalt der äußeren religiösen Formen unter den Indianern völlig bewußt ist): »Ich glaube, wenn wir die Sache bis zum Grund betrachten, dann sind alle indianischen Religionen irgendwie Teil des selben Glaubens, haben Anteil am selben Geheimnis.«[4]

Was Radin, Eliade und Lahmer Hirsch vor Augen haben, ist ein Bereich, der allen Menschen immer und überall offensteht, und überall ist es gleich schwer, in den Begriffen der normalen Sprache darüber zu sprechen. Carlos Castaneda prägte dafür den Begriff »außergewöhnliche« oder »andere« Wirklichkeit im Gegensatz zur »gewöhnlichen« Wirklichkeit. Für die Hopi ist es *'a'ne himu*, das »Mächtige Etwas«. Es hat Anklänge an Martin Heideggers *kontemplatives* Denken, das auf den Sinn gerichtet ist, und dem das *kalkulative* Denken gegenübersteht, dem es um Ergebnisse geht. Man muß »sich der Nähe hingeben«, anstatt sich in Richtung auf ein bestimmtes Ziel zu schleudern; oder wie es ein Papago im Bericht über seine visionäre Reise ausdrückt: »Irgendwie versuchte ich, mich meinem Verlangen zu nähern.«[5] Für den Indianer im allgemeinen ist dieser Bereich eine reine Personenwelt im Gegensatz zur alltäglichen Welt, in der sich das Ich und die Dinge gegenüberstehen. Für den Hopi, Tewa, Zuñi und Wintu ist es das Reich weicher, »unreifer«, unmanifestierter Essenz, der auf der anderen Seite die verhärteten, »reifen« und manifesten Formen gegenüberstehen. Seinen Ort im Raum hat es für den Eskimo, Beaver, Sioux, Hopi, Tewa und viele andere oberhalb und unterhalb der horizontalen Ebene unserer Alltagswelt, und man erreicht es über eine vertikale Achse, die durch den Suchenden verläuft. Sioux, Hopi, Tewa und Papago glauben weiterhin, daß man es auch an den Rändern der horizontalen Ebene findet. In diesen oberen, unteren und Rand-Regionen weicht die lineare, historische und irreversible Zeit einer anderen – ferne »Vergangenheit«, wenn man sie »objektiv« betrachtet, aber *dieser* gegenwärtige Augenblick, wenn man sie erlebt. Manchmal ereignet sich der Eintritt in die Andere Welt ganz unverhofft. Schwarzer Hirsch, ein Sioux, hatte seine erste und größte Vision während einer Kindheitskrankheit. Don Talayeswa tappte als Junge unbedacht in ein Heiligtum der Hopi und geriet in den Bann des Wesens, das dort wohnte.[6] Isaac Tens, ein Gitksan, wurde eines Abends beim Holzfällen von einem lauten Geräusch in die Andere Welt getragen. Meist aber muß man sich um diese Erfahrung bemühen, und manchmal gehören zu diesem Pfad der Suche auch Drogen, die den Geist vorbereiten sollen. In unserer heutigen Native American Church stellt der Peyote-Kaktus ein Sakrament dar, und bei vielen Stämmen im Westen und in Kalifornien ist es der Stechapfel *(datura stramonium)* der den Weg in die Andere Welt weist. Die Papago benutzen den Tabak als ihren Weg; sie folgen dem ausgeatmeten Rauch mit ihren Gedanken.

Ein Ojibwa-Schamane im wolkenlosen Himmel; Mond und Sterne. Es gibt mehrere Himmel, einer über dem anderen, hier durch konzentrische Kreise dargestellt. Die Linien, die vom Kopf des Mannes ausgehen, sind die Kraft, die es ihm ermöglicht, in den Himmel zu gelangen; diese Kraft gewinnt er aus seiner Zugehörigkeit zur Midewiwin (»Große Medizingesellschaft«). Gravierung auf Birkenrinde, BAE 45, S. 72.

Aber unabhängig davon, ob Drogen benutzt werden oder nicht, müssen Körper und Geist auf jeden Fall rein und leer werden. So muß der Sioux zum Beispiel ein Schwitzbad nehmen, bevor er sich auf seine visionäre Reise macht, und der Peyotebenutzer muß vorher baden und saubere Kleider anziehen. Bei Sioux und Papago geht ein strenges Fasten voraus, und wer Peyote nimmt, den reinigt sein Sakrament von allem, was in ihm ist, und sei es durch Erbrechen. Der Geist muß ganz auf das heilige Ziel gerichtet und ansonsten leer sein; der Sucher »muß achtsam sein, sonst kommen ablenkende Gedanken«, sagt Schwarzer Hirsch. Der Papago bindet auf seiner Pilgerschaft sogar sein Haar so zusammen, daß es ihm vom Wind nicht ins Gesicht geweht werden kann und ihn ablenkt; er hat sich auf die Regeln der Reise zu konzentrieren und darf keinen Gedanken an die Heimat verschwenden. Indem er so sein Alltagsbewußtsein allmählich leert, wird der Suchende demütig; er fühlt sich, wie Schwarzer Hirsch sagt, »niederer als die kleinste Ameise«. Er muß sein Selbst aufgeben, denn es gehört zur kalkulativen Welt von Ich und Objekt, und er erlebt dieses Entsagen als seinen Tod. Lahmer Hirsch sagt: »Du gehst auf diesen Hügel, um zu sterben.«

Der Tod, der den Weg in die Andere Welt öffnet, erfordert bestimmte Vorbereitungen und eine bestimmte Umgebung. Wenn der Zuñi-Priester Kontakt zu den Regenmachern des großen Weltozeans sucht, schließt er sich in einem fensterlosen Raum ein, und zwischen diesem Raum und der Außentür müssen noch vier weitere Räume liegen. Der Eskimoschamane, der den Grund des Meeres aufsuchen möchte, begibt sich hinter den Vorhang des Schlafplatzes in einem verdunkelten Haus. Zum Geistertanz in den Great Plains, bei dem es um die visionäre Begegnung mit verstorbenen Verwandten ging, versammelte man sich außerhalb des Zeltdorfs auf geheiligtem Boden in einem Kreis. Die Mitglieder der Native American Church leben zwar in modernen Häusern, aber wenn sie Jesus, den Peyote-Geist oder den Wasservogel schauen wollen, bauen sie ein *Tipi* (indianisches Zelt) auf. Wenn ein Sioux das Wissen von der Einheit aller Dinge sucht, so macht er sich zu einem Berggipfel auf und läßt sich dort in einem heiligen Kreis nieder. Ein Salzpilger der Papago reist zu Fuß und zu Pferd bis ans Ende der Welt und noch weiter; er geht ins Meer hinaus, so weit, bis sich vier Wellen hinter ihm gebrochen haben.

Die Erfahrung selbst ist schwer in Sprache zu fassen, ohne daß man sie dabei zerstört, denn unsere Alltagssprache gehört der Welt des Selbst an, und in ihr geht es darum, die Vielzahl der Objekte voneinander abzuheben. Schwarzer Hirsch versucht es so zu beschreiben: »Während ich dort stand, sah ich mehr als ich sagen kann, und ich verstand mehr als ich sah; denn ich schaute auf heilige Weise die Gestalten aller Dinge im Geist, und die Gestalt aller Gestalten, wie sie zusammenleben müssen als *ein* Wesen.«[7] Ein Lösungsversuch für dieses Problem der Unaussprechlichkeit besteht darin, eine näherungsweise Beschreibung der Einheitserfahrung zu geben, indem man die Sprache so einsetzt, daß zwischen dem Sprecher und seinem Gegenstand eine sehr enge Beziehung entsteht. Substantive, die diesen Eindruck der Nähe zwischen dem Sprecher und seinem Gegenstand am besten ausdrücken, sind solche aus dem Bereich der Blutsverwandtschaft. Der Suchende muß, wie Schwarzer Hirsch sagt, »wissen, daß alle Dinge unsere Verwandten sind«, und er muß daher Ausdrücke der Verwandtschaft benutzen, ob er nun über einen Coyoten, einen Weidenbaum, einen Klumpen Salz, über die Erde oder die Sonne spricht. Im Bereich der Verben sind es die Ausdrücke des Seins und des Werdens, die den Sprecher und seinen Gegenstand am engsten miteinander verknüpfen. Bei der Beschreibung von Ereignissen während einer Fastenperiode in seiner Jugend berichtet ein Ojibwa, wie er entdeckte, daß sein Körper mit Federn bedeckt war, und wie er erkannte, daß er ein Adler *geworden* war. Schwarzer Hirsch erzählt folgendes von seiner visionären Begegnung mit dem Geist der Erde: »Ich sah ihn fest an, und etwas an ihm schien mir bekannt; und wie ich ihn so anblickte, verwandelte er sich langsam und wuchs zurück in seine Jugend. Sowie er wieder zum Knaben geworden war, da wußte ich, daß ich selbst es war.«[8]

Die Vision kann dem Suchenden auch ihre eigene Stimme leihen, aber sie wird eher in Liedern und Gesängen laut werden als in einfachen gesprochenen Worten. Die Worte sind dabei nicht einfach Beschreibungen, die mit Musik untermalt werden, sondern vieldeutige knappe Sinnbilder, die eine ganze Vision heraufbeschwören können. Hier das Lied eines heimgekehrten Salzpilgers der Papago:

*Das Wasser des Ozeans tut meinem Herzen weh.*
*Prächtige Wolken bringen Regen über unsere Felder.*

Zuweilen sind die Wörter archaisch, oder das ganze Lied scheint aus einer fremden Sprache zu sein. Die Silben der Wörter können in andere Silben eingebettet sein, die ohne Bedeutung sind, und manchmal besteht das ganze Lied aus sinnlosen Silben. Die arachaische Sprache, die fremde Sprache und die sinnlosen – oder besser, abstrakten – Silben haben eine gewisse Fremdheit gemeinsam. Der Sänger weiß, was gemeint ist, er kann sogar, wie im Fall von Isaac Tens, den Sinn vor Augen behalten, während er zugleich den »Unsinn« singt. Das ist nicht-kalkulativer Gebrauch der Sprache, eine Möglichkeit, die Freuden und die Fremdheit der Anderen Welt direkt zu vermitteln, anstatt sie durch normale Sprache fortzuerklären. Essie Parish, der Heiler der Kashia Pomo, sagt darüber: »Ich spreche eine andere Sprache, damit die Leute mich verstehen.«
Manche drücken ihre Visionen und die rätselhaften Eigenschaften der Anderen Welt auch nicht durch fremde oder sinnlose Sprache aus, sondern nehmen die normale Sprache und trennen sie auf; sie lösen die Wörter von ihren Bedeutungen und setzen die Bruchstücke verkehrt wieder zusammen. Alles, was sie dann sagen, bedeutet das Gegenteil. Sagen sie »Wende dich nach links«, so meinen sie »Wende dich nach rechts«. Das ist auch die Methode des heiligen Clowns der Great Plains und der südwestlichen Stämme.
Eine weitere Art, über die Erfahrung der Anderen Welt zu sprechen, besteht darin, ihren abgründigen Eigenschaften Namen zu geben, Namen, die diese Eigenschaften wachrufen, sobald einer, der mit dieser Erfahrung vertraut ist, sie nennt. Betrachtet man nun solch einen Namen auch noch als zu einer Person gehörend, zu einem *Blutsverwandten* in der Anderen Welt, so drückt er zugleich die Fremdheit dieser Welt und die Nähe des Suchenden zu allen Dingen aus, wenn er sich in ihr aufhält. Diese Namen sind die Namen Gottes.
Bei den Pawnee finden wir *Tirawa*, eine gewaltige Macht in Menschengestalt; man kann sie nicht direkt hören oder sehen, sondern nur in den sechzehn geringeren Mächten, vor allem in Wind und Wolken, Blitz und Donner.[9] Bei den Sioux ist es *Wakan Tanka*, der »wie sechzehn Personen ist, aber sie sind alle

wie einer«. Dieser *Wakan Tanka* hat als *Wakinyan Tanka* (Donnerwesen und Offenbarer) weder Gestalt noch einen Kopf, aber Flügel und einen Schnabel; seine Jungen kommen alle aus einem einzigen Ei, und wenn er sie verschlingt, werden sie die vielen Ausprägungen seines Selbst. *Takánakapsâluk* heißt dieses Wesen bei den Eskimo; es schickt den Menschen alles Unheil, aber auch die guten Dinge des Meeres, seine vielen Tiere, die als seine Finger angesehen werden. Die Beaver haben *Yagesati*, ein Wesen beiderlei Geschlechts; es ist selbst bewegungslos und doch Erschaffer aller Bewegung. Bei den Zuñi ist es *Poshayaank'i;* er lebt an einem von Nebel verhüllten Ort und ist »fast wie ein Mensch, aber er sieht aus wie Feuer«. *Ma'ura*, der »Erdmacher« der Winnebago, erschuf den Menschen nach seinem Bild, erscheint aber nur als Stimme oder als Lichtstrahl.

In der Anderen Welt ist alles geheimnisvoll, und je mehr sich der Suchende dem Höchsten Wesen nähert, desto mehr findet er sie von Erhabenheit, Heiligkeit und Licht erfüllt. Die Sioux nennen diese Heiligkeit *Wakan*, die Ojibwa und andere Algonkin-Völker *Manitu* und die Irokesen *Orenda*. Bei den Zuñi findet sie sich in der Endsilbe *-te*, die man an die gewöhnlichen Wörter für Handlungen, Eigenschaften oder Objekte anhängt, um ihnen einen kosmischen Sinn zu geben.

Die Vision dieser Heiligkeit bleibt wertlos, wenn man nicht etwas davon in die normale Welt hinüberretten und dort am Leben erhalten kann. Der Papago-Pilger konnte ein Büschel Seetang, eine Muschel oder einen Kieselstein vom Rand der Welt mitbringen; in den Great Plains konnte ein Suchender, der vielleicht einen Adler in seiner Vision gesehen hatte, später einen Adlerkopf in seinem Medizinbeutel bewahren oder einen Adler auf seinen Schild malen; seine Vision konnte ihm aber auch direkt das Muster zeigen, das er auf seinen Schild, auf seine Trommel oder, im Falle des Geistertanzes, auf sein Hemd malen sollte. Wurde ihm bei einer Vision der Gebrauch einer bestimmten Pflanze aufgetragen, so konnte er diese Pflanze später in seinen Medizinbeutel aufnehmen.[10] Statt solche Gegenstände zu bewahren oder Bilder zu malen, behielt der Gitksan-Schamane Bilder von Nerz, Otter oder einem Kanu vor dem inneren Auge. Im größten Teil des Kontinents und vor allem auf dem Columbia-Plateau hofft der Suchende, einem Wesen aus der Anderen Welt zu begegnen, das dann für sein ganzes Leben sein Wächter wird.[11] Und überall hofft jeder, der sich auf seiner visionären Reise befindet, daß ihm Lieder gesungen werden, die ihn sein ganzes Leben lang begleiten, und die er sich selbst immer wieder singt.

Wer diese Gaben aus der Anderen Welt besitzt, der sieht hier, wie er dort sah, er erkennt die Manifestationen jener Welt in dieser. Die Fähigkeit, wirklich zu *sehen*, verleiht dem Menschen eine glückliche Hand und gibt ihm augenblicklich Kraft, wenn die Situation es erfordert, etwa auf der Jagd oder im Krieg. Wer eine besonders kraftvolle und fruchtbare Vision gehabt hat, kann vielleicht selbst zu einer Manifestation der Heiligkeit der Anderen Welt werden; er kann dann nicht nur *sehen*, sondern auch das Geschehen in seiner Umgebung lenken. Der Heilige Mann der Indianer, der Schamane, benutzt diese Kraft, um Kranke zu heilen, und manchmal übersetzt er seine Visionen in zeremonielle Handlungen, wie es etwa Schwarzer Hirsch mit der Dramatisierung seines visionären Zentralerlebnisses im Pferdetanz tat, um einer ganzen Gruppe von Menschen einen Einblick in das Wirken des Kosmos zu gewähren. Eine ähnlich machtvolle Vision führte bei den Navajo zu den heute noch üblichen Zeremonien, die man »sings« nennt, zu denen lange feierliche Gesänge und kunstvoll ausgeführte Sandbilder gehören. In ganz Nordamerika gibt es Geheimgesellschaften, in denen heilige Männer einer Gruppe von Eingeweihten (oft ihre früheren Patienten) die Kraft ihrer Vision vermitteln: Die Irokesengesellschaft der Mystischen Tiere, die Midewiwin-Bewegung der Ojibwa, die zahlreichen Medizingesellschaften der Pueblo und viele andere.[12]

Aber es genügt nicht, an den Visionen anderer teilzuhaben. In großen Teilen Nordamerikas erwartet man von jungen Indianern, daß sie selbst ihre Begegnung mit der Anderen Welt suchen; diese Suche wird sogar als Vorbedingung für das Erwachsenwerden betrachtet. Bei einigen Stämmen werden die

Ein Mitglied der Midewiwin im *manitu*-(heiligen)Zustand. Die Linien, die von oben her zu seinen Ohren führen, sind sein Wissen von den heiligen Wesen des Himmels; die Linien, die von unten heraufkommen, sind sein Wissen von den Geheimnissen der Erde. Gravierung auf Birkenrinde, ARAE 10, S. 233.

ersten Versuche schon mit fünf Jahren unternommen, und fast überall muß es vor der Zeit des Heranwachsens geschehen. Bei den Beaver-Indianern des Mackenzie-Beckens ziehen Jungen und Mädchen allein aus, um den direkten Kontakt mit der Anderen Welt zu suchen, und ihre Mittler sind dabei die Tiere. Ojibwa-Jungen gehen in den Wald, um »Sehen und Hören« zu lernen, um »ihre Leere zu füllen«.[13] Bei den Winnebago in Wisconsin suchten Jungen und Mädchen auf einer Reihe von spirituellen Reisen den Segen einer Vielzahl von Wesen, darunter »die Geister der Erde, solche, die die Erde durchstoßen und solche, die unter der Erde leben, die Geister des Wassers und die Geister neben der Erde«.[14] In den Great Plains fasten Frauen und Männer in ihrem ganzen Leben immer wieder, um Visionen zu erhalten, und auch bei den Pueblo gab es einen ähnlichen Fastenbrauch.[15] Bei den Kwakiutl der Nordwestküste wurden die Beziehungen zu den Wesen der Anderen Welt an die Nachkommen vererbt, die aber dennoch fasten mußten, um diese Wesen näher kennenzulernen. Und es gab keine Geheimgesellschaft, wo der Eingeweihte in höhere Ränge aufsteigen konnte, ohne eigene Visionen gehabt zu haben.

Das Beharren der Indianer auf direkter und persönlicher religiöser Erfahrung wurde auch durch die Berührung mit dem Christentum nicht erschüttert; für sie ist es fast unmöglich, Erfahrungen von der Anderen Welt zu akzeptieren, die angeblich vor zwei Jahrtausenden gemacht wurden und zudem nur durch ein Buch belegt sind. Der Peyotist nimmt sein Problem lieber selbst in die Hand; ein Komantsche sagte dazu: »Der

Weiße Mann spricht *über* Jesus – wir sprechen *mit* ihm.« Aus dieser Äußerung schloß J. S. Slotkin, der Indianer sei, erkenntnistheoretisch gesehen, »ein Individualist und Empiriker; er glaubt nur, was er selbst erfahren hat«.[16]

Eine empirische Einstellung zur Anderen Welt in konkrete Erfahrung umzumünzen, ist kein leichtes Unterfangen. Es erfordert ein Leerwerden von Körper und Geist und eine demütige Haltung des Selbst vor allen anderen Wesen, »selbst vor der kleinsten Ameise«. Es ist nicht so, daß der Indianer einfach »der Natur näher« steht als wir und deshalb auch leichter zu solchen Erfahrungen kommt; seine Reise, so sagt er, trägt ihn »an den Rand des tiefen Canyon«,[17] und dieses Erlebnis bedeutet für ihn den Tod selbst. Während er dort steht, sieht er ein Universum, in dem nicht nur alles belebt ist, sondern in dem alle Dinge Personen sind, und zwar seine Blutsverwandten. Bei seiner Rückkehr von der Reise ist er ein Wiedergeborener, nicht mehr der gleiche, der er vorher war. Nachdem er selbst die Wirklichkeit der Anderen Welt geschaut hat, besitzt er nun, was William Blake »das *doppelte* Gesicht« nannte, im Gegensatz zum *einfachen* Gesicht Newtons. Über dieses doppelte Gesicht in den Lehren der Tewa-Älteren sagt Alfonso Ortiz: »Für sie bestand das Lebensganze aus der zweifachen Suche nach Weisheit und dem Göttlichen.«[18] Die Indianer haben nicht etwa eine ältere, simplere Art, die Welt zu betrachten, der wir nach-Newtonschen Denker eine neue Dimension hinzugefügt haben, sondern sie betrachten die Welt auf umfassende und zweifache Weise, während wir eine Dimension ganz aus dem Auge verloren haben.

Der Unterschied zwischen der indianischen Betrachtungsweise und unserer wird an einem Gespräch deutlich, das ein Anthropologe vor nicht allzu langer Zeit im Navajo-Reservat des Montezuma-Canyon verfolgen konnte. Ein Schuljunge fragte einen alten Mann, woher der Schnee komme, und bekam eine lange Geschichte von einem Vorfahren zu hören, der einst einen geheimnisvollen brennenden Gegenstand fand und auf ihn achtgab, bis einige Geister hinzukamen und das Ding für sich haben wollten. Sie erlaubten ihm nicht einmal, einen Teil davon zu

behalten, sondern erlegten ihm eine Reihe von Prüfungen auf, und wenn er sie bestand, so versprachen sie, würden sie jedes Jahr alle Asche von ihrer Feuerstelle in Montezumas Canyon werfen. »Manchmal halten sie ihr Versprechen nicht, und manchmal werfen sie zuviel herunter; aber alles in allem denken sie regelmäßig an uns hier in Montezumas Canyon.« Als die Geschichte zuende war, wollte der Junge wissen: »Aber es schneit doch auch in Blanding; wie kommt das?« Der alte Mann erwiderte schnell: »Das weiß ich auch nicht. Dazu mußt du schon deine eigene Geschichte erfinden.« Zu dem Anthropologen sagte der Alte später, es sei zu schade, daß der Junge keine Geschichten verstehe, und erklärte, es sei keine Geschichte über den historischen Ursprung des Schnees gewesen, weder im Montezuma-Canyon noch anderswo, sondern eine Geschichte über die ausgewogene Wechselbeziehung zwischen Menschen und anderen Wesen. Die Unfähigkeit des Jungen, sie zu verstehen, schrieb er dem Einfluß der weißen Schule zu.[19]
Es wäre ganz un-indianisch gewesen, dem Jungen einen Vortrag über die wahre Bedeutung der Geschichte zu halten, obwohl der alte Mann sicher dazu in der Lage gewesen wäre. Ihre richtige Auslegung stellt sich – wenn überhaupt – erst ein, wenn der Junge im Leben die richtigen Erfahrungen macht. Larry Bird, ein junger Keres, erklärt das so: »Du stellt keine Fragen, während du aufwächst. Du bist wach und lauschst und wartest, und die Antwort wird zu dir kommen. Sie gehört dann dir – anders als das, was du in der Schule lernst.« Was wir in der Schule lernen, gehört uns niemals; Vorträge, von Experten gehalten, können nicht das Licht erzeugen, das in uns aufleuchtet, wenn wir ganz für uns allein plötzlich *wissen*. Indem wir uns immer mehr auf formale Schulung verlassen, so sagt Beeman Logan, achten wir unser Potential, das wir als Menschen besitzen, immer geringer:

*Ihr achtet euch selbst nicht.*
*Ihr glaubt nur, was ihr in einem Buch nachlesen könnt.*
*Ihr müßt lernen, eure Augen zu benutzen.*
*Ihr müßt lernen, mit geschlossenen Augen zu sehen.*

Betrachten wir einmal, auf welche Weise die indianische Religion erforscht worden ist, so sehen wir das einfache Gesicht in Aktion. Wir haben sie nur mit *geöffneten* Augen studiert, und deshalb können wir uns ihr nicht öffnen. In unseren Museen werden einstmals geheiligte Objekte zur Schau gestellt, damit Schulkinder ihre äußere Form untersuchen können. Freizeitgruppen führen exakt nachgebildete indianische Zeremonien auf – alles ist da, nur der Sinn nicht. Viele Anthropologen haben uns nichts weiter zu erzählen, als daß der Sinn im historischen Kontext liegt oder erst von einer logischen oder mathematischen Transformation der äußeren Formen enthüllt werden kann, und all das türmt sich zu einer hermetischen Wand zwischen den Indianern und uns. Durchdringt aber doch einmal eine indianische Stimme diese Wand – sei es indirekt wie etwa in Joseph Epes Browns *Die heilige Pfeife* oder direkt wie in Hyemeyohsts Storms *Seven Arrows* – so haben die Experten nichts Besseres zu tun, als über die »Stimmigkeit« von Details zu debattieren. Vine Deloria, der einen etwas klareren Blick hat, sagt zu *Seven Arrows* folgendes: »Storm ist es in umfassender Weise gelungen, sich von der zeitorientierten Interpretation indianischer Stammesreligion abzusetzen und so eine Reihe von parabolischen Lehren über die Natur der Religion zu formulieren. Wenige haben ihn verstanden – oder ihm verziehen.«[20] Die Lehren der indianischen Religion sind immer gleichnishaft gewesen; ihren Sinn entdeckt man durch Reflexion, nicht durch historische Exaktheit. Ein Zuñi sagte einmal zu einem Anthropologen, der ganz in die Transkription einer überlieferten Geschichte vertieft war: »Siehst du diese Geschichten eigentlich, wenn ich sie dir erzähle, oder schreibst du sie einfach nur hin?« Wenn wir wirklich hören wollen, was der Rote Mann zu sagen hat, wenn wir lernen wollen zu denken und zu sehen wie er, so haben wir einen beschwerlichen Weg vor uns. Und selbst, wenn wir es schaffen, die Scheuklappen unseres historischen Ansatzes abzulegen, stehen wir vor einer weiteren Fallgrube. Für unser rein intellektuelles Experimentieren mit dem indianischen Denken mögen wir zwar einmal als Hypothese annehmen, daß »alles lebendig« ist, aber wir werden damit womöglich nur

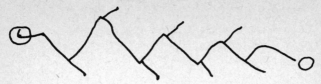

Midewiwin-Diagramm des Lebensweges von der Jugend bis zum Alter. Die Tangenten sind Versuchungen, denen ein Mensch an scharfen Biegungen des Weges begegnet. Wenn er allen sieben Versuchungen widersteht, so wird er ein hohes Alter erreichen. Gravierung auf Birkenrinde, BAE 45, S. 24.

ähnliche Ergebnisse erzielen wie jener Anthropologe, der einen alten Ojibwa fragte: »Sind alle Steine hier um uns her lebendig?« Die Antwort war: »Nein. Aber *einige* sind es.«[21] Dieser alte Mann hatte das doppelte Gesicht. Er lebte nicht nur in der Anderen Welt, wo tatsächlich alle Steine lebendig sind, sondern er konnte auch jene Welt in den Erscheinungen dieser Welt erkennen. Den Weg zu seiner Erkenntnis finden wir nicht auf den Landkarten unserer meßbaren Welt. Du beginnst damit, daß du die vier Straßen findest, die nebeneinanderherlaufen, und die mittlere wählst. Diese Straße wird von einem unüberwindlichen Canyon gekreuzt, der bis ans Ende der Welt reicht. Dort mußt du hindurch. Dann kommst du in ein undurchdringliches Dickicht. Du mußt hindurch. Dann kommt ein Ort, an dem es Schleim regnet. Wisch ihn nicht ab! Und dann kommt noch ein Ort, an dem die Erde brennt. Geh hindurch. Schließlich wächst ein steiler Felsen vor dir in die Höhe, der dem Fuß keinen Halt bietet. Geh einfach weiter.[22]

Bist du so weit gewandert, und bedroht dann jemand dein Leben, so sage: »Ich bin bereits gestorben.«

Dennis und Barbara Tedlock

# TEIL I
# SEHEN UND HEILEN

# WERDEGANG EINES MEDIZINMANNS

Isaac Tens, wiedergegeben von
Marius Barbeau


Dreißig Jahre nach meiner Geburt kam die Zeit, wo ich anfing, ein *swanassu* (Medizinmann) zu sein. Ich ging in die Berge, um Feuerholz zu holen. Während ich das Holz auf die richtige Länge brachte, begann es dunkel zu werden. Bevor ich mein letztes Bündel fertig hatte, brach über mir ein lautes Geräusch los, tsch<sup>u</sup>—, und mir erschien eine große Eule. Die Eule ergriff mich, mein Gesicht, und wollte mich in die Höhe heben. Ich wurde bewußtlos. Als ich erwachte, sah ich, daß ich in den Schnee gefallen war. Mein Kopf war mit Eis bedeckt, und mir lief ein wenig Blut aus dem Mund.

Ich stand auf und ging auf meiner Fährte zurück; sehr schnell ging ich, und ich hatte Holz auf den Rücken geladen. Unterwegs schienen die Bäume zu schwanken und sich über mich zu beugen; große Bäume krochen mir nach, als wären sie Schlangen. Ich konnte sie sehen. Als ich das Haus meines Vaters erreichte, erzählte ich, gleich als ich hereinkam, meinen Leuten, was mir passiert war. Mir war sehr kalt, und ich mußte mich erst wärmen, bevor ich ins Bett ging. Dann fiel ich in eine Art Trance. Es war, als seien zwei *halaaits* (Medizinmänner) damit beschäftigt, mich wieder gesund zu machen. Aber ich weiß das jetzt alles nur noch ungefähr. Als ich aufwachte und meine Augen öffnete, glaubte ich, mein Gesicht sei ganz mit Fliegen bedeckt. Ich blickte nach unten, und anstatt mich auf festem Boden zu finden, hatte ich das Gefühl, in einem riesigen Strudel zu schwimmen. Mein Herz schlug ganz schnell.

Die Medizinmänner, die sich um mich bemüht hatten, waren Kceraw'inerh (von *Kceraw-inerhlorhs*, »die Sonne scheint am Morgen«) aus dem Haus von Lutkudzius, Gyedemraldo und Meeky. Als ich in Trance war, sagte mir einer von ihnen, die Zeit sei reif für mich, auch ein *halaait* zu werden. Aber ich wollte das nicht, und so gab ich nichts auf diesen Rat. Die Sache ging vorbei, wie sie gekommen war, ohne Folgen.

Ein anderes Mal ging ich zu meinen Jagdgründen auf der anderen Seite des Flusses[1] gegenüber von Temlarham (das Gute Land von ehedem)[2] am Fuß des Rocherdéboulé. Ich fing zwei Fischmarder in meinen Fallen, nahm ihre Felle und warf das Fleisch und die Knochen weg. Noch weiter weg suchte ich unter den großen Bäumen nach einem Bärenlager. Als ich einmal hochblickte, sah ich eine Eule ganz oben in einer hohen Zeder. Ich schoß, und sie fiel in die Büsche neben mir. Als ich sie holen wollte, war sie weg. Keine Feder war mehr da; das kam mir sehr merkwürdig vor. Ich ging wieder zum Fluß hinunter, überquerte das Eis und ging zurück ins Dorf. Gerade als ich bei meinen Fischgründen an der Landzunge ankam, hörte ich beim Räucherhaus den Lärm einer Menschenmenge, so als sollte ich verjagt oder verfolgt werden. Ich wagte nicht, mich umzublicken, um zu sehen, was da los war, sondern rannte weiter. Die Stimmen folgten mir und kamen ganz dicht heran. Dann drehte ich mich plötzlich um und blickte hinter mich. Kein Mensch war zu sehen, nur Bäume. Wieder fiel ich in Trance und wurde ohnmächtig. Als ich zu mir kam, war mein Kopf unter einer Schneewehe begraben. Ich stand auf und ging über das Eis flußaufwärts zum Dorf. Ich traf meinen Vater; er war gerade aufgebrochen, um zu sehen, wo ich blieb. Wir gingen zusammen zurück zu meinem Haus. Dann fing mein Herz an, schnell zu schlagen, ich begann zu zittern, genau wie vor einer Weile, als die *halaaits* versuchten, mich wieder auf die Beine zu bringen. Mein Fleisch schien zu kochen, und ich hörte S$^{u}$—. Es schüttelte mich am ganzen Körper. Während ich in diesem Zustand blieb, fing ich an zu singen. Ein Lied kam aus mir heraus, ohne daß ich etwas dagegen tun konnte. Viele Dinge erschienen mir da, riesige Vögel und andere Tiere. Sie riefen mich. Ich sah einen *meskyawawderh* (eine Vogelart) und einen *meqagweeuk* (Kaulkopf). Sie waren nur für mich sichtbar, nicht für die anderen in meinem Haus. Solche Visionen kommen vor, wenn ein Mann sich anschickt, ein *halaait* zu werden; sie geschehen von selbst. Die Lieder brechen aus einem hervor, ohne daß man sich darum bemühen muß, sie zu komponieren. Aber ich lernte diese Lieder und prägte sie mir ein, indem ich sie wiederholte.

Im darauffolgenden Jahr komponierte ich noch weitere Lieder und widmete meine ganze Zeit meiner neuen Erfahrung, ohne irgendeine andere Arbeit zu tun. Ich lag oft im Haus meines Vaters, denn ich fühlte mich krank. Vier Leute sorgten für mich die ganze Zeit; sie wollten meine neuen Lieder hören, und sie gaben erst Ruhe, wenn sie sie auch gelernt hatten.

Meine Pfleger waren Kaldirhgyet (Gespaltene Person), Andawlerhsemhlorhs pistæi (Das Sumpfhuhn wärmt sich in der Sonne), Waralsawal (Verrückter oder Idiot, ein *narhnorh* oder Geist) und 'Arhkawdzem-Tsetsauts (der Tsetsaut-ist-gedankenlos, ebenfalls ein *narhnorh*). Sie waren meine Vettern; alle vier waren, genau wie ich, Mitglieder der Wolf- (*Larhkibu-*) Sippe. Die ganze Zeit paßten sie auf mich auf.

Eines Tages, ein Jahr später, rief mein Vater die Medizinmänner des Dorfes zusammen; sie sollten kommen und ihre magische Kraft bei mir anwenden. Als erstes stärkten (*sedarhgyœtu*) sie mich; sie hoben mich von meinem Lager und führten mich durch das Zimmer. Danach fühlte ich mich wirklich gestärkt. Als Bezahlung für ihre Dienste verteilte mein Vater viel von seinem Eigentum an alle, die sich versammelt hatten, um Zeugen des Ereignisses zu sein.

Das war die Zeit, wo ich ein *swanassu* wurde, die Zeit des Fastens für den, der ein *halaait* werden will. Ich mußte erst Träume haben, bevor ich handeln konnte. Diese Zeit dauerte ein Jahr; ein Jahr Abgeschiedenheit im Haus meines Vaters, kein Kontakt zu anderen Menschen außer den vier Helfern.

Die Medizinmänner hatten mir gesagt: »Wir sehen uns den Patienten an und stellen die Diagnose. Manchmal ist es ein schlechtes Lied in ihm, manchmal ein *narhnorh* (Geist).«

Später, bei meinem ersten Patienten, den ich allein behandelte, hatte ich eine neue Vision. Die *halaait*-Ärzte schulten und lehrten mich immer noch. Deshalb durfte ich bei allem dabeisein, was die *swanassu* tun. Als ich so weit war, daß ich selbst etwas tun konnte, fing ich an, die Diagnosen durch Träumen (*wawq:* Schlafen; oder *ksewawq:* Träumen) zu stellen; meine Lehrer halfen mir. Ich gewann Zaubermittel, Dinge, von denen ich träumte: *Hogwest* (Bärenschlinge), *Hlorhs* (der Mond) und *Angohawtu* (Schwitzhaus). Und außerdem hatte ich noch von anderen Zaubermitteln geträumt: Nerz (*nes'in*), Otter (*watserh*) und Kanu (*'mal*).

Ich gewann Zaubermittel, wenn ich mich um einen Patienten bemühte. Ich brachte das Zaubermittel zuerst über mich selbst und dann über den Körper der Person, aus der ich die Krankheit herausziehen sollte. Es war niemals ein richtiges Ding, sondern nur das, was im Traum erschienen war. In einem Traum, den ich einmal in den Bergen hatte, sah ich ein Kanu. Es erschien mir oft im Traum. Manchmal schwamm das Kanu im Wasser, manchmal auf den Wolken. Gab es einmal Schwierigkeiten, gleichgültig wo, dann konnte ich mein Kanu immer in Visionen sehen.

Mein erster Patient war eine Frau, die Frau von Häuptling Gitemraldaw. Mit vollem Namen hieß sie Niskyaw-romral- 'awstlegye'ns (Kleine-Holzschachtel-zum-Beerensammeln). Sie war schwerkrank, schon lange, und sie war schon von verschiedenen *halaaits* behandelt worden, aber nichts half. Ich wurde gerufen und sollte prüfen, ob ich etwas für sie tun konnte. Ich ging also in ihr Haus und sagte den Leuten, sie sollten erst mal Feuer machen. Als ich anfing zu singen, schlugen viele Leute um mich herum mit Stöcken auf Bretter, und andere schlugen die Felltrommel für mich. Mein Kanu kam zu mir im Traum, und viele Leute saßen darin. Das Kanu war der Otter. Die Frau, die ich behandelte, saß zusammen mit anderen in diesem Otter-Kanu. Außer mir waren vielleicht noch zwanzig andere *halaaits* im Haus. Ich erklärte ihnen meine Vision und fragte: »Was soll ich tun? Die Frau sitzt da in dem Kanu, und das Kanu ist der Otter.«

Sie antworteten: »Versuch, sie herauszuziehen.«

Ich sagte: »Zieht das Feuer auseinander; macht zwei Teile und einen Durchgang dazwischen.« Viermal ging ich diesen Gang auf und ab, während die anderen *halaaits* weitersangen, bis sie ganz müde waren. Dann ging ich zu der Liege, auf der die

kranke Frau lag. Jetzt wurde das Singen und das Schlagen der Trommeln immer heftiger. Ich legte meine Hand auf ihren Bauch und ging um die Liege herum, wobei ich die ganze Zeit versuchte, das Kanu aus ihr herauszuziehen. Schließlich schaffte ich es, das Kanu ganz dicht an die Oberfläche ihrer Brust heranzuziehen. Ich faßte es, zog es heraus und tat es in meine eigene Brust. Das habe ich getan.
Zwei Tage später stand die Frau auf; sie war geheilt. Mein Ansehen als *halaait* wuchs beträchtlich, nämlich weil die anderen bei ihr nichts erreicht hatten und ich es geschafft hatte. Jetzt wurde ich auch von weit her gerufen, sogar aus dem Dorf Gitsegyukla. Meistens lief bei meiner Arbeit alles gut. Für jeden Patienten nahm ich zehn Decken – im voraus – oder manchmal auch nur eine Decke. Aber wenn die behandelte Person später starb, gab ich die Decken zurück. Wieviel ich nahm, hing vom Besitz der betreffenden Familie ab, aber auch von der Angst der Verwandten des Kranken, die vom Arzt verlangten, er sollte sein Äußerstes geben. Ein *swanassu* oder *halaait*, der es ablehnte, einen bestimmten Patienten zu behandeln, konnte in den Verdacht geraten, selbst Ursache der Krankheit oder, wenn er eintrat, des Todes zu sein. In diesem Fall nahmen die Verwandten Rache und töteten den Verdächtigen. Das war das harte Gesetz des Landes. Aber es wurde eigentlich nie ein Fall bekannt, wo ein Arzt sich geweigert hätte zu helfen.

## *Swanassu-Lieder*

Diese Lieder haben Worte, die jedermann verstehen kann. Jeder *halaait* besitzt etwa fünfzehn bis zwanzig solcher Lieder. Isaac Tens hatte dreiundzwanzig.

### *Erstes Lied*
(Dieses Lied war schon früher geträumt worden und wurde im Traum an Tens weitergegeben; es war Teil eines Mythos über einen Lachs, den Herrn aller Lachse im Canyon.)
Erster Vers: »Der Geisterlachs wird schwach, wenn ich schwach werde.«

Zweiter Vers: »Das große Dorf wird geheilt, wenn mein Lachs-Geist hineinströmt.«
Dritter Vers: »Der Häuptling der Lachse schwimmt im Canyon unter mir.«
Vierter Vers: »Die Rotkehlchenfrau ist mit mir fortgeflogen.«
Man kann das nicht rational erklären, denn es ist eine Vision, und Visionen sind nicht immer verständlich. In meiner Vision träumte ich, daß ich sehr krank war, und auch mein Geist war krank, genau wie ich; er war wie ein Mensch, hatte aber keinen Namen. In meinem Traum sah ich einen großen Schwarm Lachse, angeführt von einem besonders großen Lachs. Das würde den Leuten helfen, denn sie hungerten. Der riesige Lachs erschien mir in meiner Vision, obwohl er weit unten im Canyon war. Die Rotkehlchenfrau kam zu mir und hob mich aus meiner Krankheit heraus. So wurde ich geheilt.

*Zweites Lied*
Erster Vers: »Der Grisly wird weit von hier weggehen, hinter den Himmel.« (Die Worte werden beim Singen nicht ausgesprochen, nur die sinnlosen Silben des Refrains: »*Wahawhala . . . iyaw yaw'ehehe.*« Die Bedeutung dieser Worte wurde nur gedacht, obwohl sie nicht geheim waren.)
Zweiter Vers: »In seiner Vision sieht der *halaait* die Feuer der gewöhnlichen Menschen durch die Erde.«

Als ich mich zum Singen fertig machte, fiel ich in Trance und sah ein große, schöne Landschaft. Mitten darin stand ein Haus. Ich ging hinein und erblickte meinen Onkel Tsigwee, der ein Medizinmann gewesen war. Er war vor etlichen Jahren gestorben. Dann erschien noch ein Onkel – Gukswawtu. Beide waren zu ihrer Zeit berühmt gewesen. Die Lieder von vorhin haben sie mir gesungen. Während sie sangen, kam ein Grisly durch die Tür und ging im Kreis herum. Dann erhob er sich in die Luft, bis hinter die Wolken, beschrieb einen Kreis und kam zurück zum Haus. Meine Onkel nahmen jeder eine Rassel und gaben sie mir in die Hände. Deshalb benutze ich immer zwei Rasseln bei meiner Arbeit. In meiner Vision sah ich viele Feuer unter dem Haus brennen. Als ich aus dem Haus trat, endete meine

Trance. Von da an sang ich meine Lieder, wie ich sie in der Vision gelernt hatte.

*Drittes Lied*
Erster Vers: »Meine Füße werden in der großen Quelle festgehalten.«
Zweiter Vers: »Es ist die Muschelschale, die meine Füße festhält.« In der Vision für dieses Lied träumte ich von einem See oder großen Weiher, und ich hielt meine Füße hinein. Ich sank ein bis über die Knie und kam nicht mehr heraus.

*Viertes Lied*
Erster Vers: »Der Geist des Bienenstocks sticht meinen Körper.«
Zweiter Vers: »Großmutter macht mich wachsen, in meiner Vision.«
Es war, als sorgte sie für einen kleinen Jungen. In meiner Vision ging ich in einem unbekannten Land umher, das man nicht beschreiben kann. Dort sah ich riesige Bienenstöcke, aus denen die Bienen herausschossen und mich am ganzen Körper stachen. Einmal fügte ich die Worte »in meinem Kopf« hinzu, weil mein Patient Kopfschmerzen hatte.

*Fünftes Lied*
Erster Vers: »Die Berge sprachen miteinander, während ich umherging.«
Zweiter Vers: »Ich ging durch den Fluß, wo er den Lärm des Canyon macht.«
Dritter Vers: »Ich ging auf meinem Pfad einen steilen Abhang hinunter.«
In meiner Vision stand ich am Rand des Canyon, und ich konnte nicht zurücktreten, weil hinter mir ein steiler Berg stand. Aus dem Canyon erhob sich ein großer Lärm. Ich fiel ins Wasser, aber ich landete in einem Kanu, das da war. Ich trieb darin weiter; dann erhob es sich mit mir in die Berge. Zwei Berggipfel standen da. Ich trieb zwischen ihnen durch. Sie machten ein Geräusch wie Glocken, und ich wußte, daß sie miteinander sprachen. Dann fand ich mich auf einem steilen

Abhang seitlich auf einem der beiden Berge. Ich bahnte mir einen Pfad nach unten.

*Sechstes Lied*
Erster Vers: »Wem gehört das Kanu, wo ich mit einem Fremden stehe?«
Zweiter Vers: »Es treibt zwischen den Strudeln umher.«
In meiner Vision brachte mich mein Kanu an viele Orte, unter den Bäumen, wo ich zurückblieb, aber sie wichen unter meinem Kanu weg. Mein Kanu schwamm immer weiter umher, auf dem Land oder im Wasser.

Wenn ich zu einem Kranken gerufen werde, falle ich in eine Art Trance, und ich mache ein Lied oder erwecke eins wieder zum Leben. Als letzten Ausweg benutze ich meine Zaubermittel, aber nur in höchster Not. Dann ziehe ich mein Bärenkleid und einen Kopfschmuck aus Bärentatzen an und lege eine Schlinge um meinen Hals. Ich hänge mich selbst daran auf. Natürlich hänge ich nicht wirklich mit dem Hals daran, sondern sie ist am Kragen festgebunden, und die anwesenden Leute halten den Strick fest. Dann fallen wir nebeneinander hin. Ich werfe mich auf den Nacken. Vier *halaaits* sind in Aktion, jeder in einer Ecke. Der Ober*halaait* nimmt Wasser und schüttet es über meinen Kopf. Dann stehen wir vier über der Wasserlache und beraten; das nennen wir *silin*. Derweil bemüht sich ein weiterer *halaait* um den Patienten. Nachdem wir über das Wasser gestiegen sind, bedecken wir uns mit Matten. Wenn der Kranke sehr schwach ist, ergreift der Ober-*halaait* seinen Geist mit den Händen und haucht ihn an, damit er besser zu Atem kommt. Ist er noch schwächer, so nimmt der *halaait* einen heißen Stein aus dem Feuer und hält den Geist darüber. Man kann auch ein wenig Fett auf dem Stein schmelzen lassen. Die Hände gehen von einer Seite zur anderen und füttern so den kranken Geist. Wenn das getan ist, läßt der *halaait* den Geist sich setzen und legt ihn dann auf den Kopf des Kranken.
Ist der *halaait* selbst der Kranke, dann nennt man die Behandlung »den Fang einholen« oder »den Mann zurückholen« (*guksmugu'e*) oder »den Mann genesen lassen«. Ein Zederkragen

(*luirh*) wird um den Hals des kranken Medizinmanns gelegt. Alle anderen *halaaits* versammeln sich und stimmen ihre Lieder an. Mitten im Lied ziehen sie den Kranken an seinem *luirh* in die Höhe. Irgendwann kann der Patient dann vielleicht selbst singen, nämlich wenn er sich wieder ganz erholt hat. Alle Medizinmänner haben einen sehr schweren Tod, denn sie sind nicht wirklich Menschen. Sie sind schlechte Geister.
Ich benutze heute andere Behandlungsmethoden. Ich nehme dazu nur die Gebete, die ich in der Kirche gelernt habe. Ich bete wie der Pfarrer – das Vaterunser. Reverend Mr. Price hat es ins Gitksan übersetzt. Ich habe die Behandlungsweise des *halaait* ganz aufgegeben. Meine beiden Kinder, Philip und Mary, wurden krank. Die Leute hier bedrängten mich, ich sollte doch meine *halaait*-Kräfte für sie einsetzen. Sie machten mir Vorwürfe, weil ich nicht wollte, und sagten, sie würden mich für ihren Tod verantwortlich machen. So versuchte ich also, eines meiner alten Zaubermittel wieder zum Leben zu erwecken – Sonne oder Mond. Aber mein Körper war jetzt ganz anders als früher. Ich war sicher, daß ich meine *swanassu*-Kräfte verloren hatte. Ich konnte nichts für meine Kinder tun. Ich war zu schwach und mußte aufgeben. Dann gab ich fünfzig Dollar für *halaaits* aus, die mir helfen sollten, aber sie konnten auch nichts ausrichten. Sie konnten mit meinen Zaubermitteln nichts anfangen. So vertraute ich meine Kinder schließlich dem weißen Doktor an. Eines der beiden ist noch im Krankenhaus, aber das andere ist wieder gesund.

# REISE EINES SCHAMANEN ZU TAKÁNAKAPSÂLUK, DEM GEIST DES MEERES

## Knud Rasmussen

Das Mädchen, das sein eigener Vater ins Meer warf, und dem die Finger so grausam abgeschnitten wurden, als es sich voller Entsetzen ans Boot zu klammern versuchte, ist unter den Eskimos auf seltsame Weise zur Göttin des Schicksals geworden. Von ihr kommen die wichtigsten und unentbehrlichsten Nahrungsmittel des Menschen, das Fleisch der Seetiere; von ihr kommt auch der Walfischtran, der die kalten Schneehütten wärmt und Licht spendet, wenn über dem Land die lange arktische Nacht lastet, und sie gibt den Menschen auch das Robbenfell, das für Kleidung und Schuhsohlen unentbehrlich ist, vor allem für die Jäger, die in allen Jahreszeiten auf dem zugefrorenen Meer unterwegs sind. Aber nicht nur diese guten Dinge (die aus den Gliedern ihrer Finger entstanden) gibt Takánakapsâluk den Menschen, sondern sie schickt ihnen auch die meisten Übel, vor allem solche, die bei den Erdenbewohnern als besonders schwer und schrecklich gelten. In ihrem Zorn darüber, daß die Menschen nicht so leben wie sie sollten, schickt sie Stürme, die das Jagen unmöglich machen, oder sie hält die Tiere in einem Teich am Grund des Meeres fest, oder sie stiehlt die Seelen der Menschen und schickt ihnen Krankheiten. Kein Wunder also, daß es als eine der größten Taten eines Schamanen betrachtet wird, sie am Grund des Meeres aufzusuchen und so weit zu trösten und zu beruhigen, daß die Menschen wieder ohne Sorgen auf der Erde leben können.

Will ein Schamane Takánakapsâluk besuchen, so sitzt er auf der Schlafstelle hinter einem Vorhang, und er darf dabei nichts weiter auf dem Leib tragen als seine Kamikker (Stiefel aus Seehundfell) und Fausthandschuhe. Einen Schamanen, der sich auf diese Reise vorbereitet, nennt man Nak·a·ʒ əq:, einer, der auf den Grund des Meeres hinunterfällt. Dieser bemerkenswerte Ausdruck ist vielleicht teilweise darauf zurückzuführen, daß niemand wirklich weiß, wie diese Reise tatsächlich stattfindet. Einige behaupten, nur die Seele oder der Geist gehe auf die Reise, aber andere erklären, es sei der Schamane selbst, mit Fleisch und Blut, der in die Unterwelt hinabsteige.

Eine einzelne Person (die den Schamanen für seine Mühe entlohnt) kann Grund für die Reise sein; vielleicht gibt es in der Familie dieses Menschen eine scheinbar unheilbare Krankheit, oder er ist bei der Jagd besonders erfolglos gewesen. Es kann aber auch für ein ganzes Dorf geschehen, das von Hunger und Tod bedroht ist, weil die Jäger kein jagdbares Wild mehr finden. Wenn dieser Fall eintritt, versammeln sich alle erwachsenen Mitglieder der Gemeinschaft in dem Haus, von wo aus der Schamane aufbricht. Sobald er die richtige Stellung eingenommen hat – im Winter auf dem Boden aus festgestampftem Schnee, im Sommer auf der bloßen Erde –, müssen die anwesenden Frauen und Männer alles Beengende an ihrer Kleidung, die Schnallen ihres Schuhwerks und den Hosenbund lösen und dann mit geschlossenen Augen still sitzenbleiben; alle Lampen sind gelöscht oder brennen mit so kleiner Flamme, daß der Raum praktisch dunkel ist.

Der Schamane sitzt eine Zeitlang schweigend und tief atmend, und nach einer Weile beginnt er, die helfenden Geister anzurufen; dabei spricht er immer wieder den Satz: »Der Weg ist für mich bereitet, der Weg öffnet sich vor mir,« und darauf müssen alle im Chor antworten: »So sei es!«

Wenn die hilfreichen Geister ankommen, öffnet sich die Erde unter dem Schamanen; meist aber schließt sie sich sofort wieder, und der Schamane muß lange Zeit gegen verborgene Mächte kämpfen, ehe er endlich rufen kann: »Jetzt ist der Weg offen!« Alle Anwesenden müssen antworten: »Möge der Weg für ihn offen sein; möge er freie Bahn haben.«

Und jetzt hört man, zuerst unter dem Schlafplatz: »Halala-he-he-he, halal-he-he-he!« und danach unter dem Gang, aus der Erde wieder: »Halele-he!« Deutlich hört man, wie der Ruf sich weiter und immer weiter entfernt, bis er sich endlich verliert, und alle wissen jetzt, daß der Schamane auf dem Weg zum Herrscher der Seetiere ist.

In der Zwischenzeit singen die Mitglieder des Haushalts im Chor, und dabei kann es geschehen, daß die zurückgebliebenen Kleider des Schamanen lebendig werden und über den Köpfen der Sänger, die mit geschlossenen Augen dasitzen, im Haus herumfliegen. Man hört die Seufzer und das Atmen von längst Verstorbenen; es sind die Seelen der Namensvettern des Schamanen, die zur Hilfe gekommen sind. Ruft man sie jedoch mit dem Namen an, so verschwindet das Seufzen, und alles ist still im Haus, bis eine andere tote Seele zu seufzen beginnt.

In dem dunklen Haus hört man nur das Seufzen und Stöhnen der Toten, die vor vielen Generationen gelebt haben. Dieses Seufzen und Schnaufen erweckt den Anschein, als seien die Seelen wie Meerestiere im Wasser, und zwischen all diesen Geräuschen hört man das Platschen von Lebewesen, die zum Atmen an die Oberfläche kommen. Ein Lied, das immer wieder gesungen werden muß, und zwar nur von den älteren Mitgliedern des Stammes, lautet so:

*Wir strecken unsere Hände aus,*
*um dir heraufzuhelfen;*
*Wir sind ohne Nahrung,*
*wir sind ohne Wild.*
*Durch das Loch am Eingang,*
*das du öffnen wirst,*
*sollst du dir den Weg nach oben bahnen.*
*Wir sind ohne Nahrung,*
*und wir legen uns nieder,*
*und strecken unsere Hände aus,*
*um dir heraufzuhelfen.*

Auch ein sehr tüchtiger und geschickter Schamane wird unterwegs vielen Gefahren begegnen; am meisten gefürchtet sind die drei rollenden Steine, auf die er trifft, sobald er den Meeresboden erreicht hat. Man kann ihnen nicht ausweichen; zwischen ihnen ist kaum genug Raum für einen Menschen, und doch muß er zwischen ihnen hindurch und läuft Gefahr, zermalmt zu

werden. Hat er sie hinter sich, so kommt er zu einem breiten, ausgetretenen Pfad, dem Weg des Schamanen. Er folgt einer Küste, ähnlich der, die er von der Erde kennt, und an der Biegung zu einer Bucht findet er sich am Rand einer weiten Ebene. Dort steht das Haus der Takánakapsâluk, wie die Häuser der Tunit aus Stein gebaut und mit einem kurzen Durchgang vor der Tür. Draußen hört man die Tiere schnaufen und blasen, aber man sieht sie nicht. In dem Durchgang liegt Takánakapsâluks Hund; er nimmt die ganze Breite des Wegs ein und nagt knurrend an einem Knochen. Für alle, die ihn fürchten, ist er gefährlich, und nur der mutige Schamane kommt an ihm vorbei, indem er einfach über ihn hinwegsteigt; der Hund merkt daran, daß der unerschrockene Besucher ein großer Schamane ist, und tut ihm nichts.
Solche Schwierigkeiten und Gefahren finden sich entlang des Weges eines gewöhnlichen Schamanen. Aber für die größten unter ihnen gibt es einen direkten Weg, sobald sie die helfenden Geister anrufen; von einem Zelt an Land aus führt dieser Weg durch die Erde und von einer Schneehütte auf dem Eis aus durchs Meer, aber auf diesem Weg trifft der Schamane keine Hindernisse. Er gleitet hinunter wie durch eine Röhre, die gerade so weit ist, daß er die Fallgeschwindigkeit selbst steuern kann, indem er sich gegen die Wandung preßt. Die Seelen all seiner Namensvettern halten ihm diese Röhre offen, bis er zurückkehrt.
Sollte eine hohe Wehrmauer um Takánakapsâluks Haus errichtet sein, so heißt das, daß sie sehr zornig ist und gar nicht versöhnlich gestimmt, aber der Schamane muß hinaufspringen und die Mauer abtragen, bis sie dem Erdboden gleich ist. Manche behaupten, das Haus habe kein Dach, damit Takánakapsâluk die Menschheit besser im Auge behalten kann. Rechts von ihrem Platz bei der Lampe leben die Meerestiere in einem großen Teich: Robben, Bartrobben, Walrosse und Wale. Beim Betreten des Hauses erblickt der Schamane Takánakapsâluk, die zum Zeichen ihres Zorns mit dem Rücken zur Lampe und all den Tieren sitzt. Das Haar hängt ihr in wirren, ungepflegten Strähnen über die Augen, so daß sie gar nichts sieht. Die

Missetaten der Menschen lagern sich als Schmutz und Unreinheit über ihren Körper, und unter den faulen Ausdünstungen der Sünden muß sie schier ersticken. Wenn der Schamane sich ihr nähern will, wird er von Isarrataitsoq, ihrem Vater, festgehalten. Er glaubt, es sei ein Toter, der sie noch beleidigen möchte, bevor er sich ins Totenreich aufmacht, und der Schamane muß sofort rufen: »Ich bin Fleisch und Blut.« Dann wird ihm nichts geschehen. Jetzt muß er Takánakapsâluk bei einer Schulter fassen, ihr Gesicht der Lampe und den Tieren zuwenden und ihr Haar streicheln, das Haar, das sie selbst nicht kämmen kann, weil sie keine Finger hat; er glättet und kämmt es, und wenn sie ruhiger wird, muß er sagen: »Jene dort oben können nicht mehr den Robben an ihren Vorderflossen heraufhelfen.« Und Takánakapsâluk antwortet in der Sprache der Geister: »Die verschwiegenen Fehlgeburten der Frauen und der Bruch des Tabus, kein gekochtes Fleisch zu essen, versperren den Tieren den Weg.«
Der Schamane muß nun all seine Kräfte aufbieten, um ihren Zorn zu beschwichtigen, und wenn sie endlich freundlicher gestimmt ist, nimmt sie die Tiere eines nach dem anderen und läßt sie auf den Boden fallen. Wie durch einen Strudel im Eingangsflur stürzt jetzt das Wasser aus dem Teich, und die Tiere verstreuen sich wieder im Meer. Das bedeutet reiche Jagdbeute für die Menschen.
Jetzt ist für den Schamanen die Zeit der Rückkehr zu seinesgleichen gekommen. Sie hören ihn schon von weitem kommen, das Sausen seiner Fahrt durch die Röhre kommt immer näher, und mit einem lauten »Plu-a-he-he« schießt er heraus und sitzt wieder auf seinem Platz hinter dem Vorhang, »Plu-plu«, wie ein Meerestier, das unter dem Druck mächtiger Lungen an die Oberfläche kommt, um Luft zu schöpfen.
Für einen Augenblick herrscht Stille. Niemand bricht das Schweigen, bis der Schamane sagt: »Ich habe etwas zu sagen.« Alle Anwesenden antworten: »Laß hören, laß hören.« Und in feierlicher Geistersprache fährt er fort: »Worte werden laut.« Und jetzt müssen die Anwesenden alle Tabubrüche bekennen, die sie begangen haben.

»Es ist vielleicht meine Schuld,« rufen alle zusammen, Männer und Frauen, aus Furcht vor dem Verhungern, und alle beginnen von ihren Missetaten zu berichten. Die Namen aller zum Haus Gehörenden werden aufgerufen, und alle müssen bekennen; dabei kommt mehr ans Licht, als irgendwer sich hätte träumen lassen. Jeder erfährt die Geheimnisse seines Nachbarn. Aber trotz all der Geständnisse spricht der Schamane vielleicht weiter wie einer, der unglücklich ist und einen Fehler gemacht hat. Immer wieder bricht er in Ausrufe aus wie: »Ich suche die Gründe in Dingen, die gar nicht geschehen sind; ich spreche als einer, der gar nichts weiß!«

Es gibt also immer noch Geheimnisse, die der endgültigen Beseitigung der Not im Weg stehen, und deshalb beginnen jetzt die Frauen, alle Namen durchzugehen, einen nach dem anderen, denn immer sind es ihre Tabubrüche, die die größte Gefahr bedeuten. Bei einigen der Namen ruft der Schamane erleichtert: »Taina, Taina!«

Es kann sein, daß die betreffende Frau nicht anwesend ist, und in diesem Fall schickt man nach ihr. Manchmal sind es Mädchen oder junge Frauen, und wenn sie hereinkommen, weinend und elend, so ist dies ein Zeichen dafür, daß sie gute Frauen sind, gute, reuevolle Frauen. Wenn sie so zerknirscht und weinend dastehen, bricht der Schamane wieder in seine Selbstanklagen aus: »Ich sehe und entdecke etwas, wo gar nichts ist! Ich sehe und entdecke etwas, wo nichts zu finden ist! Wenn es doch etwas gibt, so mußt du es sagen.« Und jetzt gesteht diese Frau: »Ich hatte eine Fehlgeburt, aber ich habe nichts gesagt, weil ich Angst hatte, und weil es in einem Haus geschah, wo viele andere waren.«

Sie wagte es nicht, über ihr Mißgeschick zu sprechen, weil alle anderen Hausbewohner schwer davon betroffen worden wären, denn es gilt ein Gesetz, daß jedermann in einem Haus, in dem sich eine Fehlgeburt ereignet, alles qituptəq:, alle »weichen Dinge« wegwerfen muß, das heißt alle Felle, alle Kleider, und damit natürlich auch die vielen Seehundfelle, mit denen die Schneehütten ausgekleidet sind.

Zudem konnte eine Fehlgeburt ja auch unbemerkt bleiben und

als normale Menstruation gedeutet werden. Erst wenn der Schamane die Betreffende als Ursache für Takánakapsâluks Zorn und die daraus entstandene Not der Menschen benannte, erinnerte sie sich, daß auf ihrem Menstruationsfell (ein Stück dichtes Karibufell, das die Frauen als Menstruationseinlage verwenden) etwas gewesen war, das wie »dickes Blut« ausgesehen hatte. Sie hatte dem damals keine besondere Bedeutung beigemessen und daher auch nichts gesagt, aber jetzt fällt es ihr wieder ein. Jetzt liegt endlich der Grund für Takánakapsâluks Zorn offen zutage, und alle sind froh, daß die Gefahr eines großen Unglücks damit abgewendet ist. Niemand zweifelt daran, daß es am nächsten Tag reiche Jagdbeute geben wird, und am Ende empfindet jeder für den Missetäter schon fast ein Gefühl der Dankbarkeit.

# HANBLECHEYAPI –
# EINE VISION ERFLEHEN

## Schwarzer Hirsch, wiedergegeben von Joseph Epes Brown

Das Hanblecheyapi-Ritual war, wie die Reinigungs-Riten des *Inipi* (Schwitzhütte), schon lange vor unserer allerheiligsten Pfeife da. Diese Art zu beten ist sehr bedeutsam, sie steht im Mittelpunkt unserer Religion, und wir haben von ihr viele gute Dinge empfangen.

Jedermann kann eine Vision erflehen, und in den alten Tagen flehten wir alle, Männer und Frauen, die ganze Zeit. Was man durch das Flehen erhält, hängt zum Teil vom Charakter der Person ab, die es tut, denn nur die geeigneten und gut vorbereiteten Menschen erleben die wirklich großen Visionen, die von unserem heiligen Mann ausgedeutet werden und unserem Volk Kraft und Gesundheit geben. Für jemanden, der flehen will, ist es sehr wichtig, Rat und Hilfe von einem *wichasha wakan* (heiliger Mann[1]) zu erhalten, damit alles richtig ausgeführt wird; denn, wenn das nicht geschieht, kann sich etwas sehr Schlimmes ereignen, sogar eine Schlange kann kommen und sich um den Flehenden schlingen.

Ihr habt alle von unserem großen Häuptling und Priester Tolles Pferd (Crazy Horse) gehört, aber vielleicht wußtet ihr noch nicht, daß er viel von seiner großen Macht durch das Flehen erhielt; er tat es jedes Jahr viele Male, selbst im Winter, wenn es sehr kalt und nicht leicht war. Er hatte Visionen vom Felsen, vom Schatten, vom Dachs, von einem sich aufbäumenden Pferd (von dem er seinen Namen erhielt), vom Tag und auch von *Wanbli Galeshka*, dem Gefleckten Adler, und jede dieser Visionen gab ihm viel Macht und Heiligkeit.[2]

Es gibt viele Gründe dafür, auf einen einsamen Berggipfel zu gehen, um zu flehen. Einige erhalten schon in sehr jungen Jahren Visionen, wenn sie es noch gar nicht erwarten,[3] und dann gehen sie, um zu flehen, damit sie ihr Erlebnis besser verstehen. Dann flehen wir aber auch, wenn wir uns auf große Anstrengungen wie zum Beispiel auf den Sonnentanz vorbereiten oder wenn wir uns auf den Kriegspfad begeben wollen. Manche Leute flehen, um vom Großen Geist etwas zu erbitten, etwa die Heilung eines Angehörigen; und wir flehen auch, um dem Großen Geist unseren Dank zu sagen, wenn er uns ein großes Geschenk gemacht hat. Der wichtigste Grund zum Flehen ist aber wohl, daß es uns hilft, unser Einssein mit allen Dingen zu erkennen, zu wissen, daß alle Dinge unsere Verwandten sind; und dann beten wir im Namen aller Dinge zu *Wakan Tanka*, er möge uns die Erkenntnis von Ihm geben, von der Quelle aller Dinge, die doch größer als alle Dinge ist.

Auch unsere Frauen flehen, nachdem sie sich zuerst im *Inipi* gereinigt haben; andere Frauen helfen ihnen, aber sie gehen nicht auf sehr hohe einsame Berge. Sie gehen auf einen Hügel in einem Tal, denn sie sind Frauen und brauchen Schutz.

Wer flehen will, geht mit einer gefüllten Pfeife zu einem heiligen Mann; er betritt sein Tipi mit dem Mundstück der Pfeife voranweisend und setzt sich vor dem alten Mann, der sein Führer werden soll, hin. Mit dem Mundstück auf sich selbst gerichtet legt er dann die Pfeife auf den Boden, denn *er* ist es ja, der Wissen erlangen möchte. Der Heilige Mann erhebt seine Hände zu *Wakan Tanka* und in die vier Himmelsrichtungen; dann nimmt er die Pfeife und fragt nach dem Wunsch des Besuchers.

»Ich möchte flehen und meine Pfeife *Wakan Tanka* darbringen. Ich brauche deine Hilfe und Führung und möchte, daß du für mich eine Stimme zu den Mächten dort oben sendest.«

Dazu sagt der alte Mann: »Hau!« (es ist gut); dann verlassen sie das Tipi, gehen ein Stück und wenden sich nach Westen; der junge Mann steht links neben dem heiligen Mann, und andere, die zufällig in der Nähe sind, bleiben bei ihnen. Alle heben die rechte Hand, und der alte Mann betet, während er das Mundstück der Pfeife in den Himmel hält: »Hi-ei-hei-i-i! (viermal) Großvater *Wakan Tanka*, Du bist der Erste und bist es immer gewesen! Du warst es, der alle Dinge erschaffen hat. Du bist der

Eine und Einzige, und zu Dir schicken wir unsere Stimme. Dieser junge Mann hier ist in Not, und er möchte Dir seine Pfeife darbieten. Wir bitten Dich, ihm zu helfen! In wenigen Tagen wird er Dir seinen Körper opfern. Auf die heilige Erde, unsere Mutter und Großmutter, will er seinen Fuß auf geheiligte Weise setzen. All ihr Mächte der Welt, ihr Himmel und Sternenvölker, ihr roten und blauen heiligen Tage, alle Dinge, die sich im Universum bewegen, in Flüssen, Bächen und Quellen, alle Wasser, alle Bäume, alle Gräser unserer Großmutter, alle heiligen Völker dieser Welt: hört mich an! Dieser junge Mann möchte eine heilige Verbindung mit euch eingehen, damit seine Nachkommenschaft groß wird und ihr Leben auf heilige Weise führt. O Du Geflügelter dort hinten, wo die Sonne untergeht, Hüter unserer heiligen Pfeife, hilf uns! Hilf uns, diese Pfeife *Wakan Tanka* zu opfern, damit Er diesem jungen Mann seinen Segen gibt!«

Dazu rufen alle »Hau!« und setzen sich in einem Kreis nieder. Der alte Mann bietet die Pfeife den sechs Richtungen dar, zündet sie an und gibt sie zuerst an den jungen Mann weiter, der flehen will. Dieser bietet sie wieder mit einem Gebet dar, und dann wird sie von allen im Kreis Versammelten geraucht. Danach erhält sie der Heilige Mann zurück; er leert und reinigt sie, gibt sie dem jungen Mann zurück und fragt ihn, wann er flehen möchte; darauf wird ein Tag festgesetzt.

An dem verabredeten Tag trägt der junge Mann nur sein Büffelfell, einen Lendenschurz und Mokassins, und er geht mit seiner Pfeife zum Tipi des Heiligen Mannes. Weinend tritt er ein, legt die rechte Hand auf den Kopf des alten Mannes und sagt: »Unshe ma la ye!« (Sei mir gnädig!) Dann legt er seine Pfeife vor den alten Mann hin und bittet um seine Hilfe.

Der alte Mann antwortet: »Wir alle wissen, daß die Pfeife heilig ist, und mit ihr bist du nun flehend zu mir gekommen. Ich werde dir helfen, aber du darfst nie vergessen, was ich dir jetzt sage; in kommenden Wintern mußt du die Anweisungen und Ratschläge befolgen, die ich dir gebe. Du magst einen bis vier Tage lang flehen oder auch länger, wenn du willst. Für wie viele Tage hast du dich entschieden?«

»Für zwei Tage.«

»Gut. Dann ist dies, was du tun mußt: Zuerst solltest du eine *Inipi*-Laube bauen, in der wir uns reinigen werden, und dazu mußt du zwölf oder sechzehn kleine Weiden auswählen. Aber vergiß nicht, ihnen das Tabakopfer zu bringen, bevor du sie schlägst; und wenn du vor ihnen stehst, mußt du sagen: ›Es gibt viele Arten von Bäumen, aber ich habe gerade euch ausgewählt, mir zu helfen. Ich werde euch fortnehmen, aber an eurer Stelle werden andere stehen.‹ Dann mußt du die Bäume dahin bringen, wo wir die Hütte errichten.

Auf heilige Weise mußt du auch die Steine und den Salbei einsammeln, und dann mußt du ein Bündel aus fünf langen und fünf Bündel aus zwölf kurzen Stäben machen, die wir alle als Opfergaben verwenden werden. Diese Stäbe mußt du an die Westseite der Schwitzhütte lehnen, bis wir so weit sind, sie zu läutern. Außerdem brauchen wir *kinnikinnik* (Tabak), ein Brett, um ihn zu schneiden, Leder für die Beutel des Tabak-Opfers, Süßgras, einen Beutel heilige Erde, ein Messer und ein Steinbeil. Diese Dinge mußt du selbst beschaffen, und wenn du damit fertig bist, werden wir uns reinigen. *Hetchetu welo!*«

Wenn die Schwitzhütte erbaut ist und alles andere bereitsteht, tritt der heilige Mann ein und läßt sich an der Westseite nieder. Als nächster folgt der Flehende und setzt sich an die Nordseite, und dann kommt noch ein Helfer, der sich südlich des alten Mannes hinsetzt. Ein kalter Stein wird hereingebracht und an die Nordseite des Altars in der Mitte gelegt, wo ihn der heilige Mann mit einem kurzen Gebet weiht; danach wird er von einem Helfer wieder hinausgetragen. Dieser Stein wird als erster auf ein Feuer gelegt, das man östlich der Hütte entfacht hat.

Direkt östlich vom Mittelaltar bereitet der Helfer einen heiligen Platz auf der Erde und legt eine glühende Kohle darauf. Der heilige Mann bewegt sich dorthin, beugt sich über die Kohle, hält ein Stück Süßgras hoch und betet: »O Großvater *Wakan Tanka,* sieh uns an! Auf die heilige Erde lege ich dieses Dein Gras. Der Rauch, der sich aus Erde und Feuer erhebt, wird allem gehören, was sich im Universum bewegt: den Vierbeinern, den Geflügelten und allem, was sich bewegt, und allem,

was ist. Dieses Opfer von ihnen geben wir nun Dir, o *Wakan Tanka!* Wir werden alles heilig machen, was wir berühren.«
Wenn das Süßgras auf die Kohle gelegt wird, rufen die anderen beiden Männer in der Hütte: »Hai ye!« (Danke!), und wenn der Rauch aufsteigt, reibt der heilige Mann seine Hände darin und wischt damit über seinen Körper. Auf die gleiche Weise reinigen der Flehende und der Helfer sich mit dem heiligen Rauch. Auch der kleine Beutel mit Erde wird gereinigt, und dann lassen sich die drei Männer an der Westseite nieder, wobei sie natürlich stets der Bewegungsrichtung der Sonne folgen. Die geweihte Erde wird nun sorgfältig in der heiligen Kuhle in der Mitte verstreut; man tut es langsam und mit Andacht, denn diese Erde ist stellvertretend für das ganze Universum. Der Helfer reicht dem heiligen Mann einen Stab, mit dem dieser um das Loch herum vier Plätze markiert, zuerst im Westen, dann im Norden, Osten und Süden. Mit zwei Linien wird ein Kreuz auf die Erde gezeichnet, von Westen nach Osten und von Norden nach Süden. Das ist eine heilige Handlung, denn damit werden die vier großen Mächte des Universums eingeführt, und auch der

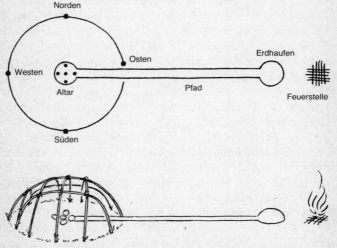

Anlage der Schwitzhütte für das *Inipi*-Ritual.

Mittelpunkt, welcher der Wohnort *Wakan Tankas* ist. Nun kommt ein Helfer mit einer glühenden Kohle in einem gegabelten Stock herein; er geht langsam, bleibt viermal stehen, und beim letztenmal legt er die Kohle auf den Schnittpunkt des Kreuzes.

Der heilige Mann hält mit zwei Fingern ein wenig Süßgras darüber und betet: »Mein Großvater *Wakan Tanka*, Du bist alles. Und mein Vater *Wakan Tanka*, alle Dinge gehören Dir. Ich werde jetzt Dein Gras auf dieses Feuer legen. Sein Duft gehört Dir.« Dann senkt er das Gras langsam auf das Feuer herab. Der Helfer hebt die Pfeife auf und gibt sie dem alten Mann, der mit ihr dieses Gebet spricht: »O *Wakan Tanka*, sieh Deine Pfeife an! Ich halte sie über den Rauch dieses Grases. O *Wakan Tanka*, sieh auch diesen heiligen Ort an, den wir gemacht haben. Wir wissen, daß sein Mittelpunkt Deine Wohnung ist. Auf diesem Kreis werden die Generationen schreiten. Die Vierbeinigen, die Zweibeinigen, die Geflügelten und die vier Mächte des Universums, alle werden diesen Deinen Platz anschauen.«

Er hält die Pfeife über den Rauch und richtet das Mundstück dabei zuerst nach Westen, dann nach Norden, Osten, Süden und in den Himmel; am Schluß berührt er die Erde mit ihrer Unterseite. Er reinigt auch die anderen heiligen Dinge, den Büffelumhang und die Opferstäbe; dann macht er kleine Tabakbeutel, die er an den Enden der Opferstäbe anbringt.

Jetzt nimmt er das Tabakbrett und beginnt *kinnikinnik* zu schneiden und zu mischen. Zuerst schätzt er bedächtig die Größe der Pfeife, denn er muß gerade genug Tabak für eine Füllung bereiten und nicht mehr. Jedes Stück Tabak, das er abschneidet, bietet er einer der vier Weiten der Welt dar, und er achtet sorgsam darauf, daß nichts vom Brett fällt, denn das würde die Donnerwesen erzürnen. Wenn er mit dem Mischen fertig ist, nimmt er die Pfeife in die linke Hand, hält eine Prise *kinnikinnik* in der Rechten und betet mit den Worten: »O *Wakan Tanka*, mein Vater und Großvater! Du bist der Erste und bist es immer gewesen. Sieh diesen jungen Mann hier an, er hat ein schweres Gemüt. Er möchte auf dem heiligen Pfad

wandern; er wird Dir diese Pfeife opfern. Sei ihm gnädig und hilf ihm. Die vier Mächte und das ganze Universum werden im Kopf dieser Pfeife sein, und dann, mit der Hilfe der Geflügelten und aller Dinge, wird dieser junge Mann sie Dir darbringen. Der Erste, der in diese Pfeife kommt, sollst Du sein, o geflügelte Macht des Ortes, wo die Sonne untergeht. Du und Deine Wächter, Ihr seid uralt und heilig. Sieh her! Die Pfeife hat Platz für Dich. Hilf uns mit Deinen beiden heiligen blauen und roten Tagen!«
Er stopft den Tabak in die Pfeife und hält eine zweite Prise nordwärts, wo *Waziah* der Riese wohnt: »O Du, geflügelte Macht, dort wo der Riese seine Hütte hat, von wo die starken, reinigenden Winde kommen, die Pfeife hat Platz für Dich; hilf uns mit Deinen beiden heiligen Tagen!«
Wenn die Macht dieser Himmelsrichtung in der Pfeife ist, streckt er seine Hand mit einer dritten Prise nach Osten aus: »O Du, dort wo die Sonne aufgeht; Du bewachst das Licht und gibst das Wissen. Diese Pfeife soll *Wakan Tanka* geopfert werden. Auch für Dich ist hier Platz; hilf uns mit Deinen heiligen Tagen!«
Auch die Macht des Ostens kommt in die Pfeife, und jetzt wird eine Prise nach Süden gehalten, dem Ort, dem wir immer unser Gesicht zuwenden: »O Ihr, Beherrscher der heiligen Winde, die Ihr dort lebt, wohin wir immer blicken, Euer Atem gibt Leben; von Euch kommen unsere Geschlechter, und zu Euch gehen sie wieder. Diese Pfeife soll *Wakan Tanka* geopfert werden; für Euch ist Platz darin. Helft uns mit den beiden heiligen Tagen, die Ihr habt!«
Auf diese Art sind die Mächte aller vier Himmelsrichtungen in den Pfeifenkopf gelangt, und jetzt wird eine Prise vom heiligen Tabak zum Himmel hochgehalten; sie ist für *Wanbli Galeshka*, den Gefleckten Adler, der höher ist als alle anderen erschaffenen Wesen und der *Wakan Tanka* verkörpert: »O *Wanbli Galeshka*, der Du in den höchsten Himmeln kreist, Du siehst alle Dinge am Himmel und auf der Erde. Dieser junge Mann will seine Pfeife *Wakan Tanka* opfern, um das Wissen zu erlangen. Hilf ihm und allen, die ihre Stimme durch Dich zu

*Wakan Tanka* schicken. Für Dich ist ein Platz in der Pfeife, hilf uns mit Deinen beiden heiligen roten und blauen Tagen!«

Mit diesem Gebet gelangt auch der Gefleckte Adler in den Pfeifenkopf, und jetzt hält der alte Mann eine Prise Tabak gegen die Erde und betet: »O *Unchi* und *Ina,* unsere Großmutter und Mutter, Du bist heilig! Wir wissen, daß unsere Körper von Dir gekommen sind. Dieser junge Mann möchte mit allen Dingen einswerden, er möchte Wissen erlangen. Zum Wohl aller Deiner Völker, hilf ihm! Für Dich ist ein Platz in der Pfeife, hilf uns mit Deinen beiden heiligen roten und blauen Tagen!«

So kommt die Erde, die jetzt im Tabak ist, in die Pfeife, und auf diese Weise werden alle sechs Mächte der Welt miteinander vereinigt. Um aber auch alle Völker der Welt mit einzuschließen, werden auch den folgenden geflügelten Völkern mit einem Gebet kleine Tabakkrumen dargeboten: »O heiliger Königsvogel, der Du an den beiden heiligen Tagen fliegst; Du verstehst es so gut, für die Familie zu sorgen, mögen wir uns vermehren und so leben wie Du. Diese Pfeife soll bald *Wakan Tanka* geopfert werden. Hier ist ein Platz für Dich, hilf uns!« Auf die gleiche Weise werden die Feldlerche, die Amsel, der Specht, die Schneeammer, die Krähe, die Elster, der Falke und der weißköpfige Adler bedacht, und der Rest des Tabaks ist für den Zweibeinigen, der flehen und sich *Wakan Tanka* opfern möchte.

Jetzt wird die Pfeife mit Talg versiegelt, denn der Flehende wird sie mit sich nehmen, wenn er auf den Berggipfel steigt, und dort wird er sie *Wakan Tanka* opfern; aber geraucht wird sie erst, wenn er sein Flehen beendet und zum heiligen Mann zurückkehrt.

Jetzt nimmt man die Opferstäbe und die ganzen geweihten Dinge und legt sie außerhalb der Hütte in westlicher Richtung nieder. Auch die drei Männer verlassen die Hütte und bereiten sich auf den *Inipi*-Ritus vor; sie ziehen alle Kleider aus bis auf den Lendenschurz. Alle, die jetzt gerade anwesend sind, dürfen an dem Reinigungsritus teilnehmen.

Der Flehende betritt das *Inipi* zuerst, geht der Sonnenbahn folgend zur Westseite und setzt sich dort hin. Er nimmt seine

Pfeife, die in der Hütte geblieben ist (mit dem Mundstück nach Osten), dreht sie, wiederum in Richtung des Sonnenlaufs, und hält sie vor sich in die Höhe. Im ersten Teil des Rituals bleibt er in dieser Stellung. Als nächster kommt der alte Mann herein, geht hinter dem Flehenden vorbei und setzt sich im Osten gleich neben der Tür nieder. Alle anderen, die noch teilnehmen wollen, füllen den freien Raum dazwischen; zwei Männer bleiben als Helfer draußen.

Einer der Helfer füllt eine Pfeife auf rituelle Weise und reicht sie dem Mann herein, der gleich links neben dem Flehenden sitzt. Auch der geläuterte Stein wird – auf einem gegabelten Stock, denn er ist jetzt sehr heiß – hereingereicht und in die Mitte der heiligen Kuhle gelegt. Ein weitererStein wird auf den heiligen Platz im Westen gelegt und andere auf die nördliche, östliche und südliche Seite. Der Mann, der die Pfeife hält, die während des Rituals geraucht werden soll, berührt mit ihrer Unterseite jeden der Steine, und dabei rufen alle: »Hai ye! Hai ye!« Dann wird die Pfeife angezündet, Himmel und Erde und den vier Himmelsrichtungen dargeboten und reihum geraucht. Dabei nennt jeder den Verwandtschaftsgrad zu dem, der neben ihm sitzt, und wenn alle geraucht haben, sagen sie gemeinsam: »Mitakuye oyasin!« (Wir sind alle Verwandte). Der Mann, der die Pfeife angezündet hat, leert sie nun, legt die Asche auf den Mittelaltar, und wenn er die Pfeife gereinigt hat, gibt er sie nach links weiter, und sie wird nach draußen gereicht. Der Helfer füllt sie wieder und lehnt sie mit dem Mundstück nach Osten an den heiligen Hügel. Jetzt wird die Tür der Hütte geschlossen, und der heilige Mann beginnt im Dunkeln zu beten: »Seht! Alles, was sich im Universum bewegt, ist hier!« Jeder Anwesende wiederholt es, und dann sagen sie alle: »Hau!«

Der alte Mann betet weiter: »Hi-ei-hei-i-i! (viermal) Ich sende eine Stimme. Höre mich! (viermal) *Wakan Tanka*, Großvater, sieh uns an! O *Wakan Tanka*, Vater, sieh uns an! Auf dieser großen Insel ist ein Zweibeiner, der sagt, er wolle Dir eine Pfeife opfern. An diesem Tag wird sein Versprechen erfüllt werden. Zu wem könnte man eine Stimme senden, außer zu Dir, *Wakan Tanka*, unserem Großvater und Vater? O *Wakan Tanka*, dieser

junge Mann bittet Dich, Du mögest ihm gnädig sein. Er sagt, daß sein Gemüt schwer ist und er Deine Hilfe braucht. Indem er seine Pfeife darbietet, will er Dir Geist und Körper opfern. Die Zeit ist jetzt reif; er wird bald an einen hohen Ort gehen, und dort wird er um Deine Hilfe flehen. Sei ihm gnädig!
O Ihr vier Mächte des Universums, ihr Geflügelten der Lüfte und alle Völker, die sich im Universum bewegen, ihr seid alle in der Pfeife. Helft diesem jungen Mann mit dem Wissen, das ihr alle von *Wakan Tanka* empfangen habt. Seid ihm gnädig!
O *Wakan tanka*, gib, daß dieser junge Mann Verwandte findet, daß er eins wird mit den vier Winden, den vier Mächten der Welt und dem Licht der Morgendämmerung. Möge er seine Verwandtschaft mit den geflügelten Völkern der Lüfte verstehen. Er wird seinen Fuß auf die heilige Erde des Berggipfels setzen; möge er dort Erkenntnis finden, mögen seine Nachkommen heilig sein! Alle Dinge danken Dir, O *Wakan Tanka*, denn du bist gnädig und hilfst uns allen. Wir bitten Dich um all dies, denn wir wissen, Du bist der Einzige und Du hast Macht über alle Dinge.«
Etwas später wird Wasser auf die glühendheißen Steine gegossen, und alle Männer singen:

*Großvater, ich schicke eine Stimme!*
*Zu den Himmeln des Alls schicke ich eine Stimme,*
*Auf daß mein Volk lebe!*

Während die Männer dies singen und der heiße Dampf aufsteigt, weint der Flehende, denn er wird sich demütig seiner Nichtigkeit angesichts der Gegenwart des Großen Geistes bewußt.[4]
Nach kurzer Zeit öffnet der Helfer die Hütte; der Flehende umarmt jetzt seine Pfeife, hält sie erst an die eine Schulter, dann an die andere und fleht dabei die ganze Zeit zum Großen Geist: »Sei mir gnädig! Hilf mir!« Dann wird die Pfeife herumgereicht, und alle anderen umarmen sie auch und flehen in der gleichen Weise. Danach wird sie wieder dem Helfer herausgereicht, der sie auch umarmt und dann mit dem Mundstück nach Osten

(denn dies ist die Richtung, aus der Licht und Erkenntnis kommen) an den kleinen Hügel lehnt.

Jetzt wird die zweite schon vorbereitete Pfeife hereingereicht, auf die gleiche Weise reihum geraucht und wieder nach draußen gegeben. Danach wird Wasser herumgereicht, und der Flehende darf soviel trinken wie er will, aber er darf nichts verschütten, und kein Wasser darf auf seinen Körper kommen, denn das würde die Donnerwesen erzürnen, die das heilige Wasser bewachen, und dann könnten sie ihn in jeder Nacht seines Flehens heimsuchen. Der heilige Mann fordert ihn auf, sich mit Salbei abzureiben, und dann wird die Tür wieder geschlossen. Der zweitheiligste Mann in der Hütte, auch er muß eine Vision gehabt haben, spricht ein Gebet:

»Auf dieser heiligen Erde sind die Donnerwesen barmherzig mit mir gewesen und haben mir von dorther eine Kraft gegeben, wo der Riese *Waziah* lebt. Es war ein Adler, der zu mir kam. Er wird auch dich besuchen, wenn du gehst, eine Vision zu erflehen. Dann sandten sie mir von dort, wo die Sonne aufgeht, den Weißköpfigen Adler; auch er wird dich besuchen. Von dorther, wohin wir immer blicken, sandten sie mir einen Geflügelten. Sie waren mir sehr gnädig. In der Tiefe der Himmel gibt es ein geflügeltes Wesen, das *Wakan Tanka* am nächsten steht; das ist der Gefleckte Adler, und auch Er wird dich ansehen. Alle Mächte und auch die heilige Erde, auf der du stehst, werden dich sehen. Sie haben mir einen guten Pfad für den Weg über diese Erde gezeigt; mögest du ihn auch finden! Wende deinen Geist auf den Sinn dieser Dinge und du wirst sehen. All dies ist so, vergiß nicht! *Hechetu welo!*« Hat er dieses Gebet gesprochen, dann singt er:

*Sie schicken mir eine Stimme.*
*Von dorther, wo die Sonne untergeht,*
*schickt unser Großvater mir eine Stimme.*
*Von dort, wo die Sonne untergeht,*
*sprechen sie zu mir, während sie kommen.*
*Die Stimme unseres Großvaters ruft mich.*
*Der Geflügelte dort, wo der Riese lebt,*

*schickt mir eine Stimme. Er ruft mich.*
*Unser Großvater ruft mich.*

Während er dies singt, gießt man Wasser über die Steine, und wenn die Männer eine kurze Zeit in dem heißen Dampf in der Dunkelheit gewesen sind, wird die Tür geöffnet, und Licht und frische Luft erfüllen die kleine Hütte. Wieder nimmt man die Pfeife vom heiligen Hügel, und diesmal bekommt sie der Mann an der Nordseite. Wenn sie zuende geraucht ist, wird sie mit dem Mundstück nach Osten wieder auf den Hügel gelegt. Die Tür wird verschlossen, und diesmal betet der heilige Mann an der Ostseite:
»O *Wakan Tanka*, sieh, was wir hier tun und erbitten! O Du, Macht, dort wo die Sonne untergeht, Du beherrschst das Wasser; mit dem Atem Deines Wassers reinigt sich dieser junge Mann. Und auch ihr, uralte Felsen, die uns hier helfen, hört! Ihr steht fest und sicher auf dieser Erde; wir wissen, daß der Wind euch nicht ins Wanken bringt. Dieser junge Mann will seine Stimme ausschicken und eine Vision erflehen. Ihr helft uns, denn ihr gebt ihm etwas von eurer Kraft; durch euren Atem wird er geläutert.
O ewiges Feuer, dort wo die Sonne aufgeht, von dir erhält dieser junge Mann Stärke und Licht. O ihr stehenden Bäume, *Wakan Tanka* hat euch die Kraft gegeben, aufrecht zu stehen. Möge dieser junge Mann sich immer ein Beispiel an euch nehmen! Möge er sich an euch halten. Es ist gut. *Hechetu welo!*«
Jetzt singen alle Männer wieder; nach kurzer Zeit wird die Tür geöffnet, und man gibt dem alten Mann an der Ostseite die Pfeife. Er zündet sie an und läßt sie nach einigen Zügen wieder die Runde machen. Danach gibt man sie wieder nach draußen, wo sie mit dem Mundstück nach Süden auf den Hügel gelegt wird. Zum letzten Mal wird die Tür des *Inipi* geschlossen, und jetzt widmet der heilige Mann sein Gebet den Steinen:
»O ihr uralten Steine, ihr seid heilig; ihr habt weder Augen noch Ohren, aber ihr seht und hört alle Dinge. Durch eure Kräfte ist dieser junge Mann rein geworden, damit er würdig

sei, zu gehen und eine Botschaft von *Wakan Tanka* zu empfangen. Die Männer, die diese heilige Hütte bewachen, werden sie bald zum viertenmal öffnen, und wir werden das Licht der Welt sehen. Seid den Männern, die die Tür bewachen, gnädig! Mögen ihre Nachkommen gesegnet sein!«
Noch einmal gießt man Wasser über die Steine, die immer noch sehr heiß sind, und nachdem der Dampf die Hütte noch einmal für eine kurze Zeit erfüllt hat, wird die Tür geöffnet, und alle rufen: »Hei ho! Hei ho! Danke!«
Zuerst verläßt der Flehende die Hütte; er geht über den heiligen Pfad und läßt sich mit dem Gesicht zu dem kleinen Erdhügel darauf nieder, während er die ganze Zeit weint. Einer der Helfer nimmt den geweihten Büffelumhang und legt ihn dem Flehenden über die Schultern; ein zweiter Helfer nimmt die Pfeife, die während der ganzen Zeit an dem Hügel gelehnt hat, und gibt sie dem Flehenden, der jetzt bereit ist, auf den hohen Berg zu steigen, um dort eine Vision zu erflehen.
Man bringt drei Pferde, von denen zwei mit den Bündeln der Opferstäbe und etwas heiligem Salbei beladen werden; der Flehende reitet auf dem dritten Pferd, und die ganze Zeit weint er sehr kläglich und hält seine Pfeife vor sich hin. Seine beiden Helfer gehen, sobald sie den Fuß des ausgewählten Berges erreichen, voraus, um den heiligen Ort auf dem Gipfel vorzubereiten. Wenn sie den Ort erreichen, so dürfen sie ihn nur aus der Richtung betreten, wo sie sich vom Zeltlager entfernen, und sie gehen auf direktem Weg zu dem Punkt, der als Mittelpunkt ausgewählt wurde, und legen alle Ausrüstungsgegenstände dort ab. An diesem Mittelpunkt graben sie zuerst ein Loch, in das sie ein Wenig *kinnikinnik* tun, und dann setzen sie einen langen Pfahl in das Loch, an den oben die Opfergaben angebunden sind. Einer der beiden geht nun ungefähr zehn Schritte nach Westen und errichtet auch dort wieder einen Pfahl, an den er Opfergaben gebunden hat. Dann geht er in die Mitte zurück, nimmt wieder einen Pfahl, stellt ihn im Norden auf und kehrt wieder zur Mitte zurück, um auch noch im Osten und Süden auf die gleiche Weise Pfähle aufzustellen. Währenddessen bereitet der andere Helfer in der Mitte ein Lager aus Salbei, auf das

sich der Flehende legen kann, wenn er müde ist, mit dem Kopf gegen den Pfahl und den Füßen nach Osten ausgestreckt. Wenn alles fertig ist, verlassen die Helfer den heiligen Ort nordwärts und kehren zu dem Flehenden am Fuß des Berges zurück.

Dieser zieht nun seine Mokassins und selbst seinen Lendenschurz aus – denn wenn wir wirklich flehen wollen, müssen wir arm an den Dingen dieser Welt sein – und besteigt den Berg allein, wobei er seine Pfeife vor sich hält und den Büffelumhang trägt, der ihm nachts als Decke dienen wird. Während er geht, fleht er ununterbrochen: »*Wakan Tanka onshimala ye oyate wani wachin cha!*« (O Großer Geist, sei mir gnädig, auf daß mein Volk lebe!)

Wenn er den heiligen Ort betritt, geht er sofort zu dem Pfahl in der Mitte, blickt nach Westen, hält seine Pfeife hoch und fleht wieder: »O *Wakan Tanka,* sei barmherzig, auf daß mein Volk lebe!« Dann geht er gemessen zu dem Pfahl im Osten, spricht das gleiche Gebet und kehrt wieder zur Mitte zurück. Ebenso geht er auch zu den Pfählen im Norden, Osten und Süden, und dazwischen kehrt er immer wieder zur Mitte zurück. Nach solch einer Runde hebt er die Pfeife hoch in den Himmel und bittet die Winde und alle Dinge, ihm zu helfen; und dann weist er mit dem Mundstück auf die Erde und erbittet Hilfe von allem, was auf unserer Mutter wächst.

Das ist alles schnell erzählt, aber der Flehende sollte alles auf so langsame und weihevolle Art tun, daß er für eine Runde eine oder gar zwei Stunden braucht. Er darf sich nur auf diese Art bewegen, in der Form des Kreuzes, aber er mag an jeder Stelle so lange verweilen, wie er möchte. Aber den ganzen Tag lang betet er ohne Unterbrechung, entweder laut oder leise zu sich selbst, denn der Große Geist ist überall, er hört, was immer in unserem Geist und Herzen ist, und es ist nicht notwendig, laut zu ihm zu sprechen. Der Flehende muß nicht immer das Gebet sprechen, das ich ihm gegeben habe; er mag still bleiben und seine ganze Aufmerksamkeit auf den Großen Geist oder eine Seiner Kräfte sammeln. Er muß stets achtsam sein, sonst kommen ablenkende Gedanken, und er muß hellwach sein, damit er jeden Botschafter erkennt, den der Große Geist ihm vielleicht sendet, denn diese Leute kommen oft in Tiergestalt, oft sogar in so kleiner und scheinbar unbedeutender wie der einer Ameise. Vielleicht kommt der Gefleckte Adler aus dem Westen zu ihm oder der Schwarze Adler von Osten oder der Weißköpfige Adler aus dem Norden oder sogar der Rotköpfige Buntspecht aus dem Süden. Und obwohl sie vielleicht nicht gleich zu ihm sprechen, sind sie bedeutsam und müssen beobachtet werden. Dem Flehenden darf auch nicht entgehen, wenn einer der kleinen Vögel oder ein Eichhörnchen kommt. Zuerst mögen die Tiere oder geflügelten Völker scheu sein, aber bald werden sie zahm, die Vögel werden auf den Pfählen sitzen, und kleine Würmer und Ameisen krabbeln über die Pfeife. All diese Völkchen sind wichtig, denn sie können uns Zweibeinige auf ihre Art mancherlei lehren, wenn wir vor ihnen nur demütig genug sind. Die Wichtigsten von allen Lebewesen sind die Geflügelten, denn sie sind den Himmeln am nächsten und sind nicht an die Erde gebunden wie die Vierbeinigen und die kleinen krabbelnden Völker.

Ich sollte hier vielleicht noch erwähnen, daß es seinen Grund hat, daß die Menschen genau wie die Geflügelten zwei Beine haben; die Vögel verlassen die Erde mit ihren Flügeln, und wir Menschen können die Erde auch verlassen, aber nicht mit Flügeln, sondern im Geist. Das wird dir helfen zu verstehen, wie es kommt, daß für uns alle erschaffenen Wesen heilig und bedeutsam sind; alles hat einen *wochangi* oder Einfluß, der auf uns einwirken kann, durch den wir etwas mehr verstehen können, wenn wir gut achtgeben.

Den ganzen Tag lang schickt der Flehende seine Stimme um Hilfe zu *Wakan Tanka*, und er geht dabei auf den heiligen Pfaden, die ein Kreuz bilden. Diese Form hat viel Kraft in sich, denn sooft wir in die Mitte zurückkehren, wissen wir, daß es so ist, als kehrten wir zu *Wakan Tanka* zurück, der Mittelpunkt von allem ist; und obwohl wir denken mögen, daß wir von Ihm weggehen, müssen wir und alle Dinge doch früher oder später zu Ihm zurück.

Am Abend ist der Flehende sehr müde, denn du mußt wissen, daß er in den Tagen, wo er um eine Vision fleht, weder essen noch trinken darf. Er darf auf dem Lager von Salbei schlafen und muß dabei seinen Kopf an den Mittelpfahl lehnen, denn selbst wenn er schläft, ist er *Wakan Tanka* nahe, und oft kommen gerade im Schlaf die machtvollsten Visionen zu uns; sie sind nicht bloß Träume, denn sie sind viel wirklicher und mächtiger, und sie kommen nicht aus uns selbst, sondern von *Wakan Tanka*. Es kann sein, daß wir beim erstenmal, wo wir flehen, noch keine Vision oder Botschaft vom Großen Geist erhalten, aber wir können den Versuch oft wiederholen, denn *Wakan Tanka* versäumt nie, denen zu helfen, die Ihn mit reinem Herzen suchen. Aber es hängt natürlich viel von der Natur des Flehenden ab und auch davon, wie weit er sich geläutert und vorbereitet hat.

Abends können die Donnerwesen kommen, und obgleich sie uns in Schrecken versetzen, bringen sie viel Gutes, sie prüfen unsere Stärke und Ausdauer. Sie helfen uns auch zu erkennen, wie klein und unbedeutend wir im Vergleich zur großen Macht *Wakan Tankas* wirklich sind.

Ich erinnere mich daran, wie ich einmal flehte und ein großer Sturm von dorther kam, wo die Sonne untergeht; ich sprach mit den Donnerwesen, die mit Hagel, Blitz und Donner und viel Regen kamen, und am nächsten Morgen war die Erde rund um den heiligen Ort dicht mit Hagel bedeckt, aber innen war alles vollkommen trocken. Und dann, eines Nachts, kamen die bösen Geister und fingen an, die Opfer von den Pfählen zu reißen; ich hörte ihre Stimmen unter der Erde, und einer von ihnen sagte: »Sieh nach, ob er fleht.« Ich hörte ein Klappern, aber die ganze Zeit waren sie außerhalb des heiligen Orts und konnten nicht hereinkommen, denn ich war fest entschlossen, keine Angst zu haben, und hörte nicht auf, meine Stimme um Hilfe zu *Wakan Tanka* zu erheben. Später hörte ich einen der bösen Geister unter der Erde sagen: »Ja, er fleht wirklich«, und am nächsten Morgen sah ich, daß die Pfähle und Opfer noch da waren. Ich war gut vorbereitet, weißt du, und ließ nicht locker, und deshalb konnte nichts passieren.

Der Flehende soll mitten in der Nacht aufstehen, wieder in der gleichen Weise die vier Richtungen abschreiten und dabei be-

ständig seine Stimme ausschicken. Er soll immer mit dem Morgenstern auf den Beinen sein und dann nach Osten gehen, den Pfeifenstiel auf den heiligen Stern richten und ihn um Weisheit bitten. Das soll er still in seinem Herzen beten und nicht laut. All das sollte der Flehende drei oder vier Tage lang tun.
Am Ende dieser Zeit kommen die Helfer mit den Pferden und bringen den Flehenden und seine Pfeife ins Zeltlager zurück. Dort betritt er sofort das *Inipi,* das schon für ihn vorbereitet ist. Er soll an der Westseite sitzen und die Peife die ganze Zeit vor sich halten. Der heilige Mann, sein geistiger Führer, kommt als nächster herein, geht hinter ihm vorbei und setzt sich an der Ostseite nieder. Die anderen Männer füllen wieder den Raum dazwischen.
Der erste heilige Stein, er ist schon erhitzt, wird hereingebracht und in die Mitte des Altars gelegt; dann werden die anderen Steine hereingebracht, wie ich es schon beschrieben habe. Das geht auch jetzt sehr feierlich, aber doch schneller, denn jeder möchte gern wissen, was der Flehende zu erzählen hat und was für große Dinge ihm oben auf dem Berg begegnet sein mögen. Wenn alles bereit ist, sagt der heilige Mann zum Flehenden: »Ho! Du hast deine Stimme mit deiner Pfeife zu *Wakan Tanka* geschickt. Diese Pfeife ist jetzt sehr heilig, denn das ganze Universum hat sie gesehen. Du hast diese Pfeife den vier heiligen Mächten geopfert; sie haben sie gesehen! Und jedes Wort, das du dort oben gesprochen hast, ist gehört worden, auch von unserer Großmutter und Mutter Erde. Die kommenden Geschlechter werden dich hören! Diese fünf uralten Steine werden dich hören. Die geflügelte Macht des Ortes, wo die Sonne untergeht, die das Wasser beherrscht, wird dich hören! Die Bäume, die hier anwesend sind, werden dich hören! Und auch die allerheiligste Pfeife, die dem Volk gegeben wurde, wird dich hören! Also berichte uns die Wahrheit und erfinde nichts! Selbst die winzigen Ameisen und die kriechenden Würmer sind vielleicht dort oben zu dir gekommen, als du um eine Vision gefleht hast; erzähl uns alles! Du hast uns die Pfeife zurückgebracht, die du geopfert hast; damit ist es beendet. Und da du die

Pfeife bald in den Mund nehmen willst, darfst du uns nichts erzählen als die Wahrheit! Die Pfeife ist *wakan,* und sie weiß alles; du kannst sie nicht täuschen. Wenn du lügst, wird *Wakinyan Tanka,* der Wächter der Pfeife, dich strafen. *Hechetu welo!«*
Der heilige Mann erhebt sich, geht in Richtung der Sonnenbahn durch die Hütte und setzt sich rechts neben den Flehenden. Dünne Scheiben von getrocknetem Büffelfleisch werden vor den Flehenden gelegt, und darauf legt er die Pfeife mit dem Mundstück zum Himmel gerichtet. Der heilige Mann nimmt das Talgsiegel vom Pfeifenkopf und legt es auf das Büffelfleisch. Er zündet die Pfeife mit einer Kohle aus dem Feuer an, bietet sie den Mächten der sechs Richtungen dar und richtet das Mundstück auf den Flehenden, der es nur mit den Lippen berührt. Dann beschreibt der heilige Mann mit der Pfeife einen Kreis in der Luft, raucht selbst ein wenig und berührt wieder mit dem Mundstück die Lippen des Flehenden. Das tut er viermal, und dann wird die Pfeife reihum von allen Anwesenden geraucht. Wenn sie zum heiligen Mann zurückkehrt, leert er sie mit vier Bewegungen über das Talgsiegel und das Büffelfleisch und reinigt sie anschließend. Dann hält er sie vor sich hin und sagt zu dem Flehenden: »Junger Mann, du bist vor drei Tagen mit zwei Helfern aufgebrochen, die für dich die fünf Pfähle an dem heiligen Ort aufgestellt haben. Erzähle uns alles, was dir dort oben widerfahren ist, nachdem die Helfer dich verlassen haben! Laß nichts aus! Wir haben für dich viel zu *Wakan Tanka* gebetet und haben die Pfeife gebeten, dir gnädig zu sein. Erzähle uns jetzt, was geschah!«
Der Flehende berichtet, und immer, wenn er etwas Wichtiges sagt, rufen alle in der Hütte: »Hai ye!«
»Ich ging auf den Berg, und als ich den heiligen Ort betrat, schritt ich beständig die vier Richtungen ab und kam immer wieder zur Mitte zurück, wie du es mir gesagt hast. Am ersten Tag, ich blickte gerade in die Richtung, wo die Sonne untergeht, sah ich einen Adler auf mich zufliegen, und als er näherkam, sah ich, daß es ein heiliger Gefleckter Adler war. Er ließ sich auf einem Baum in der Nähe nieder, sagte aber nichts; und dann

flog er fort in die Richtung, wo der Riese *Waziah* wohnt.« Dazu rufen alle: »Hai ye!«

»Ich ging in die Mitte zurück und wandte mich nach Norden, und wie ich da stand, sah ich oben einen Adler kreisen, und als er sich in der Nähe niederließ, sah ich, daß es ein junger Adler war. Aber auch er sagte nichts zu mir, und bald stieg er wieder auf und verschwand in die Richtung, in die wir immer blicken. Ich ging in die Mitte zurück, wo ich flehte und meine Stimme ausschickte, und dann ging ich auf den Ort zu, wo die Sonne aufgeht. Dort sah ich etwas auf mich zufliegen, und bald sah ich, daß es ein Weißköpfiger Adler war, aber auch er sagte nichts. Flehend ging ich zur Mitte zurück, und als ich auf den Ort zuging, wohin wir immer blicken, sah ich einen rotbrüstigen Specht auf dem Opferpfahl sitzen. Ich glaube, er hat mir vielleicht etwas von seiner *wochangi* gegeben, denn ich hörte ihn ganz leise, aber deutlich sagen: ›Wachin ksapa yo! (Sei wachsam!) und hab keine Furcht; aber achte nicht auf böse Dinge, die vielleicht kommen und mit dir sprechen werden!‹«

Alle rufen jetzt noch lauter: »Hai ye!«, denn diese Botschaft des Vogels ist sehr bedeutsam.

Der Flehende fährt fort: »Obwohl ich beständig flehte und meine Stimme ausschickte, war das alles, was ich am ersten Tag sah und hörte. Die Nacht kam, und ich legte mich mit dem Kopf zur Mitte schlafen; und in meinem Schlaf hörte und sah ich mein Volk, und ich bemerkte, daß sie alle sehr glücklich waren.

Mitten in der Nacht stand ich auf, ging wieder in alle vier Richtungen, dazwischen jedesmal zur Mitte, und schickte beständig meine Stimme aus. Kurz bevor der Morgenstern aufging, besuchte ich wieder die vier Richtungen, und gerade als ich den Ort erreichte, wo die Sonne aufgeht, sah ich den Morgenstern, und ich bemerkte, daß er zuerst ganz rot war, dann blau wurde, denn gelb und schließlich weiß, und in diesen vier Farben sah ich die vier Alter. Obwohl dieser Stern nicht richtig zu mir gesprochen hat, habe ich viel von ihm gelernt. Ich stand da und wartete darauf, daß die Sonne aufging, und gerade als sie aufging, sah ich die Welt voller kleiner Geflügelter, die sich ihres Lebens freuten. Schließlich kam die Sonne herauf und brachte ihr Licht in die Welt, und ich begann wieder zu flehen und ging zum Mittelpfahl zurück, wo ich mich hinlegte und meine Pfeife anlehnte. Als ich dort saß, konnte ich alle möglichen kleinen Geflügelten hören, die auf den Pfählen saßen, aber keiner von ihnen sprach mit mir. Ich blickte auf meine Pfeife, und da sah ich zwei Ameisen auf dem Stiel laufen. Vielleicht wollten sie mit mir sprechen, aber bald gingen sie wieder.

Am Tag flehte ich oft und schickte meine Stimme aus, Vögel und Schmetterlinge kamen zu mir, und einmal kam ein wunderschöner weißer Schmetterling, setzte sich auf die Pfeife und bewegte die Flügel auf und ab. An diesem Tag sah ich keine großen Vierbeinigen, nur die kleinen Völkchen. Und dann, gerade als die Sonne sich zur Ruhe begeben wollte, sah ich, daß die Wolken sich ballten und die Donnerwesen kamen. Über den ganzen Himmel waren Blitze, und der Donner war schrecklich, und ich glaube, daß ich vielleicht ein bißchen Angst hatte. Aber ich hielt meine Pfeife hoch und hörte nicht auf, meine Stimme zu *Wakan Tanka* zu schicken, und bald hörte ich eine andere Stimme, die sagte: ›Hi-ei-hei-i-i!‹ Viermal sagte sie das, und dann fiel alle Furcht von mir ab, denn mir fiel ein, was der kleine Vogel mir gesagt hatte, und ich fühlte mich sehr tapfer. Ich hörte auch noch andere Stimmen, die ich aber nicht verstand. Ich stand da mit geschlossenen Augen – wie lange, weiß ich nicht –, und als ich sie wieder öffnete, war alles sehr hell, noch heller als der Tag, und ich sah viele Leute auf Pferden auf mich zukommen, alle Pferde hatten verschiedene Farben. Einer von ihnen sprach sogar zu mir und sagte: ›Junger Mann, du opferst *Wakan Tanka* die Pfeife; wir sind alle sehr froh, daß du das tust.‹ Das ist alles, was sie sagten, und dann verschwanden sie.

Am nächsten Tag, kurz bevor die Sonne aufging, besuchte ich wieder die vier Richtungen und sah wieder diesen kleinen rotbrüstigen Vogel; er saß auf dem Pfahl, dort, wohin wir immer blicken, und er sagte fast das gleiche wie vorher zu mir: ›Freund, sei achtsam, wenn du gehst!‹ Das war alles. Kurz darauf kamen die beiden Helfer, um mich zurückzubringen.

Das ist alles, was ich weiß. Ich habe die Wahrheit gesagt und nichts erfunden.«

Damit beendet der Flehende seinen Bericht. Jetzt gibt der alte Mann ihm die Pfeife; er umarmt sie, dann macht sie noch einmal die Runde, und dann nimmt der Helfer sie und lehnt sie mit dem Mundstück nach Westen gegen den heiligen Hügel östlich von der Hütte. Weitere heiße Steine werden hereingereicht und die Tür geschlossen; dann beginnt das *Inipi*.

Der heilige Mann schickt ein Dankgebet zu *Wakan Tanka*: »Hi-ei-hei-i-i! (viermal) O Großvater *Wakan Tanka*, heute hast Du uns geholfen. Du bist barmherzig zu diesem jungen Mann gewesen und hast ihm Wissen gegeben und einen Pfad, dem er folgen kann. Du hast sein Volk glücklich gemacht, und alle Wesen, die sich in der Welt bewegen, freuen sich!

Großvater, dieser junge Mann, der Dir die Pfeife geopfert hat, hörte eine Stimme, die sagte: ›Sei achtsam, wenn du gehst!‹ Er möchte wissen, was diese Botschaft bedeutet; sie muß ihm jetzt erklärt werden. Sie bedeutet, daß er immer an Dich denken soll, o *Wakan Tanka*, wenn er den heiligen Weg des Lebens geht; und er muß auf alle Zeichen achtgeben, die Du uns gegeben hast. Wenn er das immer tut, so wird er weise und ein Führer seines Volkes. O *Wakan Tanka*, hilf uns allen, stets achtsam zu sein!⁵

Dieser junge Mann sah auch die vier Alter in jenem Stern dort, wo die Sonne aufgeht. Das sind die Alter, durch die alle Kreaturen auf ihrer Reise von der Geburt bis zum Tod hindurchmüssen.

O *Wakan Tanka*, als dieser junge Mann das Heraufdämmern des Tages sah, sah er Dein Licht, das in die Welt kam; das ist das Licht des Wissens. All dies hast Du uns geoffenbart, denn es ist Dein Wille, daß die Völker der Welt nicht in der Finsternis der Unwissenheit leben.

O *Wakan Tanka*, Du hast eine Beziehung zu diesem jungen Mann hergestellt, und durch diese Beziehung wird er seinem Volk Kraft bringen. Wir, die wir jetzt hier sitzen, vertreten das ganze Volk, und so geben wir alle Dir unseren Dank, o *Wakan Tanka*. Wir alle erheben unsere Hände zu Dir und sagen:

»*Wakan Tanka,* wir danken Dir für dieses Verstehen und diese Beziehung, die Du uns gegeben hast.‹ Sei uns immer gnädig! Möge diese Beziehung bis ans Ende aller Tage dauern!«
Und jetzt singen alle Männer dieses heilige Lied:

*Großvater, sieh mich an!*
*Großvater, sieh mich an!*
*Ich hielt meine Pfeife und opferte sie Dir,*
*damit mein Volk leben kann!*

*Großvater, sieh mich an!*
*Großvater, sieh mich an!*
*Ich gebe Dir all diese Opfergaben,*
*damit mein Volk leben kann!*

*Großvater, sieh mich an!*
*Großvater, sieh mich an!*
*Wir, die wir all die Menschen vertreten*
*opfern uns Dir,*
*damit wir leben können!*

Nach diesem Gesang gießt man Wasser über die Steine, und das *Inipi* wird auf die gleiche Art fortgesetzt, wie ich es schon beschrieben habe. Dieser junge Mann, der zum erstenmal für eine Vision gefleht hat, wird vielleicht *wakan;* wenn er geht und dabei mit Geist und Herz auf *Wakan Tanka* und seine Mächte achtet, so wie man es ihn gelehrt hat, so wird er sicherlich auf dem roten Pfad wandern, der zum Guten und Heiligen führt. Aber er muß ein zweites Mal um eine Vision flehen, und diesmal werden ihn vielleicht die bösen Geister versuchen; aber wenn er wirklich ein Auserwählter ist, so wird er fest stehen, alle ablenkenden Gedanken überwinden und von allem, was nicht gut ist, gereinigt werden. Dann kann er eine große Vision empfangen, die seinem Volk Kraft gibt. Sollte er aber nach dem zweiten Flehen immer noch Zweifel haben, so mag er es ein drittes oder gar viertes Mal versuchen. Wenn er wirklich ehrlich und allen Dingen gegenüber demütig ist, so wird ihm sicherlich geholfen, denn *Wakan Tanka* hilft dem, der mit reinem Herzen zu Ihm fleht.

# DIE SALZPILGERSCHAFT
Ruth Underhill

Entlang der nördlichen Strände des Golfs von Kalifornien gibt es Salzablagerungen, die von den Hochfluten in den Sandniederungen zurückgelassen wurden. Das Land ist ohne Wasser und unbewohnt, und bis zum heutigen Tag haben es nur wenige Weiße durchquert. Über diese abschreckende Einöde von Sanddünen gibt es Berichte von Kino, Anza[1] und später von Lumholtz,[2] und alle schätzten sich glücklich, sich selbst und die Tiere lebend hindurchgebracht zu haben. Aber die Papago besuchen diese Wildnis schon seit prähistorischen Zeiten, um sich zum eigenen Gebrauch und für den Handel Salz zu holen. Velarde berichtet: »In den schmalen Buchten der Küste gibt es Salz. Die Pimas nehmen es, um es an Freunde und Verwandte zu verteilen, besonders die Pimas aus dem Westen (Papago). Die aus dem Norden kümmern sich kaum darum.«[3]

Bis zum heutigen Tag gehen die Papago auf die Pilgerschaft zu den Salzlagern.[4] Im Laufe der Jahrhunderte haben sie einen Weg ausgemacht, der sie an den wenigen verborgenen »Tanks« (felsige Wasserspeicher) vorbeiführt, die man in der Wüste findet. Dennoch darf auf der letzten Etappe der Reise zum Golf nur das Wasser in den Feldflaschen mitgenommen werden. Obwohl sie die Reise mit Umsicht vorbereiten, unternehmen sie nichts, was Entbehrung und Mühsal mindern könnte. Sie werden eher noch verstärkt und als eine Gelegenheit zum Heldentum betrachtet. Schon in den Tagen der Kürbis-Wasserbehälter trugen sie nur den zum Überleben notwendigen Vorrat bei sich. Und jetzt, wo sie Pferde haben, benutzen sie die Tiere weder zum Transport größerer Wasservorräte, noch nehmen sie mehr Salz mit als früher. Sie fasten freiwillig, fast bis zum Verhungern. Sie laufen länger, als Menschen es eigentlich aushalten können. Der Süden, die Richtung zum Golf, wird in ihrer Dichtung oft nicht durch eine Farbe bezeichnet, sondern als »die schmerzvolle Richtung«.

Die Entbehrungen, aus dem Zufall entsprungen und dann zu einer festen Einrichtung gemacht, bilden eine der wichtigsten Möglichkeiten, Macht zu erlangen. Von der Planung bis einige Zeit nach der Rückkehr ist die Reise von zeremoniellen Beschränkungen begleitet; die Salzpilgerschaft ähnelt sehr einem Kriegszug, und einige ihrer Regeln sind sogar noch strenger. Es scheint fast, daß die sehr friedfertigen Papago einige der magischen Elemente, die mit dem Krieg verbunden sind, auf diese regelmäßigere und weniger gefahrvolle Feuerprobe übertragen haben.

Die heimkehrenden Pilger wurden geläutert wie jemand, der Feinde getötet oder einen Adler geschossen hatte, und sie erhielten auch den gleichen Titel: »reifer Mann«. Letztlich ging es bei dieser Anstrengung um Regen; man glaubt, daß die Pilger den feuchten Wind vom Ozean mitbringen, und man singt bei ihrer rituellen Reinigung dieselben Gesänge wie für das Wachstum der Feldfrüchte. Der rituelle Name für Salz ist Mais. Aber das Salz ist für sich genommen ebensowenig heilig wie die Feldfrüchte. Von beidem wird bei der Reinigungszeremonie nur ein wenig gebraucht, und ansonsten kann man das Salz verzehren, verschenken oder auch verkaufen, ohne daß dazu weitere rituelle Handlungen notwendig sind. Die Pima, die keine Salzpilgerschaft kannten, bekamen ihr Salz gewöhnlich im Tausch gegen andere Waren von den Papago.

*Vorbereitung*

In früheren Zeiten unternahmen alle Papagodörfer die Salzpilgerschaft. Einige haben es inzwischen aufgegeben, und bei anderen sind von dem ursprünglichen Ritual nur noch Reste übrig. Nur Santa Rosa und Anegam haben noch all die Lieder und Reden, und die anderen räumen ein, »daß sie wissen, wie man Salz bekommt. Wir Übriggebliebenen tun halt, was wir können.«

Jedes Hauptdorf hatte für die Salz-Expedition einen anerkannten Führer, den man *siiwanyi* nannte, das ist der alte Name für »Regen-Zauberer«. Er hatte praktische und priesterliche Funktionen, denn er mußte nicht nur den Weg und die Wasserlöcher kennen, sondern er war auch für rituelle Rezitationen zuständig und führte seine Schar durch eine lange Reihe ritueller Handlungen. Meist wurde er vom früheren Anführer aus der Gruppe älterer Männer ausgewählt, die schon viele solche Reisen gemacht hatten, und er mußte seine Aufgaben durch eigene Beobachtung unterwegs erlernen. Wenn ein Führer alt wurde, so nahm er sich einen der reiferen Männer zum Gehilfen, und dieser trat dann eines Tages ohne weitere Formalitäten in seine Fußstapfen. Wie bei den Papago in solchen Fällen üblich, nahm man möglichst einen Verwandten zum Gehilfen.
Man ging im Sommer auf die Salzpilgerschaft, wenn die Springfluten des Frühlings ihr Salz an den Srändern zurückgelassen hatten. Zu dieser Zeit berief der Führer nach einer Besprechung mit dem Wächter des Rauchs eine Versammlung ein und sprach über die Bedingungen der Reise: »Wir gehen jetzt dort hinunter. Ihr werdet mir folgen und in allem gehorchen. Wenn ihr Glück habt, werdet ihr gute Sänger, Jäger, Kämpfer oder Schamanen sein.«
Junge Männer, die ihre Laufbahn noch vor sich hatten, meldeten sich freiwillig (besonders, wenn sie noch keine Gelegenheit hatten, in den Krieg zu ziehen), denn Salz zu holen war eine dem Krieg fast gleichwertige Gelegenheit, Träume und Kraft zu erhalten. Wer sich gemeldet hatte, der mußte in vier aufeinanderfolgenden Jahren mitziehen, sonst drohte ihm Krankheit. In den ersten vier Jahren galt er als Neuling und mußte bei der Rückkehr gereinigt werden. Danach wurden die Reinigungen kürzer, aber die zeremoniellen Beschränkungen während der Reise mußten auf jeden Fall beachtet werden. Nach der zehnten Pilgerschaft gab es keine Beschränkungen und Reinigungen mehr, und man konnte zum Anführer gewählt werden.
Wenn ein Dorf sich zur Reise entschieden hatte, schickte man Botschafter zu den Nachbarn, um weitere Teilnehmer einzuladen. Die Nachbarn hielten wiederum Versammlungen ab und

gaben danach die Anzahl der Freiwilligen bekannt; dann setzte man den Tag fest, an dem sich alle am ersten Haltepunkt der Reise treffen sollten. Waren es viele Leute, so ließ man acht Tage Zeit; vier Tage, wenn es nur wenige waren. Vom Tag des ersten Treffens an mußten alle Teilnehmer sexuell enthaltsam leben. Die Neulinge übten sich im Laufen, denn wenn sie den Ozean erreichten, würden sie durch Laufen ihre Vision erhalten. Sie suchten ihre Ausrüstung zusammen, die nur aus völlig neuen Gegenständen bestehen durfte, bei denen ausgeschlossen war, daß sie mit menstruierenden Frauen in Berührung gekommen waren.

Seit es Pferde gab, waren sie der wichtigste Teil der Ausrüstung für die Salzpilgerschaft, aber die Papago legten sich auch in dieser Hinsicht Beschränkungen auf. Jeder nahm nur ein Pferd mit, auf dem er bis zu den Salzlagern ritt, aber den Rückweg, auf dem die Pferde beladen waren, legte man zu Fuß zurück. Jeder mußte dafür sorgen, daß sein Pferd für die Reise frisch und ausgeruht war. Hatte er keins, so konnte er eins ausleihen, und niemand hätte gewagt, es ihm zu verweigern. Als Entschädigung erhielt der Besitzer eine halbe Ladung Salz (eine Satteltasche voll). Diese Satteltaschen waren seit jeher geflochtene Behältnisse aus den Fasern der Maguey-Agave. Ehe das Salz hineinkam, wurde es in handgewebte Baumwolltücher eingeschlagen oder noch früher in Fasermatten. Jeder mußte aus Haaren oder Maguey-Fasern Seile herstellen, die als Zügel und zum Anbinden der Pferde verwendet wurden. In der alten Zeit trug der Pilger nur einen Lendenschurz und Sandalen. An der Hüfte trug er zwei Gefäße aus Flaschenkürbissen, die mit Kaninchenfell überzogen waren und in einem Grasnetz hingen. Außerdem trug er einen kleinen Sack mit Maismehl und einen kleinen wasserdichten Korb, sein einziges Eß- und Trinkgeschirr. Außer dem Maismehl durften »reife Männer« soviel getrockneten Maisbrei, Tortillas oder was immer sie wollten mitnehmen, wie sie transportieren konnten.

Für die Ausrüstungsgegenstände gab es besondere Wörter, ähnlich wie bei der Kriegsausrüstung. Das Pferd hieß Partner, der Flaschenkürbis Krug, der Korb Geschirr, das Maismehl

Schleimsuppe, das Heu Unkraut und das Salz Mais. Diese und andere Ausdrücke mußte der Neuling lernen, und er durfte sie nicht mißbrauchen, sonst konnte auf der Reise ein Unglück geschehen.

In jedem Ort gab es Gebetsstäbe, die man mitnahm und dem Meer opferte. Die folgende Liste soll die Verschiedenartigkeit dieser Gebetsstäbe deutlich machen.

*Komarik:* Gebetsstäbe mit zwei Truthahn- oder Adlerfedern. Bei jedem Zeltlager bleibt einer zurück, und einen wirft jeder ins Meer.

*Santa Rosa und Anegam:* Geschälte weiße Stäbe aus Weidenholz ohne Federn. Getragen werden sie vom Anführer. An jedem Camp läßt man einen zurück, und einen erhält jeder, um ihn ins Meer zu werfen.

*Alkchin:* Stäbe mit Truthahn- oder Adlerfedern, die der Anführer trägt. An jedem Lager bleibt einer zurück, und einen erhält jeder, um ihn ins Meer zu tragen und wieder zurückzubringen. Ein großer Stab mit einem Wimpel aus rotem Tuch wird in den Sand gesteckt.

*San Miguel:* Streifen von rotem Tuch, die ins Meer geworfen werden.

In allen Dörfern nahm man heiliges Maismehl als Opfergabe mit. Dieses Mehl mußte aus flachköpfigen Maiskörnern bereitet sein (wenn zwei Maiskolben zusammenwachsen, so hat jeder eine flache Seite). Jeder brachte selbst welches mit; er trug es in einer kleinen Tasche aus Kaninchenfell an der Hüfte.

In der Vorbereitungszeit wurde jeden Abend ein Treffen abgehalten, bei dem der Anführer sich von den Fortschritten unterrichten ließ. Am letzten Tag vor dem Aufbruch fragte er: »Seid ihr bereit? Ist alles neu?« Und am nächsten Tag brach man mit dem Aufgang des Morgensterns auf.

## Die Reise

Es gab zwei zugängliche Salzlager, die man auf verschiedenen Wegen erreichte. Ein Weg führte geradewegs nach Süden durch

Quijota und Sharp Mountain, und er dauerte nur zweieinhalb Tage. Es mußte jedoch scharf marschiert werden, und manchmal war man noch die halbe Nacht unterwegs, um eine Wasserstelle zu erreichen. Die Männer aus Akchin nahmen diesen Weg, hielten sich nicht viel mit Zeremonien auf und rezitierten keine langen Reden. Die andere Route führte nach Westen zum Ajo-Gebirge und dann nach Süden am heutigen Pinacate vorbei. Auf diesem Weg brauchte man vier Tage; Santa Rosa und Anegam folgten ihm und führten an jeder Wasserstelle lange Rituale aus.

Sie ritten einer hinter dem anderen mit dem Anführer voran »wie die Wachtel und ihre Jungen«. Alle Eventualitäten der Reise waren mit magischen Vorstellungen verbunden: Man durfte nie aus der Spur treten, denn das würde die Wohnung von jemandem (einem Tier) zerstören, und dieses Tier würde dann ihr Feind werden. Sie durften nie an zuhause und an ihre Frauen denken, denn das konnte ihr Fortkommen verzögern. Deshalb mußten sie auch stets mit dem Kopf in Richtung Meer schlafen, damit es sie voranziehen konnte. Niemals durften sie einen Tropfen des kostbaren Wassers verschütten, die Strafe wäre eine Flut gewesen. Einem Informanten geschah dies. Das Ergebnis war, daß die Schar durch einen Wolkenbruch reiten mußte und die Salzmulden so aufgeweicht waren, daß man kaum transportables Salz fand.

Man hielt die übliche zeremonielle Regel ein, daß nur langsam und mit leiser Stimme gesprochen werden durfte, und die Männer aus Santa Rosa durften sogar überhaupt nicht sprechen. Für Neulinge gab es andere Regeln. Jede Anweisung mußten sie augenblicklich befolgen; sie durften nie gehen, sondern mußten immer laufen. Nur mittags und abends durften sie etwas essen, und das waren ganz besondere Gelegenheiten, Tapferkeit und Stärke zu zeigen. Sie saßen im Kreis und hielten ihre Körbe, aber keiner rührte sein Maismehl an, und der Anführer stand in der Mitte und sprach:

*War nicht dies unser Zweck – diese Reise zum Wohl aller zu machen? So können wir viel erreichen; großen Fleiß; großes*

*Aushalten des Hungers; große Kraft. Etwas, das jeder Mann begehrt: ein großer Läufer zu sein, ein Schamane, ein großer Sänger, ein großer Jäger. So wird jeder Mann sich fühlen, nachdem er viel gesehen hat und nach Hause zurückkehrt.*

Das sagte er, »damit die Männer den Ernst der Sache begreifen«. Nahmen sie es auf die leichte Schulter, so würde es ein Unglück geben, etwa daß ein Pferd verschwand oder starb oder ein Mann verletzt wurde.

Dann ging der Anführer zum ersten Neuling; er nahm ein wenig Maismehl aus dessen Tasche, fügte etwas von seinem Wasser hinzu, rührte um und reichte den Korb seinem Besitzer. Wenn dieser tapfer war, so wartete er, bis das Mehl sich gesetzt hatte, und trank nur die dünne Flüssigkeit darüber; den Rest warf er weg. Es galt als unschicklich, dem Kreis den Rücken zu kehren; man geriet dadurch in den Verdacht, zuviel zu essen. »Reife Männer« durften essen, was und soviel sie wollten. Sie durften auch rauchen, was den Neulingen strengstens verboten war. Sie bliesen den Rauch mit einem lauten »A-a-ah!« zur Sonne und sagten: »Du stehst da. Gib mir Segen. Gib mir Leben.«

Für jedes Stadium der Reise waren zeremonielle Prozeduren festgelegt, vom Einstecken der Gebetsstäbe mit einer kurzen Anrufung bis hin zu langen rituellen Reden. Komarik und Anegam ließen bei jeder Wasserstelle einen Gebetsstab zurück; die Anrufung der Anegam lautete dazu:

*Sieh, das ist mein Opfer, das ich mit Sorgfalt gemacht und vollendet habe. Ich bin gekommen und bringe es mit, und das tue ich: Ich werde es opfern. Sieh es und tu für mich, um was ich bitte. Gib mir Kraft: große Schnelligkeit beim Laufen; großen Eifer; große Geschicklichkeit beim Jagen. Ich werde sie nehmen; ich werde zurückreisen und das Begehrte erlangen. Es wird nicht schwer sein, heimwärts zu gehen, nicht schwer, mein Land zu erreichen.*

Diese Rede wurde aus dem Stegreif gehalten. Die hier angeführte stammt von einem Informanten, der sich vor allem wünschte, ein guter Läufer zu sein.

Die Anegam- und Santa-Rosa-Papago hielten rituelle Reden, wobei die Reden der Anegam sehr viel ausführlicher waren. Am zweiten Abend der Reise (nach einem anstrengenden Marsch) rief der Ausrufer der Anegam die Männer zusammen:

*Schon ist wieder die Sonne untergegangen, die Gabe Gottes, und Schatten bedeckt uns. Schon ist Coyote angekommen, unser glanzäugiger Kamerad, unser glutäugiger Kamerad. Viermal ging er um uns herum in schnellen Kreisen, dann stand er still. Sein Glänzen und sein Kreisen scheinen ein gutes Vorzeichen zu sein. Also eilt! Versammelt euch schnell! Damit wir schnell zu unseren Zeremonien kommen.*[5]

Die Männer setzten sich mit verschränkten Armen und gebeugtem Kopf in einen Kreis. Alle zogen die Sandalen aus und banden das Haar mit einem Lederriemen zusammen, damit es sich nicht im Wind bewegen konnte, denn die Handbewegung des Zurückstreichens würde die Zeremonie stören. Der Anführer hielt eine einleitende Rede, die man »Ermutigung« nannte:

*Schon ist wieder die Sonne untergegangen, der leuchtende Wanderer, und Schatten beginnt uns zu bedecken. Schon ist Coyote gekommen, unser leuchtender, weißer Kamerad, und ist viermal um uns im Kreis gegangen. Schon hat er unsere Herzen gestärkt und vollendet; er hat unsere Hände gestärkt und vollendet; er hat unsere Beine gestärkt und vollendet. Das gleiche hat er für unsere Tiere getan. Er hat ihre Herzen gestärkt und vollendet; er hat ihre Hände (Vorderbeine) gestärkt und vollendet; er hat ihre Füße (Hinterbeine) gestärkt und vollendet.*

Dann folgte eine Rede, die man »Vorbereitung« nannte. Tatsächlich bereitet diese Rede psychologisch darauf vor, am Meer eine Vision zu empfangen. Sie trägt sogar selbst Charakterzüge einer solchen Vision. Obwohl ein Neuling keine Vorstellung von dem hatte, was ihn erwartete, konnte er sich gewiß im Zustand der Erschöpfung und mit dieser Rede im Gedächtnis vorstellen, was von ihm erwartet wurde.

Diese Rede ist eine der sogenannten *s'hámpataki nyió'k* (weise Reden), die sich nur auf das Salz beziehen. Die Einleitung wird ganz normal gesprochen und dabei das letzte Wort eines Satzes oder Satzabschnitts betont. Sie beschreibt ausführlich den Zugang zum Übernatürlichen durch den Tabakrauch. Wenn aber der Rauch seine Wirkung getan hat und der Betende dem Übernatürlichen gegenübersteht, dann beginnt das »Worte-Werfen«, ein monotones, keuchendes Sprechen, das für die feierlichen Salzreden charakteristisch ist.

*Essen kochte sie mir;*
*ich aß nicht.*
*Wasser schenkte sie mir ein;*
*ich trank nicht.*
*Dann sagte sie zu mir:*
*»Was bedeutet das?*
*Du ißt das Essen nicht, das ich dir koche,*
*das Wasser, das ich holte, trinkst du nicht.«*
*Da sagte ich:*
*»Es ist etwas, das ich fühle.«*

*Ich stand auf und ging über die freien Stellen fort;*
*blinzelte durch die Öffnungen im Gestrüpp,*
*sah mich um, suchte etwas.*
*So ging ich immer weiter.*
*Als ein Baum kam, der mir recht war,*
*legte ich mich unter ihn auf den Bauch hin und lag allein;*
*mit der Stirn auf den gekreuzten Armen lag ich.*

*Da war eine uralte Frau.*
*Eine Sage hatte sie irgendwo gehört,*
*und diese begann sie mir leise zu erzählen.*
*Sie sprach zu mir und erzählte sie.*
*Dann erhob ich mich auf die Hände:*
*ich führte sie zum Gesicht und wischte den Staub ab;*
*ich führte sie zum Haar und schüttelte Zweige und Blätter*
*  heraus.*
*Ich stand auf. Ich ging in den Schatten vor meinem Haus*
*und versuchte dort zu sitzen; es schien sich nicht mehr gleich zu*
*  sein.*

*Dann machte ich mich klein und schlüpfte durch meine enge Tür.*
*Auf meinem Bett versuchte ich zu liegen; es schien sich nicht mehr gleich zu sein.*
*Über mir tastete ich mit meiner Hand;*
*über die Weidenruten, die die Wände verbinden, tastete ich und suchte mein verbundenes Riedblatt [Zigarette].*

*Dann tat ich dies.*
*In meiner Hütte tastete ich umher mit meinen Fingern,*
*unten, im Schmutz, tastete ich mit den Fingern umher und suchte mein verbundenes Riedblatt.*
*Ich konnte es nicht finden.*
*Zur Mitte des Hauses kroch ich hin,*
*und der Mittelpfahl*
*schien ein weißer Opferstab,*
*so ähnlich war er.*
*An seinem unteren Ende tastete ich im Schmutz und suchte mein verbundenes Riedblatt;*
*ich konnte es nicht finden.*

*Da nahm ich meinen flachen Stock [zum Hacken].*
*Ich lehnte mich darauf.*
*Ich machte mich klein und schlüpfte zur Tür hinaus.*
*Sieh, ich sah viel Asche aufgestapelt;*
*sie war schon hart und rissig.*
*Ich setzte mich, und mit der Hacke fing ich an, sie zu brechen.*
*Dazwischen fand ich irgendwie mein verbundenes Riedblatt.*

*Ich ritzte es.*
*Sieh, da lag noch Tabak.*
*Gleich neben mir sah ich dann*
*eine ausgeglühte Schamanenkohle liegen.*
*Längst war sie vermodert und voller Löcher.*
*Ich nahm sie und viermal schüttelte ich sie stark.*
*Innen brach ein Funken aus und brannte hell.*
*Dann zündete ich das verbundene Riedblatt an und nahm es an die Lippen,*
*und irgendwie versuchte ich, mich meinem Verlangen zu nähern.*

(Beginn des »Worte-Werfens«)

*In welche Richtung soll ich zuerst ausatmen?*
*Nach ostwärts atmete ich.*
*Es war mein Ried-Rauch, der sich in weißen Schwaden ausbreitete,*
*ich folgte ihm und ging immer weiter.*
*Viermal hielt ich an, und dann erreichte ich*
*das Regenhaus, das im Osten stand.*
*Schöne Dinge waren da getan.*
*Alle Arten weiße Wolken bildeten das Dach.*
*Alle Arten von Regenbogen sind die Weidenruten.*
*Die Winde sind auf dem Dach vierfach gebunden.*
*Machtlos war ich da.*
*Es war mein Ried-Rauch;*
*mit dem ging ich, sie loszubinden.*
*Leise schaute ich hinein.*
*Sieh, dort sah ich*
*Ihn (den Regenmacher), meinen Wächter*
*dort drüben; weit hinten im Haus, das Gesicht von mir abgewendet, saß er.*
*Kreisend ging mein Ried-Rauch auf ihn zu,*
*auf die Tür zu; da wendete er seinen Blick mir zu.*

*Dann sagte ich:*
*»Was wirst du tun, mein Wächter?*
*Sieh dort drüben,*
*Die Erde, die du ausgebreitet hast, sieht elend aus.*
*Die Berge, die du aufrecht hingestellt hast, bröckeln ab.*
*Die Bäume, die du pflanztest, haben keine Blätter.*
*Die Vögel, die du in die Luft geworfen hast,*
*fliegen unglücklich darin umher und singen nicht.*
*Die Tiere, die auf der Erde laufen,*
*graben Löcher an den Baumwurzeln*
*und geben keinen Laut von sich.*
*Die armen Menschen*
*finden nichts zu essen.« So sagte ich.*
*Da brach sein Inneres vor Mitleid.*

»*Wahrlich Neffe, denn so nenne ich dich,*
*betrittst du mein Haus und sagst du mir etwas?*
*Die Menschen haben Angst; niemand wagt sich herein.*
*Aber du bist eingetreten und hast mir etwas gesagt,*
*und wahrhaftig, ich will dich etwas sehen lassen.«*

»*Aber laß mich erst mein Haus erreichen [sagte ich], und laß es*
   *dann geschehen.«*
*Dann tat er seine Hand in die Brust und holte Samen heraus:*
*weiße Samen; blaue Samen; rote Samen; weiche Samen.*
*Da nahm ich sie fest in die Hand und lief.*
*Ich sah das Land abfallend vor mir liegen.*
*Noch nicht weit war ich gegangen, als der Wind mir folgte und*
   *auf mich atmete.*
*Dann, unten am Fuß des Ostens, bewegten sich die Wolken,*
*und aus ihren Brüsten ging grollend der Donner.*
*Obgleich die Erde sehr weit schien,*
*fiel überall der Regen*
*und stach den Norden mit seinen Tropfen.*
*Überall fiel der Regen*
*und stach den Süden mit seinen Tropfen.*
*Die Flutkanäle, dicht an dicht,*
*schienen viele;*
*aber das Wasser aus allen Richtungen füllte sie bis zum Rand.*
*Die Gräben, dicht an dicht,*
*schienen viele;*
*aber das Wasser lief schäumend in ihnen.*
*Die Zauberer auf den nahen Bergen*
*liefen heraus und versammelten sich.*
*Der Sturm ging immer weiter.*
*Er erreichte den Fuß des Ostens, drehte sich um und blickte*
   *umher.*
*Er sah die Erde schlammig vor Nässe.*
*So herrlich kam mein Verlangen an sein Ziel;*
*So wirst vielleicht auch du fühlen, mein Bruder.*

Anders als die meisten anderen feierlichen Reden und die Erzählungen, spielt diese Rede nicht auf den Ursprungsmythos an. Der »Wächter« ist nicht »Älterer Bruder«, und Informanten, die darüber befragt wurden, konnten darüber nur sagen: »Die Worte der Rede wurden *gegeben*.« Aber ein aztekisches Gebet, das von Sahagún zitiert wird und das an die Tlalocs (Regengötter) gerichtet ist, zeigt eine ganz ähnliche Ausdrucksweise:

*Niemand konnte dem Leiden und der Bedrängnis durch die jetzige Hungersnot entkommen. Auch die Tiere und Vögel sind in Not wegen der großen Dürre. Es ist mitleiderregend, die Vögel zu sehen; einige lassen die Flügel hängen und schleifen sie über die Erde vor Entbehrung. Andere fallen hin und können nicht mehr auf den Beinen stehen. Andere haben den Schnabel geöffnet und lechzen nach Nahrung und Wasser.*
*Auch bei den anderen Tieren, o Herr, ist es schmerzlich und bitter zu sehen, wie sie gehen und vor Schwäche hinfallen und die Erde lecken, wie ihre Zunge aus dem geöffneten Maul hängt, wie sie keuchen vor Hunger und Durst . . .*
*Es ist bitter, o Herr, die Oberfläche der Erde überall trocken zu sehen, unfähig, Gras oder Bäume oder irgend etwas, das als Nahrung dienen könnte, hervorzubringen.*[6]

Die Azteken haben keine Parallele zu der lebhaften Beschreibung der Wüste und der Hütte bei den Papago. Wenn die zitierte Rede tatsächlich das Erbe eines alten Nahua-Gebets ist, dann hat sie gewiß viele Wandlungen durchgemacht, bevor sie Teil des Salz-Rituals wurde.

In Santa Rosa finden wir eine verkürzte Version dieser Rede:

### Salzrede im Lager

*Das war mein Verlangen.*
*Dann aß ich hastig das Essen, das meine Frau mir gekocht hatte; hastig nahm ich mein Kind in die Arme.*
*»Was ist das?*
*Was hat er erfahren, daß er so handelt?*
*Der Tag ist vergangen, wenn ich gehen muß.«*

(Beginn des »Worte-Werfens«)

*Fertig!*
*Dann schritt ich fort auf der Westwärts-Straße.*
*Sehr müde war ich, als der Abend hereinbrach.*
*Dann schob ich die übriggebliebene Kohlenglut meines Feuers*
  *zusammen.*
*Daneben saß ich mit gebeugtem Kopf.*
*In meine Tasche schob ich meine Hand*
*und holte mein verbundenes Riedblatt hervor.*
*Ich stellte es auf [ins Feuer, um es anzuzünden].*
*Ich machte es feucht.*
*Stark blies ich aus auf die Westwärts-Straße.*
*ich bat ihn, meinen Wächter, um viele Arten der Macht.*
*Ich bat darum, Hunger, Durst und Kälte ertragen zu können.*
*Ich bat um schnellspringende Beine,*
*starkgreifende Hände,*
*scharfe Augen.*
*Viermal ergoß sich die Morgendämmerung über mich,*
*als ich die Westwärts-Straße ging.*
*Und dann erreichte ich ihn, meinen Wächter,*
*und mehr als ich erbat tat er für mich.*
*Ein Gemisch hatte er, das war wie weißer Lehm.*
*Damit zeichnete er meine Brust;*
*meinen Rücken zeichnete er;*
*auf meine Schultern, beiderseits, zeichnete er mich.*
*Dann machte er mich überaus rein,*
*daß mir nirgendwo etwas geschehe,*
*wohin ich auch gehe.*
*So solltet ihr auch tun und denken,*
*meine Verwandten alle.*

Beide Reisewege führten an einem Berg vorbei, der am Rand der sandigen Einöde steht, die bis zum Golf reicht. Auch die Besteigung dieses Berges und der erste Blick über das »ausgebreitete Wasser« waren von einem Ritual umrahmt.

Auf der südlichen Strecke war es Sharp Mountain, den man am zweiten Abend erreichte. Wenn die Schar etwa eine Meile von seinem Fuß entfernt war, ließ der Anführer haltmachen, wies die Männer an, alles gut auf den Pferden festzubinden und sich für ein Rennen in der Reihe aufzustellen. Sie galoppierten zum Fuß des Berges, wo eine Wasserstelle war, aber keiner durfte trinken oder sein Pferd trinken lassen; sie mußten warten, bis der Führer kam, der hinterdreingeritten war, um etwa verlorene Gegenstände aufzuheben. Dann mußten die Neulinge absteigen und zu Fuß ein Wettrennen zum Gipfel machen. »Streckenweise konnte man gar nicht laufen, sondern mußte durch den Sand kriechen.«

Wer oben war, warf seinen ersten Blick auf den Golf und streckte seinen rechten Arm nach ihm aus; dann bewegte er den Arm über Gesicht und Körper und empfing Kraft. Der Gebetsstab wurde von seinem Träger geschwungen. Dann steckte jeder mit der folgenden Anrufung einen Gebetsstab in die Erde:

*Ich habe mitgebracht, was ich dir versprach. Jetzt sind wir nahe, und mich verlangt nach etwas. Ich werde nicht vergessen, was ich dir versprochen habe, und ich werde es geben. Gib mir ein gutes Leben und Kraft.*

Wenn sie zur Wasserstelle zurückkehrten, durften sie trinken. Hier füllten sie ihre Behälter, denn dies war das letzte Süßwasser auf dem Weg. Etwas weiter stand der letzte Baum, den sie sehen würden, und von ihm schnitten sie Kratzstöcke, die gebraucht wurden, sobald man Salz berührt hatte.

In der Nacht versuchte man, so weit wie möglich zu kommen, um am nächsten Tag ans Meer und wieder zum Lager zu gelangen. Das würden 24 Stunden ohne Wasser sein, und jeder hatte an der Wasserstelle soviel getrunken, wie er konnte. An dieser Stelle ließen sie alle nicht unbedingt erforderlichen Ausrüstungsgegenstände zurück, und jeder deponierte eines seiner Wassergefäße, damit sie bei der Rückkehr mit Sicherheit Wasser vorfanden.

Der Gipfel, auf dem die Santa Rosa- und Anegam-Papago ihr Ritual ausführten, war Black Mountain[7], der Ararat, wo Älterer Bruder nach der Flut in seinem Olla (irdenes Wassergefäß) gelandet sein soll. Auch hier gab es Wasser, und die Neulinge durften es erst nach dem Rennen auf den Gipfel trinken. Der Schnellste trug stellvertretend für alle einen Gebetsstab. Er schwang ihn viermal zum Meer hin, dann viermal von rechts nach links über seine Brust und viermal abwärts, während die anderen sich mit entsprechenden Bewegungen »reinigten«. Der Gebetsstab wurde anschließend von seinem Träger mit der üblichen Anrufung in die Erde gestoßen. Die Santa Rosa und Anegam ließen auch an dem Baum, wo sie Kratzstöcke schnitten, Gebetsstäbe zurück.

In dieser letzten Nacht wurden Reden gehalten, in denen die Läuterung der Neulinge und ihr Zuwachs an Kraft beschrieben wurden. Die Rede der Anegam beschreibt sehr lebhaft den Gang der Neulinge ins Wasser und das zeremonielle Verstreuen von Maismehl. Bei den Anegam galt Coyote als Beschützer bei den Visionen, während es bei den Santa Rosa der namenlose »Wächter« selbst ist. Das »Zeichnen« wird so beschrieben, wie es auch bei der Namensgebung eines Kindes und der Reinigung der Mädchen in der Pubertät üblich ist; es scheint für »Läuterung« zu stehen.

Nach dem Ruf des Ausrufers und der »Ermunterung« sagte der Sprecher der Anegam:

*So wurde mein Verlangen erfüllt.*
*Nach Westen hin lag eine schwarze Straße.*
*Darauf schritt ich und folgte ihr.*
*Viermal lagerte ich, und dann erreichte ich das weit ausgebreitete Wasser.*

*Schon war der wollige Kamerad [Coyote] angekommen.*
*Um uns ging er viermal im Kreis,*
*und sieh, auch der weiße Lehm war schon für mich gemischt,*
*die Eulenfeder zum Malen lag darüber.*

*Zu sich zog Coyote den jungen Mann und setzte ihn hin.*
*Mit dem Lehm zeichnete er ihn über dem Herzen.*
*Zurück wandte er sich, und auf der rechten Schulter zeichnete er ihn.*
*Nach vorn schritt er wieder, und auf der linken Schulter zeichnete er ihn.*

*Zurück wandte er sich, und auf dem Rücken zeichnete er ihn.
Dann reinigte er ihn gut.*

*Da gab es Maismehl aus flachköpfigem Mais.
Ich verstreute eine Handvoll und wieder eine Handvoll,
als ich in das weit ausgebreitete Wasser lief.
Obgleich es gefährlich auf mich zudonnerte,
zögerte ich nicht,
sondern ging hin und verstreute das heilige Mehl.*

*Da folgte eine zweite Welle.
Ich wich nicht.
Ich ging näher und warf das heilige Mehl.
Obgleich es gefährlich donnerte, krachend und fallend, wich ich
   nicht zurück.
Ich warf das heilige Mehl.*

*Da folgte eine vierte Welle.
Gefährlich donnerte sie;
sie brach, über mir, hinter mir,
aber ich stand fest und schaute, was ich wohl sehen mochte.*

*Dann kam ich an Land
und am Strand entlang begann ich zu laufen,
und irgendwo dort traf ich
unseren wolligen Kameraden,
unseren Kameraden mit brennenden Augen.*

*Drohend wandte er sich gegen mich,
aber ich rannte auf ihn zu und ließ mich nicht abschrecken.
Näher kam ich und warf das heilige Mehl.
Dann rannte er und rannte und rannte,
bis er endlich ging,
und ich folgte und holte ihn ein.
Im Kreis lief ich und kam hinter ihn.
Ich wich nicht zurück, sondern warf das heilige Mehl.*

*Wieder schoß er fort.
Ich folgte ihm und überholte ihn.
Dann bellte er wild und versuchte, sich duckend, zu beißen.*

*Ich wich nicht zurück, sondern warf das heilige Mehl.*
*Da stand er still und sagte:*
*»Wahrlich, Neffe,*
*du wirst alle meine Kräfte mit dir nehmen,*
*und immer mehr wirst du ein Seher sein*
*der Geheimnisse.«*

*Dann nahm er mich, er nahm mich;*
*er ließ mich*
*an dem weit ausgebreiteten Wasser stehen.*
*Unter die Gischt, die wie Rauch aufstieg, nahm er mich.*
*Jenseits brachte er mich wieder heraus*
*zu einem Tümpel mit Wasser, dick wie Kaktussaft.*
*Davor setzte er mich.*

*»Fertig, Neffe!*
*Wenn du jetzt tapfer bist,*
*wirst du alles trinken, und du wirst*
*alle meine Kräfte zusammen mit dir nehmen.«*
*Da warf ich mich nieder.*
*Ich trank und trank.*
*Ich trank es aus; dann kratzte ich den Bodensatz heraus,*
*legte ihn zusammen und nahm ihn mit.*

*Dann brachte er mich*
*zu einem Tümpel mit Wasser, dick vor grünlichem Schaum;*
*er setzte mich davor.*
*»Fertig, Neffe!*
*Wenn du jetzt tapfer bist,*
*wirst du alles trinken, und du wirst*
*alle meine Kräfte zusammen mit dir nehmen.«*
*Da warf ich mich nieder.*
*Ich trank und trank.*
*Ich trank es aus; dann kratzte ich den Bodensatz heraus,*
*legte ihn zusammen und nahm ihn mit.*

*Dann brachte er mich*
*zu einem Tümpel mit gelbem Wasser*
*und setzte mich davor.*

*»Fertig, Neffe!*
*Wenn du jetzt tapfer bist,*
*wirst du alles trinken, und du wirst*
*alle meine Kräfte zusammen mit dir nehmen.«*
*Da warf ich mich nieder.*
*Ich trank und trank.*
*Ich trank es aus; dann kratzte ich den Bodensatz heraus,*
*legte ihn zusammen und nahm ihn mit.*

*Dann brachte er mich*
*zu einem Tümpel mit blutigem Wasser*
*und setzte mich davor.*
*»Fertig, Neffe!*
*Wenn du jetzt tapfer bist,*
*wirst du alles trinken, und du wirst*
*alle meine Kräfte zusammen mit dir nehmen.«*
*Da warf ich mich nieder.*
*Ich trank und trank.*
*Ich trank es aus; dann kratzte ich den Bodensatz heraus,*
*legte ihn zusammen und nahm ihn mit.*

*Dann stand er still und sagte:*
*»Wenn du alle meine Kräfte*
*zusammen mitnimmst,*
*dann wirst du mehr und mehr ein Seher sein*
*der Geheimnisse.«*

*Dann ging er und nahm mich mit*
*und kam in ein Land,*
*das vor dem Sonnenuntergang liegt.*
*Da wohnt der bittere Wind.*
*Nicht langsam gingen wir.*
*Um das Haus des Windes war wild der Staub verstreut.*
*Nicht langsam ging er, um mich dorthin zu bringen.*
*Dann streckte ich aufspringend meine Hand aus.*
*Ich packte den Wind und beugte ihn langsam nieder,*
*bis Blut aus ihm tropfte.*
*Dann nahm ich aus dem Haus*

*einen Lederschild und eine kurze Keule,
einen wohlbesehnten Bogen, gerade-fliegenden Pfeil,
eine scharf-schneidende Waffe.
Diese band ich zusammen
Und kehrte dahin zurück, von wo ich gekommen war.*

*Das Wasser erreichte ich,
das dick wie Kaktussaft war,
und da saß ein Zauberer.
Coyote ließ mich vor ihm stehen und sagte:
»Was willst du für meinen Neffen tun?
Ich habe ihn hergebracht.«
Da holte er seine weiße Zauberkraft hervor
und tat sie in mein Herz.*

*Dann kam ich
an den Tümpel, dessen Wasser dick vor grünem Schaum war.
Darin saß ein Zauberer.
Coyote ließ mich vor ihm stehen und sagte:
»Was willst du für meinen Neffen tun?
Ich habe ihn hergebracht.«
Da holte er seine grüne Zauberkraft hervor
und tat sie in mein Herz.*

*Dann kam ich
an den Tümpel mit gelbem Wasser.
Da saß ein Zauberer.
Coyote ließ mich vor ihm stehen und sagte:
»Was willst du für meinen Neffen tun?
Ich habe ihn hergebracht.«
Da holte er seine gelbe Zauberkraft hervor
und tat sie in mein Herz.*

*Dann kam ich
an den Tümpel mit blutigem Wasser.
Darin saß ein Zauberer.
Coyote ließ mich vor ihm stehen und sagte:
»Was willst du für meinen Neffen tun?
Ich habe ihn hergebracht.«*

*Da holte er seine rote Zauberkraft hervor
und tat sie in mein Herz.*

*Dann brachte Coyote mich dahin zurück, woher wir kamen,
und wir erreichten das weit ausgebreitete Meer.
Unter der rauchigen Gischt hindurch
brachte er mich dorthin, wo ich am Strand gelaufen war,
und dort verließ er mich.
Da fiel ich nieder, erhob mich aber wieder und lief nach Osten.
Er hatte nicht geschlafen [der Anführer].
Ich ging geradewegs auf ihn zu, und in seine Hand legte ich
die Macht, die ich gewonnen hatte; fest drückte ich sie.*

*Dann sah ich
die Gabe Gottes [Sonne] aufsteigen.
Dann sah ich auf, ich folgte der Straße,
lagerte viermal und erreichte mein Land.*

*Die Kräfte, die ich gewonnen hatte, legte ich unter mein Bett.
Ich legte mich darauf, legte mich hin, um zu schlafen.
Dann kamen nach kurzer Zeit wie ein Wunder
schöne trunkene Lieder zu mir;
schöne Lieder für den kreisenden Tanz;
schöne Lieder für den Jungfrauentanz,
womit ich die Jungfrauen betören mochte.
Meine Lieder lernte die daheim gebliebene Jugend und sang sie,
und kaum durfte ich mich noch hören lassen.
Mit meinen Liedern dehnte sich der Abend widerhallend,
und die Morgendämmerung kam mit guten Tönen,
von denen die fest stehenden Berge widerhallten,
und die Bäume standen tief verwurzelt.*

Wieder finden wir in Santa Rosa eine gekürzte Version:

*Salzrede am Meer*

*Es war geheimnisvoll verborgen.
Ich begehrte es und konnte es nicht finden.
Hinter meinen Hauspfahl tastete meine Hand;
ich konnte es nicht finden.*

*Da lag ein kurzer Stock.
Mit ihm suchte ich tastend meinen Weg nach draußen.
Neben der Tür war meine Asche aufgestapelt.
Da schlug ich sie hart und nahm heraus
mein verbundenes Riedblatt.
Ausgebrannt schien es.
Da ritzte ich es.
Seitlich lag verkohlte Schwärze.
Viermal schlug ich sie
und heraus flammte ein großer Funken.
Ich zündete es in diesem Feuer an;
ich führte es an die Lippen;
ich rauchte.
Weiße Schwaden breiteten sich aus geschwind
bis sie den Sonnenaufgang erreichten.*

(Beginn des »Worte-Werfens«)

*Ich folgte und kam an das heilige Haus,
das im Osten steht.
Alle Arten von Bewölkung waren dort angebunden,
und ich konnte sie nicht losmachen.
Es war mein Zigarettenrauch,
der unter den Wolken schwebte und sie losband.
Ich versuchte ihn zu sehen, meinen Wächter,
aber ganz von mir abgewandt, saß er.
Es war mein Zigarettenrauch,
der ihn umkräuselte; er drehte ihn,
und jetzt saß er und sah mich an.
Was wird er tun, mein Wächter?
»Sehr elend liegt die Erde, die du gemacht hast.
Die Bäume, die du pflanztest, stehen ohne Laub.
Die Vögel, die du in die Luft warfst,
landen vergeblich, und sie singen nicht.
Die Wasserquellen sind vertrocknet.
Die Tiere, die über die Erde laufen,
sind stumm.«*

*»Wahrlich, wahrlich, Neffe,*
*ist das so schwer zu ändern?*
*Nicht schwer ist es, wenn alle denken und handeln wie ein Mann.*
*Wisse dies und geh dahin, woher du kamst.«*

*Da wandte ich mich heimwärts.*
*Nach Westen abfallend lag das Land;*
*darüber ging ich langsam hin.*
*Ich kam an meinen Schlafplatz.*
*Vier Morgendämmerungen ließ ich verstreichen.*
*Dann erhob sich im Osten ein Wind;*
*er wußte wohl, wohin er wehen sollte.*
*Die Bäume fing es an zu schütteln;*
*das Dürrholz häufte es an ihrem Fuß.*
*Ganz hinüber nach Westen ging es, und dort, zurückblickend,*
*drehte es sich um und sah*
*das Land geglättet und bereitet.*

*Blätter brachen da aus ihm hervor.*
*Eine leuchtende Wolke türmte sich zum Himmel auf*
*und berührte ihn mit ihrem Kopf.*
*Viele Wolken erhoben ihren Schopf*
*und gingen mit ihr.*
*Obgleich der Norden sehr weit schien,*
*gingen sie ganz bis an seinen Rand.*
*Obwohl der Süden mehr als weit schien,*
*gingen sie ganz bis an seinen äußersten Rand.*
*Dann, in den großen Regenbergen,*
*erhob sich eine schwarze Wolke.*
*Mit ihnen mischte sie sich und ging mit ihnen.*
*Sie zupften sich ihre weißen Brustfedern aus*
*und gingen.*

*Dann standen sie still und schauten.*
*Tief genug schienen die Gräben zu sein,*
*daß man nicht tiefer graben mußte,*
*aber sie waren voll bis zum Rand*
*und Treibgut türmte sich an ihren Ufern.*

*Tief genug schienen die Flutkanäle zu sein,*
*daß man nicht tiefer graben mußte,*
*aber sie waren voll bis zum Rand*
*und Treibgut türmte sich an ihren Ufern.*
*Ganz hinunter bis zum Westen gingen die Wolken,*
*und dort wandten sie sich um und schauten zurück.*
*Das Land sahen sie liegen, wunderschön und bereitet.*
*Dann saßen darauf alte Männer im Kreis*
*und hielten ihre Versammlung.*
*Dann streuten sie Samen, und er ging auf.*
*Eine dicke Wurzel kam heraus;*
*ein dicker Stiel kam heraus;*
*große, breite Blätter kamen heraus;*
*eine helle Quaste kam heraus,*
*und es reifte wohl.*
*Wunderbar waren damit die Abende;*
*wunderbar die Morgende.*

*Wahrlich, so solltet auch ihr denken und wünschen, meine Verwandten.*


## Die Salzernte und die Macht des Meeres

Die Akchin erreichten die Salzlager einen Tag nachdem sie sie vom Gipfel aus gesehen hatten. Der zeremonielle Teil war kurz, denn die Männer hatten ihre Wasservorräte etliche Stunden weit zurückgelassen und mußten vor Einbruch der Nacht zurück sein. Wenn sie sich den Salzmulden näherten, trieb der Anführer sie zur Eile an. Sie stiegen ohne Zeremoniell ab, suchten im Boden nach den dort deponierten länglichen Steinen und begannen damit Salzbrocken zu brechen, die sofort aufgeladen wurden. Dabei beschworen sie das Salz: »Sei leicht! Wir wollen zurück, um die alten Frauen zu treffen.«[8]

Wer sein Pferd beladen hatte, ging zum Anführer. Dieser hatte vor sich das heilige Maismehl, geschälte Opferstäbe, die frisch geschnittenen Kratzstöcke und ein Stück rotes Tuch (in früheren Zeiten ein handgewebtes Stirnband) ausgebreitet. Dieses

Tuch band er an einen langen federlosen Stock, den er in Sichtweite des Meeres mit der üblichen Anrufung in den Sand steckte. Dann gab er jedem eine Prise Maismehl in die linke und einen Gebetsstab in die rechte Hand. Außerdem gab er jedem einen Kratzstock, den er an seinen Gürtel binden mußte, und sagte dazu:

*Ich gebe dir diesen Stock zum Kratzen als Eigentum. Du wirst laufen und das Wasser erreichen. Du wirst sehen, wie es immerfort auf dich zukommt. Du wirst näher gehen und Maismehl werfen; Maismehl wirst du darauf streuen. Es wird eine zweite Welle kommen: du wirst Maismehl streuen. Es wird eine dritte kommen: du wirst Maismehl streuen. Es wird eine vierte kommen: du wirst Maismehl streuen.*

Dann gingen die Männer ins Meer und warfen Maismehl auf die heranrauschenden Wellen. Für dieses Wüstenvolk haben Wellen einen ganz besonderen Schrecken; schon ihren Anblick auszuhalten, galt als ein Beweis von Tapferkeit. Männer, die um Kämpfe und drohenden Hungertod keinerlei Aufhebens machen, berichten voller Stolz, wie sie bis zum Hals ins Wasser gegangen sind. Was Schwimmen ist, wissen sie nur ganz vage vom Hörensagen. Für sie ist das Meer das Ende der Welt, mächtig und tödlich.

Die Männer aus Akchin behielten die Gebetsstäbe als Schutz in der Hand. Wenn sie der vierten Welle standgehalten hatten, gingen sie zum Anführer zurück; sie gaben ihm die Gebetsstäbe zurück (die bei anderer Gelegenheit wiederverwendet werden konnten) und wischten den restlichen Mehlstaub von ihren Händen in seine Tasche. Dann brachen sie auf, wobei jeder hinter seinem Pferd ging. Visionen, die das Meer gewährte, würden auf der Heimreise oder bei der anschließenden Reinigungszeremonie erscheinen.

Auf der westlichen Route, die Santa Rosa und andere Dörfer nahmen, reiste man noch zwei Tage nach dem ersten Blick aufs Meer, denn man mußte noch ein Stück an der Küste entlang, um das Salz zu erreichen. Diesen Ort, eine 400 Meter lange Mulde, etwa 800 Meter vom Meer entfernt, nannten sie Salziger Dachs.

Bei der Ankunft stiegen die Neulinge ab, und man steckte einen Gebetsstab in den Sand. Dann rannten sie viermal entgegen dem Uhrzeigersinn um die Salzmulde, gefolgt von den »reifen Männern« auf ihren Pferden.
Danach brach man das Salz und breitete es auf Tüchern und Matten zum Trocknen aus. Wer seinen ersten Klumpen aufnahm, bewegte ihn einmal über seinen Körper und sagte dabei: »Gib mir Kraft. Laß mich sicher mein Zuhause erreichen.« Einige sprachen zu der Salzmulde: »Wir wollen nichts Böses. Wir sind nur gekommen, um Salz zu holen.«
Während das Salz trocknete, gingen die Neulinge ins Meer. Bei einigen Dörfern hatte jeder seinen Gebetsstab und Maismehl; bei anderen gab es der Anführer aus. Die Leute aus San Miguel warfen nur Fetzen von rotem Tuch ins Meer. Die Pisinimo liefen auf die erste Sanddüne, von wo aus man die Wellen sehen konnte, streuten Maismehl und sagten: »Sei mir gesonnen. Sei sanft. Laß mich laufen und sehen, was ich sehen werde.« Am Wasser angekommen riefen sie: »Sei mir gewogen. Gib mir Leben. Laß mich ein Läufer, ein Schamane, ein Sänger, ein Jäger sein.«
Jeder, der einen Gebetsstab hatte, warf ihn ins Meer. Wer aus irgendeinem Grund vom Übernatürlichen nicht angenommen wurde, dem brachten die Wellen seinen Stab zurück. Der Grund dafür war meistens, daß der Betreffende das Gebot der sexuellen Enthaltsamkeit während der Vorbereitungszeit nicht eingehalten hatte, oder daß seine Frau gerade ihre Menstruation hatte. Aber »das Meer reinigt den Stab«, und wenn man es wieder versuchte und viermal das Opfer warf, so wurde es angenommen.
Manchmal nahm das Meer auch einen Mann und gab ihn nicht wieder her. Die Salzrede der Anegam beschreibt eine solche Erfahrung. Niemand hätte versucht, den Ertrinkenden zu retten, denn das Übernatürliche rief ihn zu sich. Er konnte nach vielen Jahren als mächtiger Schamane wiederkehren oder in einen Fisch oder Vogel verwandelt werden.
Jedes Ding, das man sah, während man im Meer stand, war ein besonderes Geschenk des Übernatürlichen. Wer ein Büschel

Tang, eine Muschel oder einen Kieselstein sah, streute Maismehl darüber und nahm es als Zeichen seiner Reise mit heim; diese Dinge hatten große Reinigungskraft für die heimkehrenden Salzpilger. Eine Art von Tang, die man »Meeresschaum« nannte, war besonders begehrt. Manchmal fand ein Mann etwas, das in seiner Hand plötzlich seine Schönheit verlor; dann mußte er es wieder genau dorthin legen, wo er es gefunden hatte, und Maismehl darüberstäuben.
Nach dem Gang ins Meer liefen die Neulinge am Strand entlang, eine anstrengende Probe ihrer Kräfte. Etwa dreißig Kilometer von der Salzmulde entfernt soll nach Auskunft von Informanten eine Landzunge gewesen sein; dorthin liefen die Männer und hielten nirgends an, außer auf der Landzunge selbst. Manch einer soll dabei schon vor Kälte und Erschöpfung umgekommen sein. Alle hatten während der ganzen Kindheit dafür trainiert, denn hier sollte die magische Erfahrung eintreten.
Alles, was man unterwegs sah, war ein Omen für die spätere Laufbahn. Ein Informant sah einen Schwarm Kraniche, die er für laufende Menschen hielt. Er folgte ihnen und konnte mit ihnen schritthalten, und da wußte er, daß er ein großer Läufer sein würde. Ein anderer sah die weißen Kraniche mit einem Fußball spielen und wußte, daß er in diesem Sport großes leisten würde. Vom Laufen erschöpft, sah ein anderer, wie die Berge vor ihm Purzelbäume schlugen; er erfand eine Reihe von Liedern darüber und wurde einer der beliebtesten Anführer des Überschlag-Tanzes. Die Legende erzählt von einem Mann, der eine Stimme hörte: »Der Seeschamane wünscht dich zu sehen.« Er ging in eine Höhle; dort lehrte man ihn Lieder, und als er wieder herauskam, waren vier Jahre vergangen. Sein Haus und Eigentum waren zerstört worden wie im Todesfall, und seine Frau betrachtete sich als Witwe. Aber er war jetzt ein mächtiger Schamane und so gut bezahlt, daß die Verluste bald verschmerzt waren.
Es gibt keine Berichte von Männern, denen es nicht gelang, eine Vision zu erhalten. Diese Erfahrung wurde äußerlich und innerlich so gut vorbereitet, daß eigentlich jeder zumindest irgendein

Gefühl erlebte, das man als Botschaft des Übernatürlichen auffassen konnte. In den nachfolgenden Fastenwochen konnte sich dieses Gefühl leicht zu einer Vision ausweiten.
Die Läufer kehrten spätabends zurück, und der Anführer erwartete sie. Sie gaben ihm, was sie gefunden hatten, denn es mußte gereinigt werden, bevor seine Kraft genutzt werden konnte.

## Die Reinigung

Am nächsten Morgen beluden sie in aller Frühe die Pferde, beschworen das Salz noch einmal, leicht zu sein, und brachen auf. Der Anführer sprach noch einmal zum Meer: »Ich gehe jetzt zurück. Mach es mir leicht! Blas mich voran, damit ich sicher ankomme.« Die Älteren bildeten die Spitze, dann kamen die Neulinge und am Schluß der Anführer, »um sie mit seiner Macht zu schieben«. Sie durften sich nicht umschauen oder an das Salz denken, denn das konnte die Reise behindern. Hörten sie ein Singen hinter sich, so war es das Meer, das sie versuchen wollte; sie durften sich davon nicht gefangennehmen lassen, sonst konnten sie sich nicht mehr bewegen. Es war jetzt strengstens verboten, irgendwelchen Lärm zu machen, »das würde den Ozean erzürnen«. Die Neulinge mußten ihre Kratzstöcke benutzen und bei der ersten Gelegenheit neue schneiden, um die von der Seeluft berührten zu ersetzen.
Vor dem Heimatdorf wurde zum letzten Mal ein Lager aufgeschlagen, damit man am Morgen einziehen konnte; sie schickten einen Botschafter, der die Ankunft wie nach einem Kriegszug ankündigte. Die kleinen Jungen kamen ihnen entgegen und schwangen Holzlatten an Stricken über ihren Köpfen, die ein Geräusch machten wie der vom Meer kommende Regen. Auch alte Frauen kamen und bettelten um Salz; jeder schenkte ihnen ein wenig.
Das Salz, das jeder mitbrachte, war sein Eigentum; nur zwei Handvoll, die am Abend zur Zeremonie gebraucht wurden, mußte man abgeben. Den Rest brachte man nach Hause, wo die Familie schon eine Matte in der Sonne ausgebreitet hatte. Jedes

Familienmitglied nahm eine Handvoll, atmete die Luft darüber ein, um die Kraft des Salzes in sich aufzunehmen, dann wurde es getrocknet und schließlich verbraucht oder getauscht.

Die Familie jedes Neulings hatte eine kleine Laube errichtet, wo er den Tag seiner Reinigung verbringen konnte, und seine Frau oder Mutter machte die neuen Lehmgefäße, die er benutzen sollte. Ein alter Mann war bestimmt worden, sein Wächter zu sein. Er führte den jungen Mann sofort zu seiner Laube, wo er den Tag schlafend verbrachte.

Abends wurde dann die öffentliche Reinigung abgehalten, denn in diesem Fall gingen die Tage der Zurückgezogenheit der Zeremonie nicht voraus, sondern folgten ihr. Da die Salzpilgerschaft im Sommer stattfand, hielt man die Zeremonie im Freien ab. Östlich des Rathauses wurde ein Feuer vorbereitet, und davor wurde das von den Salzpilgern beigesteuerte Salz aufgehäuft. Mitgebrachte Zeichen der Reise, Tang, Muscheln und dergleichen, kamen neben das Feuer, und in einigen Dörfern legte man auch Gebetsstäbe dazu.

Nördlich des Feuers saßen die älteren Männer, die die Reise schon mehr als viermal gemacht hatten und nicht mehr gereinigt zu werden brauchten, sondern selbst schon die Reinigung vornehmen konnten. Sie waren die Sänger des Abends und rüsteten sich dazu mit Kratzstöcken und Korbtrommeln aus. Ihnen gegenüber, im Süden, saßen die zurückgekehrten Neulinge, im Osten die Zuschauer und im Westen der Schamane.

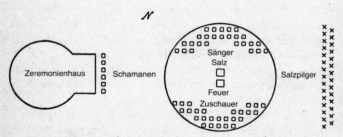

Anordnung für die öffentliche Reinigungszeremonie nach der Salzpilgerschaft.

Der Wächter des Rauchs überwachte die Zeremonie. Zuerst ließ er eine rituelle Zigarette im Kreis herumgehen; jeder nahm vier Züge und gab sie dann dem Nachbarn weiter, und jeder nannte bei der Übernahme sein Verwandtschaftsverhältnis zum vorigen. Hatte jeder im Kreis die Zigarette gehabt, so beugten alle den Kopf, und jetzt wurde die Reinigungsrede gehalten. Es ließ sich kein Informant finden, der diese Rede kannte. Das folgende Zitat stellt eine Variation des Materials einer bereits angeführten Rede dar.

## *Die Salz-Reinigung (Santa Rosa)*

*Den Rest einer Zigarette stellte ich aufrecht hin ins Feuer [um sie anzuzünden].*
*Ich nahm sie an die Lippen,*
*ich rauchte.*

*Zum Regenhaus, das im Westen stand, kam ich.*
*Alle Arten von Nebel waren dort angebunden,*
*und ich konnte sie nicht losmachen.*
*Es war mein Zigarettenrauch.*
*Er umkreiste es, ging hinein und band sie los.*
*Ich versuchte, ihn zu sehen, meinen Wächter,*
*aber ganz von mir abgewandt saß er.*
*Es war mein Zigarettenrauch.*
*Er umkreiste ihn und drehte ihn zu mir.*

*So sprach ich zu ihm, meinem Wächter.*
*»Was wird geschehen?*
*Sehr elend liegt die Erde, die du gemacht hast.*
*Die Bäume, die du pflanztest, stehen ohne Laub.*
*Die Vögel, die du in die Luft warfst,*
*sie sitzen da und singen nicht.*
*Die Wasserquellen sind vertrocknet.*
*Die Tiere, die über die Erde laufen,*
*sind stumm.«*
*So sagte ich.*

*»Was wird der Erde geschehen, die du gemacht hast?«*
*Und so sprach er, mein Wächter.*
*»Ist das so schwer?*
*Ihr müßt euch nur versammeln und das Ritual abhalten.*
*Und in dem Wissen, daß alles gut ist,*
*geht dann nach Hause.«*

*Dann wandte ich mich heimwärts.*
*Nach Osten abfallend lag das Land.*
*Darüber ging ich langsam hin.*
*Ich kam an meinen Schlafplatz und legte mich hin.*
*Vier Tage lang reiste ich nach Osten.*
*Da erhob sich im Westen ein Wind;*
*er wußte wohl, wohin er wehen sollte.*
*Ein Nebel erhob sich und türmte sich gegen den Himmel,*
*und andere mit ihm, ihre Fühler berührten den Himmel.*
*Dann bewegten sie sich.*
*Obwohl die Welt sehr weit schien,*
*gingen sie bis an ihren Rand.*
*Obwohl der Norden sehr weit weg schien,*
*gingen sie bis an seinen Rand.*
*Obwohl der Süden sehr weit weg schien,*
*gingen sie ganz bis an seinen Rand.*
*Dann gingen sie zum Osten, schauten sich um*
*und sahen das Land wunderbar feucht und bereitet liegen.*

*Dann flog Eichelhäher-Schaman heraus;*
*weiche Federn zupfte er aus und ließ sie fallen.*
*Die Erde war blau [von Blumen].*
*Dann flog Grünfink-Schaman heraus;*
*weiche Federn zupfte er aus und ließ sie fallen,*
*bis die Erde gelb war [von Blumen].*
*So schön war es, unser Jahr.*

*So solltet auch ihr denken,*
*all meine Verwandten.*

Nach dieser Rede wurden Kratzstock-Lieder gesungen. Einleitung und Ende dieser Lieder stimmen mit den Liedern für das Wachstum der Feldfrüchte überein, und das Salz wird in ihnen Mais genannt.

## Kratzstock-Lieder für die Reinigung der Salzpilger

Hí híanai hu!
*Hier schütten wir es hin und singen dafür.*
*Hier schütten wir es hin und singen dafür.*
*Wir werden alles ausschütten und essen.*
*Die blauen Fetische haben wir gebracht;*
*wir schütten es aus und singen dafür.*
*Wir werden alles essen,*
Hítcia háhina!

Hí híanai hu!
*Hier schütten wir es hin und singen dafür.*
*Hier schütten wir es hin und singen dafür.*
*Wir werden alles ausschütten und essen.*
*Die gelben Fetische haben wir gebracht;*
*wir schütten es aus und singen dafür.*
*Wir werden alles essen.*
Hítcia háhina!

Hí híanai hu!
*Der blaue Gebetsstab*
*traf mich dort.*
*Neben dem Mais*
*singen Amseln in einer Reihe.*
*Die Körner sind blau.*
Hítcia háhina!

Hí híanai hu!
*Blauer Abend*
*weiß alles.*
*Dann nehme ich das blaue Maiskorn [ein Gebetsstab]*
*und singe ihm.*
Hítcia háhina!

Hí híanai hu!
*Gelber Abend*
*weiß alles.*
*Ich nehme das gelbe Maiskorn*
*und singe ihm.*
Hítcia háhina!

*Jetzt bin ich bereit zu gehen.*
*Der Meereswind von weit her*
*holt mich ein.*
*Er beugt die Quasten des Mais.*

*Der Meereswind von weit her*
*erreicht mich,*
*er weht und erreicht mich.*
*Die Kürbisblätter hat er abgebrochen.*
Hítcia háhina!

Hí híanai hu!
*Das Wasser des Ozeans tut meinem Herzen weh.*
*Prächtige Wolken bringen Regen über unsere Felder.*
Hítcia háhina!

Hí híanai hu!
*Das ausgebreitete Wasser!*
*Ich lief daran entlang*
*und griff den Mais.*
Hítcia háhina!

Hí híanai hu!
*Das ausgebreitete Wasser!*
*Ich lief daran entlang*
*und griff den Kürbis.*
Hítcia háhina!

Ein scherzhaftes Lied soll hier noch angefügt werden, das sich modern gekleidete Männer unserer Tage auf ihrer Salzpilgerschaft einfallen ließen. Es wurde nicht bei der Reinigungszeremonie gesungen, sondern kursierte unter der Hand zum großen Vergnügen aller. Rhythmus und Refrain entsprechen dem Original.

Hí híanai hu!
*Rotes Hemd!*
*Borte am Hut!*
*O-beinig!*
Hítcia háhina!

Nach jeweils zwei Liedern gingen zwei der Sänger zu den Neulingen, um eine Reinigungshandlung an ihnen vorzunehmen. Sie gingen zu jedem hin, legten ihm einen Kratzstock auf Brust und Rücken und drückten ihn viermal an. Dabei atmeten sie aus, und der Neuling atmete die Kraft ein, die ihm gegeben wurde. Jeder der beiden sprach dann zu ihm:

*Heil dir! Das tue ich für dich. Du wirst wie ich sein. Du wirst viel tun. Du wirst viel herumkommen. Du wirst im Handeln wie ich sein.*

Auch jede andere Tugend des Sängers kann dem Neuling für die Zukunft geweissagt werden.

Wenn die beiden Sänger an ihre Plätze zurückgegangen waren, erhob sich ein Mann, der das erbliche Amt des Mehlstäubers innehatte, und streute das heilige Mehl aus den flachköpfigen Maiskörnern über ihre Körbe und Kratzstöcke und auch über das Salz und die mitgebrachten Zeichen vom Meer. Die ganze Zeit über saß der Schamane am Feuer, blickte in das Salz und dann im Dorf umher, um alles Kranke und Böse, das etwa zugegen war, zu erkennen. Er hatte seinen magischen Kristall in der Hand und benutzte ihn als »Lichtspender«. Die Gesänge zogen sich bis zum Morgen hin; dann reichte einer der Pilger einen Korb mit Salz unter den Zuschauern herum, und jeder durfte sich etwas nehmen. Man atmete über dem Salz ein, um Kraft zu gewinnen.

Vor der Verteilung des Salzes.

Hí híanai hu!
*Der Morgen wird in Schlaf gesungen.*
Hítcia háhina!
*Der Morgen wird in Schlaf gesungen.*
Hítcia háhina!

*Fein gemahlenen Mais [Salz]*
*werden wir im Tageslicht geben.*
*Der Morgen wird in Schlaf gesungen.*
Hítcia háhina!

Nach der Verteilung löste sich die Versammlung auf.
Für die Neulinge begann jetzt die Zeit der Zurückgezogenheit zur Sicherung der neugewonnenen Kraft; hielten sie diese Zeit nicht ein, so konnten sie und ihre Familie durch eine Krankheit gestraft werden, die »gelbes Erbrechen« genannt wurde. Es konnte nicht genau festgestellt werden, um welche Krankheit es sich dabei handelt, aber bei älteren spanischen Autoren wird sie oft die Pest des Landes genannt. Die Papago sagen: »Sie kommt vom Geruch des Meeres oder des Apachen. Die Weißen wissen das nicht, deshalb haben sie diese Krankheit so oft.«
Die Dauer der Abgeschiedenheit war in den einzelnen Dörfern unterschiedlich. In Komarik war es beim ersten Mal ein Monat, später vier Tage. In Akchin acht Tage beim ersten Mal, dann vier. In Pisinimo sechzehn Tage, wobei man alle vier Tage dem Haus etwas näher rückte. In Anegam blieb man vier Tage außer Haus und mußte in den folgenden vier Tagen noch bestimmte Beschränkungen beim Essen beachten.
In jedem Fall wurde der Neuling alle vier Tage von seinem Wächter in kühlem Wasser gebadet. Das Gesicht wurde nicht geschwärzt wie bei der Reinigung nach dem Kriegszug, aber im übrigen galten die gleichen Beschränkungen. Dem Neuling war nicht erlaubt, Fleisch, Salz oder Fett zu essen. Er durfte weder in die Sonne schauen, noch sich einem Feuer nähern. Den ersten Tag und die erste Nacht bis nach der öffentlichen Reinigung durfte er überhaupt kein Feuer haben. Danach wurde ihm ein kleines Feuer erlaubt, aber er durfte nicht hineinblasen, sondern mußte einen Fächer benutzen. Alle vier Tage wurde sein Geschirr fortgeworfen und durch neues ersetzt; man »tötete« jedes Teil, indem man in den Boden ein Loch machte. Die Frauen kochten für ihn, aber auf einem besonderen Feuer oder auf einem Teil des Feuers, der ausschließlich für ihn benutzt wurde. Er mußte seinen Kratzstock benutzen – bei einigen Dörfern war

es der gleiche, den er vom Meer mitgebracht hatte, bei anderen wurde er alle vier Tage ausgewechselt. Seine Frau unterlag keinen Beschränkungen.

Die Neulinge machten ihre erste Pilgerschaft im allgemeinen mit sechzehn oder siebzehn Jahren, und damit waren sie in den Kreis der Erwachsenen aufgenommen. In der Zeit der Abgeschiedenheit kamen die Väter noch nicht verheirateter Mädchen häufig zu den Eltern eines Neulings und boten ihre Tochter an.

# DER PEYOTE-WEG
## J. S. Slotkin

Peyote *(Lophophora williamsii)* ist ein stachelloser Kaktus, der im nördlichen Mexiko und im texanischen Grenzgebiet wächst. Aufmerksam wurde man auf ihn, weil er bei Indianern der Vereinigten Staaten und Kanadas, die der Native American Church angehören, in religiösen Riten als Sakrament verwendet wird. Die Peyote-Religion oder der Peyote-Weg, wie Mitglieder sagen, ist unter den heutigen Indianern die am weitesten verbreitete Religion, und sie erfaßt immer neue Stämme.

Vom Standpunkt fast aller Peyotisten aus ist diese Religion eine indianische Version des Christentums. Christliche Theologie, Ethik und Heilslehre der Weißen wurden der traditionellen indianischen Kultur angeglichen. Entstanden ist diese Religion wahrscheinlich um 1885 bei den Kiowa und Komantschen in Oklahoma.

Der Peyote-Ritus dauert die ganze Nacht, etwa von Sonnenuntergang bis Sonnenaufgang und findet üblicherweise in einem Tipi statt, wie es in den Great Plains gebräuchlich ist. Vier Hauptelemente lassen sich herauslösen: Gebet, Gesang, das Essen der sakramentalen Peyote und Kontemplation. Das Ritual ist in vier genau umschriebene Abschnitte unterteilt: von Sonnenuntergang bis Mitternacht, von Mitternacht bis drei Uhr früh, von drei Uhr bis zur Morgendämmerung und von der Morgendämmerung bis zum Morgen. Vier festgelegte Gesänge, die analog zur Liturgie der katholischen Messe vom Leiter des Rituals gesungen werden, bestimmen den größten Teil dieser vier Abschnitte.

Den Beginn bildet das Anfangslied; der Mitternachtsabschnitt steht im Zeichen des Mitternachts-Wasserliedes; um drei Uhr gibt es kein besonderes Lied; bei Sonnenaufgang folgt das Morgen-Wasserlied, und der Ritus endet mit dem Abschlußlied. Um Mitternacht trinkt man heiliges Wasser und nimmt ein Kommunionsmahl zu sich.

Normalerweise amtieren bei diesem Ritus fünf Leute, von denen vier Männer sind: der Leiter, den man oft auch den »Wegmann« nennt, weil er die Gruppe auf dem Peyote-Weg zum Heil führt, der Trommler, der den Leiter beim Singen begleitet, der Zeder-Meister, der für Räucherwerk sorgt, und der Feuermeister, der das Feuer beaufsichtigt und für Ordnung sorgt. Eine enge weibliche Verwandte des Leiters, meist seine Frau, bringt das Morgenwasser und betet darüber.

Mit dem Leiter beginnend singen die männlichen Teilnehmer je vier Sololieder, wobei sie sich im Uhrzeigersinn abwechseln; der Leiter wird dabei von dem Mann zu seiner Rechten auf einer Wassertrommel begleitet. Die Anzahl der Singrunden in jedem Abschnitt des Rituals hängt davon ab, wie viele Männer anwesend sind, meist sind es jedoch jeweils vier Runden, so daß jeder insgesamt sechzehn Lieder singt.

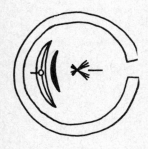

Anordnung in einem Tipi für den Peyote-Ritus. Der Eingang liegt nach Osten. Die große Mondsichel links ist der Altar, in dessen Mitte »Häuptling« oder »Vater« Peyote seinen Platz hat; die Längslinie ist der Peyote-Weg von der Geburt (Süden) bis zum Tod (Norden). An der Westseite des Altars die Adlerknochenpfeife des »Wegemannes«. In der Mitte befindet sich die Feuerstelle und westlich davon ein kleiner Halbmond aus Asche. Die Teilnehmer sitzen im Kreis an der Wand des Tipi entlang, und sie zünden ihre Zigaretten mit dem westlich vom Feuer liegenden einzelnen Stock an. Alle Objekte im Kreis bilden zusammen den Wasservogel.

## »Gott erbarmte sich der Indianer«

Während des Rituals nimmt man Peyote in einer der folgenden Formen: die ganze frische Pflanze außer den Wurzeln (grüner Peyote), die getrocknete Spitze der Pflanze (Peyote-*button*) oder ein Aufguß aus dem Peyote-*button* (Peyote-Tee). Manchem macht es nichts aus, Peyote zu nehmen, aber andere finden ihn bitter und klagen über Verdauungsstörungen und Übelkeit. Oft hört man: »Es ist hart, Peyote zu nehmen.«

Wieviel man nimmt, ist individuell verschieden und hängt von der Bedeutung des Anlasses ab. Von Stamm zu Stamm ist die Menge verschieden, so daß man kaum genaue Mengen angeben kann. Allgemein kann man aber sagen, daß die Leute unter normalen Umständen weniger als ein Dutzend Peyote-*buttons* nehmen. Bei ernsten Anlässen, etwa wenn jemand todkrank ist, nimmt man soviel man kann, und diese Grenze liegt bei vier bis vierzig Peyote-*buttons*.

Die Peyotisten haben sich seit etwa 1918 in der Native American Church organisiert. Diese Organisation umfaßt die ganze Vielfalt möglicher Gruppierungen von der kleinen örtlichen Gemeinschaft bis hin zu dem alle Stämme und Staaten übergreifenden Zusammenschluß der Native American Church of North America.

In einer Reihe anderer Publikationen habe ich bereits die Frühgeschichte des Peyotismus diskutiert, eine allgemeine historische Zusammenfassung der Religion und die Beschreibung des Peyote-Ritus bei einem einzelnen Stamm vorgelegt – alles aus der Sicht des relativ unbeteiligten Anthropologen.[1] Die vorliegende Arbeit ist anders. Hier will ich mich auf die heutige Verwendung und die heutige Einstellung zu Peyote als Sakrament konzentrieren, und schreibe als Mitglied und Amtsträger der Native American Church. Natürlich kann ich nur meine Sicht der Dinge darstellen, glaube aber, daß ich damit im wesentlichen die gemeinsame Ansicht aller Mitglieder wiedergebe.

Vor langer Zeit erbarmte sich Gott der Indianer. (Die Meinungen darüber, wann das war, gehen auseinander: als bei der

Entstehung der Welt die Pflanzen geschaffen wurden; als Jesus lebte; oder als der Weiße Mann in diesen Kontinent eingedrungen war.) Gott erschuf Peyote und verlieh ihm etwas von seiner Kraft, damit die Indianer sie nutzen konnten. Daher nimmt der Peyotist das Peyote-Sakrament, um die Kraft Gottes in sich aufzunehmen, wie die weißen Christen Brot und Wein als Sakrament nehmen.

## Die Lehren des Peyote

»Power« (Macht, Kraft) ist der englische Ausdruck, den die Indianer für jene übernatürliche Kraft gebrauchen, die von den Anthropologen *mana* genannt wird; es entspricht dem *pneuma* des Neuen Testaments, das als »Heiliger Geist« übersetzt wird. »Power« braucht man zum Leben. Ein Crow-Indianer sagte mir einmal, als wir in der Nähe eines Highway umherschlenderten, der Mensch sei wie ein Auto: verliert es seine »Power«, so läuft es nicht mehr. Körperlich gesehen schenkt »Power« einem Menschen Gesundheit und gibt ihm Sicherheit in der Gefahr. Im spirituellen Bereich gibt »Power« dem Menschen das Wissen, wie er das tägliche Leben meistern und was man aus dem Leben als Ganzes machen soll. Der Peyotist gewinnt »Power« aus seinem Peyote-Sakrament.

Für den Körper benutzt man Peyote als göttliches Heilmittel und Amulett. Bei Krankheiten wird Peyote auf verschiedene Arten angewendet, so etwa bei leichten Erkrankungen als Hausmittel. Hat man zum Beispiel eine Erkältung, so trinkt man heißen Peyote-Tee und legt sich ins Bett. Bei schweren Erkrankungen nimmt man Peyote in einem Ritus. Solch eine Krankheit wird nicht nur durch mangelnde »Power« verursacht, sondern auch durch Fremdkörper. Deshalb muß der Kranke, der Peyote nimmt, meist erbrechen und stößt dabei den krankmachenden Fremdkörper aus; danach nimmt er noch mehr Peyote, um so viel »Power« zu gewinnen, wie er zur Gesundung braucht. Bei ernsthaft bedrohenden Krankheiten wird der Ritus eigens zum Zweck der Heilung ausgeführt; oft nennt man ihn deshalb »Behandlungstreffen«. Auch dabei nimmt der Kranke wiederum Peyote, aber zusätzlich beten noch alle Anwesenden zu Gott, er möge dem Kranken für seine Gesundung besonders viel »Power« geben.

Die Mitglieder dürfen einen Peyote-Button zu Hause oder bei sich haben, um sich vor Gefahren zu schützen. Das trifft vor allem auf Mitglieder der Streitkräfte zu. Die »Power« im Peyote schützt alles in seinem Einflußbereich vor Schaden. Steht große Gefahr bevor, zum Beispiel wenn ein junger Mann zu den Waffen gerufen wird, so hält man eine Gebetsversammlung ab, bei der jeder Anwesende Gott um eine Extragabe von »Power« für den jungen Mann bittet.

Im spirituellen Bereich ist Peyote dazu da, Wissen zu erlangen. Man sagt dazu auch »von Peyote lernen«. Richtig angewendet ist Peyote ein unerschöpflicher Lehrer; oft hört man: »Du kannst dein ganzes Leben lang Peyote nehmen, und wirst doch nie ans Ende kommen. Peyote lehrt dich immer wieder etwas Neues.« Viele Peyotisten sagen, der gebildete Weiße gewinne sein Wissen aus Büchern – vor allem aus der Bibel –, während der Indianer sich an Peyote halten muß. Aber die indianischen Mittel, Wissen zu erlangen, sind denen der Weißen überlegen. Sie lernen aus ihren Büchern nur, was andere meinen, der Indianer aber lernt von Peyote durch direkte Erfahrung.

Ein Comanche sagte einmal: »Der Weiße Mann spricht *über* Jesus – wir sprechen *mit* ihm.« So hat das Individuum eine lebhafte, direkte Erfahrung, von dem, was es lernt, die sich qualitativ von Schlußfolgerungen oder vom Hörensagen unterscheidet. Daher ist der Peyotist erkenntnistheoretisch gesehen ein Individualist und Empiriker; er glaubt nur, was er selbst erfahren hat.

Eine Maxime des Peyotisten lautet: »Die einzige Art, etwas über Peyote zu erfahren, ist, ihn zu nehmen, und selbst von ihm zu lernen.« Es mag interessant sein zu erfahren, was andere meinen, aber das einzige, worauf es wirklich ankommt, ist, was man selbst erfahren hat. Diese Vorstellung der Erlösung durch Wissen, das man durch Offenbarung (in diesem Fall durch Peyote) erhält und nicht durch gesprochenes oder geschriebenes

Gelehrtenwissen, erinnert an den frühen Gnostizismus des Mittleren Ostens.

Das bloße Einnehmen von Peyote bringt noch kein Wissen mit sich. Erst mit dem richtigen rituellen Verhalten erhält man von Peyote Wissen. Körperlich muß man rein sein; man muß gebadet haben und saubere Kleidung tragen. Auf der spirituellen Ebene muß man sich von allen bösen Gedanken lossagen. Und psychologisch betrachtet muß man sich seine eigene Unzulänglichkeit bewußt machen, muß man demütig sein, den aufrichtigen Wunsch haben, von Peyote zu lernen, und sich darauf konzentrieren.

## Die Gabe, in Zungen zu sprechen

Peyote lehrt auf viele verschiedene Arten, zum Beispiel durch Erhöhung der Sensibilität des Peyotisten für sich selbst oder für andere.

Höhere Sensibilität für sich selbst manifestiert sich als vergrößerte Fähigkeit der Introspektion. Ein Aspekt dieser Introspektion ist beim Peyotismus besonders wichtig. Während des Rituals verbringt man einen großen Teil der Zeit mit Selbstbetrachtung. Darauf betet man stumm oder mit Worten zu Gott, bekennt seine Sünden, bekundet Reue und verspricht, dem Peyote-Weg (der Ethik des Peyotisten) in Zukunft besser zu folgen. Wer etwas Böses in sich hat, den läßt Peyote erbrechen und reinigt ihn so von seiner Sünde.

Erhöhte Sensibilität für andere zeigt sich in gleichsam telepathischen Fähigkeiten. Der eine fühlt, daß er weiß, was die anderen denken, oder er fühlt, daß er von den Gedanken anderer beeinflußt wird oder sie beeinflußt. In diesem Zusammenhang kommt das Sprechen in Zungen häufig vor. Leute aus verschiedenen Stämmen nehmen am Ritual teil, und jeder spricht seine eigene Sprache, aber Peyote lehrt die Teilnehmer, auch Sprachen zu verstehen, die ihnen sonst völlig unbekannt sind.

Kürzlich sang ein Winnebago, der beim Ritual neben mir saß, ein Lied in einer Sprache, die ich als Fox erkannte (Fox ist eine

Algonkin-Sprache, eng verwandt dem Menomini, das ich beim Ritual spreche); er sang so klar und deutlich, daß ich jedes Wort verstand. Als er fertig war, lehnte ich mich zu ihm hinüber und sagte: »Wie kommt es, daß du das Lied auf Fox gesungen hast und nicht auf Winnebago (eine Sioux-Sprache, die ich nicht verstehe)?« »Ich habe auf Winnebago gesungen,« gab er zurück. Am nächsten Tag setzte er sich neben mich und bat mich, noch einmal zuzuhören; diesmal verstand ich überhaupt nichts, denn die Wirkung des Peyote war verflogen.

Eine andere Art des Peyote zu lehren, ist die Offenbarung, die Vision. Man erhält eine Vision, wenn man unter Einhaltung des Rituals so viel Peyote zu sich nimmt, daß man genügend »Power« gewinnt, um mit der spirituellen Welt in Verbindung zu treten. Die Vision vermittelt eine direkte (visuelle, auditorische oder gemischte) Erfahrung Gottes oder eines Vermittlergeistes wie Jesus, Peyote-Geist oder Wasservogel.

Die Art der Vision hängt von der Persönlichkeit und den Problemen des Einzelnen ab. Folgende Formen sind typisch: Man sieht oder hört etwas zum Peyotistenglauben Gehörendes, was man noch nie erfahren hat, oder man begegnet Menschen, die man einmal geliebt hat, und die jetzt ein glückliches Dasein haben. Man kann erfahren, wie ein bestimmtes Problem des Alltags zu lösen ist, aber man kann auch für schlechte Gedanken und Taten getadelt und zur Reue angehalten werden.

## *Harmonie und Heilkraft*

Eine dritte Art des Peyote zu lehren ist die mystische Erfahrung. Sie kommt relativ selten vor und nur bei Peyotisten eines besonderen Persönlichkeitstyps, die im Wissen weit fortgeschritten sind; ein Weißer würde sagen, sie haben ein mystisches Temperament. Diese Peyotisten haben selten Visionen und betrachten sie als bloße Ablenkung vom Wesentlichen. Man kann vielleicht sagen, die mystische Erfahrung besteht in der Harmonie aller unmittelbaren Erfahrungen mit dem, was der Einzelne als das höchste Gut betrachtet.

Peyote hat die bemerkenswerte Fähigkeit, dem Menschen eine mystische Erfahrung von unbegrenzter Dauer zu vermitteln, während eine solche Erfahrung bei den meisten anderen mystischen Disziplinen kaum länger dauert als ein paar Minuten. Ich weiß nicht, wie lange ich eine solche Erfahrung mit Peyote tatsächlich aufrechterhalten könnte, denn stets werde ich nach spätestens einer Stunde von einem rituellen Detail unterbrochen, das ich ausführen muß.
Was geschieht objektiv gesehen mit dem Peyotisten, das solche außergewöhnlichen Resultate zeitigt? Es scheint sowohl von der physiologischen wie von der psychologischen Wirkung des Peyote abzuhängen. Physiologisch gesehen scheint Peyote heilende Kräfte zu besitzen. Viele Male war ich zu Beginn eines Peyote-Rituals krank und verließ es völlig gesund. Eine andere physiologische Wirkung von Peyote besteht in seiner erstaunlichen Fähigkeit, Müdigkeit zu verscheuchen. Ich bin wirklich nicht sonderlich robust, aber mit Peyote ermüde ich während des ganzen Rituals praktisch nie, und dabei muß ich, ohne Rückenlehne und ohne mich zu bewegen, zehn bis vierzehn Stunden lang mit gekreuzten Beinen dasitzen, und all das, ohne zu essen oder zu trinken.

### Eine Warnung zum Schluß

Psychologisch gesehen erhöht Peyote die Empfänglichkeit für relevante Stimuli. Nach außen hin hat zum Beispiel das Feuer unter dem Einfluß von Peyote eine intensivere Farbe, und andererseits fällt es auch leichter, Einzelheiten im Innern wahrzunehmen, die für gewöhnlich unbemerkt bleiben. Zugleich hilft Peyote, irrelevante externe und interne Stimuli auszublenden. Ich kann ablenkende Geräusche innerhalb und außerhalb des Tipi ignorieren, ohne mich besonders darauf konzentrieren zu müssen, und ebenso geht es mir mit unwesentlichen inneren Empfindungen und Vorstellungen. So schrieb ich einmal folgende Feldnotiz nieder: »Ich konnte keinerlei innere Empfindungen feststellen. Gab ich genau acht, so entdeckte ich ganz entfernt das vage Gefühl, daß mein Rücken ohne Peyote sicherlich vom vielen Sitzen in der gleichen Haltung müde wäre; das gleiche galt auch für meine gekreuzten Beine. Auch könnte mein Mund trocken sein, aber ich war mir darüber nicht sicher.«

In der Kombination solcher Wirkung wie Ermüdungsfreiheit, Empfänglichkeit für relevante Stimuli und Ausblenden irrelevanter Stimuli sollte deutlich werden, wie ein Einzelner unter besonderen rituellen Bedingungen von Peyote lernen kann.

Jeder Leser, der sich von solchen Tatsachen fesseln läßt, sollte zwei Warnungen beherzigen. Ich habe die Wirkungen von Peyote unter den besonderen Bedingungen des Rituals beschrieben. Berichte über die Wirkung von Peyote auf Weiße unter experimentellen Bedingungen sehen ganz anders aus; hier überwiegen offenbar traumatische Erfahrungen. Zum zweiten ist Peyote ein Sakrament der Native American Church, die nicht nur die Anwesenheit von Neugierigen beim Ritual verbietet, sondern sich auch entschieden gegen den Verkauf oder Gebrauch von Peyote zu nicht-sakramentalen Zwecken wendet.

# DER WEG DES CLOWNS
## Barbara Tedlock

Die heiligen Clowns, die oft so dargestellt werden, als seien sie nur dazu da, den tödlichen Ernst der Zeremonien durch komische Einlagen aufzulockern, treffen in Wahrheit das innerste Wesen indianischer Religion. Ein Medizinmann der Apachen erklärt dazu:

*Die Leute denken, der Clown sei nichts, er sei nur zum Spaß da. Das ist nicht so. Wenn ich andere maskierte Tänzer mache und die Dinge dadurch nicht zurechtrücken kann, dann mache ich den Clown, und der versagt niemals. Viele Leute, die über diese Dinge Bescheid wissen, sagen, daß der Clown der Mächtigste ist.*[1]

Der Clown *(heyoka)* der Sioux ist ein Mann oder eine Frau, denen die größte aller Visionen zuteil wurde, die Vision des Donnerwesens; es ist viele und doch nur einer, bewegt sich entgegen der Bahn der Sonne, hat keine Gestalt, aber Flügel, keine Füße, sondern riesige Klauen, keinen Kopf, aber einen ungeheuren Schnabel. Seine Stimme ist der Donnerschlag und seine Blicke sind Blitze. Während dieser großen Vision verspricht man, auf der Erde als Mensch für das Donnerwesen zu arbeiten, und bis man dieses Versprechen einlöst, indem man ankündigt, man werde eine *Heyoka*-Zeremonie geben, wird man von dem Donnerwesen getragen, wie ein Medizinmann ein Objekt oder das Symbol eines Objekts trägt, das seinem Willen untersteht.

Wer dem Donnerwesen nicht dienen wollte, indem er vor seinem Volk den Clown spielte, den erschlug ein Blitz aus seinem Auge.[2]

Wer zum *heyoka* wird, der tut viele scheinbar törichte Dinge; er reitet zum Beispiel rückwärts auf seinem Pferd und hat dabei die Stiefel verkehrt herum an, so daß er zugleich kommt und geht. Wenn es heiß ist, wickelt er sich in Decken ein und zittert dabei noch, und er sagt immer »ja«, wenn er »nein« meint. Dieses Tun hat eine wichtige Bedeutung, mag sie dem gedankenlosen Zuschauer auch noch so lächerlich erscheinen. Lahmer Hirsch sagt dazu: »Während er herumalbert, führt der Clown in Wirklichkeit eine spirituelle Zeremonie aus.«[3] Tatsächlich sind diese Handlungen sozusagen eine Übersetzung des Wissens um eine andere Wirklichkeit: eine nicht objekthafte, gestaltlose, übernatürliche Welt reiner Kraft oder Energie, deren Symbol der Blitz ist. Das widersprüchliche Tun des *heyoka* demonstriert nicht nur die unnatürliche und gegensinnige (Sonne) Natur des Donnerwesens, sondern es *öffnet* zugleich die Menschen. Es geht, wie Schwarzer Hirsch sagt, darum, »die Leute zuerst heiter und glücklich zu machen, also daß es für die Kraft leichter ist, sie zu besuchen«.[4] Während diese Widersprüche von vorwärts und rückwärts, heiß und kalt die Leute zum Lachen bringen, werden sie für die unmittelbare Erfahrung geöffnet.

Im Winter 1787/88 ging dieser Mann mit Federn geschmückt und singend als *heyoka* um ein Siouxdorf herum und beschloß, sich einem Kriegszug anzuschließen. Als man den Feind sichtete, riet man ihm, zurückzubleiben, aber er ging weiter und wurde getötet. Ausschnitt aus einer Fellzeichnung, ARAE 10, S. 466.

Bei einigen Stämmen können die religiösen Zeremonien nicht beginnen, bevor alle Leute, vor allem die Fremden, gelacht haben. Bei den Eskimos dauert es zum Beispiel manchmal eine ganze Nacht, bevor die Besucher aus anderen Dörfern den Clownerien endlich erliegen und in Gelächter ausbrechen. 1912, während eines Festes in St. Michael, führte der Unalit des Ortes mehrere lustige Episoden vor dem Malemuit und einigen Unaliten aus Unalakleet auf – ohne Erfolg. Schließlich ließ man einen alten Mann mit einer federbesetzten Maske und einer riesenhaften Nase auftreten. Dieser Mann war die Karikatur eines Yukon-Indianers; die Yukon waren die Erzfeinde der Gastgeber und der Besucher, sie nannten sie nur *ingkilik*, »Läusefresser«. Der Alte setzte sich auf den Boden, ließ den Kopf auf die Brust und die Hände in den Schoß sinken. Dann hob er eine Hand zum Kopf und knackte – hörbar – eine Laus. Das war zuviel für die Gäste, sie heulten vor Lachen. Sie hatten so lange standgehalten, weil es Brauch war, daß sie sich den Gastgebern völlig ausliefern mußten, sobald sie lachten. Als die Gäste völlig offen für ihre Gastgeber waren, konnte das religiöse Drama beginnen.[5] Die Haida der Nordwestküste haben ein Symbol für dieses Öffnen der Festgäste: bei der Begrüßung am Strand reißen sie ihr Gepäck auf.

Die Gäste der Haida wußten wohl von dieser etwas gewaltsamen Begrüßung, aber trotzdem war sie ihnen manchmal sicher recht unangenehm.[6] Vielfach löst der rituelle Humor kein brüllendes Lachen aus und soll es auch gar nicht. So sagt man zum Beispiel von den »verrückten Tänzern« der Arapaho, sie verhielten sich »so lächerlich wie möglich und belästigten jedermann im Lager«; der Hanswurst der Cahuilla in Südkalifornien »ärgert die Leute, indem er mit Wasser spritzt oder ihnen glühende Kohlen auf den Rücken fallen läßt«; und die »Falschen Gesichter« der Irokesen schaufeln beim Betreten eines Hauses glimmende Asche mit den Händen aus der Feuerstelle und sprühen damit um sich, daß alles schreiend umherrennt.[7] Die Clowns der Assiniboine bringen ihre Zuschauer zwar zum Lachen, aber sie erschrecken sie auch; wenn ein Navajo-Clown zu nahe herankommt, »wandelt sich das Lächeln der Frauen und Kinder sehr schnell in Erstaunen, dem auch etwas Furcht beigemischt ist«; und Apachenkinder haben schreckliche Angst vor dem Clown, denn ihnen wird erzählt, er werde sie mitnehmen und auffressen.[8] Wenn die »Narrentänzer« der Kwakiutl von übernatürlicher Macht besessen sind, so gehen sie von eher »scherzhaften« Dingen wie Steinwürfen und Knüppelschlägen zu ausgesprochenem Terror über: sie stechen nach Menschen und töten sogar manchmal jemanden.[9]

Ein Hinweis auf die Bedeutung des potentiellen Terrors bei den Clownerien ist in der visionären Erfahrung des Clowns der Great Plains enthalten. Schwarzer Hirsch erklärt es so:

*Wenn eine Vision von den Donnerwesen im Westen kommt, dann kommt sie mit Schrecken, wie ein Gewitter; aber wenn der Sturm der Vision vorbei ist, dann ist die Welt grüner und glücklicher; denn wo die Wahrheit der Vision über die Welt kommt, ist sie wie Regen. Die Welt ist nach dem Schrecken des Sturms einfach glücklicher.*[10]

Wer diese Erfahrung gemacht hatte und ein *heyoka*, ein visionärer Clown geworden war, konnte von da an dem Blitz seiner Furcht standhalten. Bei den Cheyenne und Sioux mußten solche Männer und Frauen ihre Vision vor dem ganzen Stamm in Clownerien darstellen. Diese Leute nannte man »Gegenteiler«, weil sie Hütten bauten, wo das Äußere innen, das Innere außen und der Rauchabzug an der falschen Seite war. In Lumpen gekleidet gingen sie rückwärts aus und ein und setzten sich verkehrtherum an die Hütten, mit dem Rücken auf der Erde und die Beine an der Wand hoch – und alle Leute lachten. Sie trieben noch allerlei anderen Unfug, rannten wie verrückt umher und jäteten Unkraut rückwärts, indem sie hinter ihnen stehende Pflanzen durch die Beine hindurch ergriffen. Man sagte von ihnen, sie handelten wie der Blitz im Sturm und würden dadurch eins mit der heiligen Macht, die sie so sehr fürchteten.[11]

Die mystische Befreiung des Clowns von der Furcht vor den kosmischen Mächten bringt auch eine Befreiung von allen gängigen Vorstellungen über Gefährliches oder Heiliges mit sich. Bei den Maidu im nordwestlichen Kalifornien unterbrechen die Clowns jeden Versuch des Schamanen, eine Ansprache zu halten, und parodieren alles, was er sagt.[12] Bei der *Hesi*-Zeremonie der Wintu, der wichtigsten aller Wintu-Zeremonien, geht der Clown rückwärts und im Gleichschritt vor dem Leiter her durch das ganze Tanzhaus und mokiert sich darüber, wie schlecht er singt.[13] Bei den Zuñi in New Mexico darf ein *neweekwe*-Clown den Tier-Priester (Schamane) verspotten, indem er an der linken Hand eine Bärentatze und auf der Nase eine Wolfsschnauze trägt und sich wild gebärdet. Beim Berg-Gesang der Navajo spielt der Clown die heiligen Taschenspielerkunststücke absichtlich so ungeschickt nach, daß er ihr Geheimnis dadurch verrät.[14]

Auf den ersten Blick könnte der Anschein entstehen, der Clown untergrabe mit seiner Verulkung des Schamanen und anderer religiöser Führer die Religion seines Volkes; tatsächlich aber gibt er ihr neue Lebensimpulse, indem er höhere Wahrheiten enthüllt. Wenn zum Beispiel der Navajo-Clown die geheiligten Taschenspielertricks preisgibt, so erinnert er die Leute nur daran, daß diese Tricks nicht selbst die Kraft sind, die heilen kann, sondern nur die symbolische Demonstration einer Kraft, die selbst unsichtbar bleibt. Ein Weißer, der von einem Medizinmann der Navajo während einer Rote-Ameise-Zeremonie geheilt wurde, fragte ihn, ob er wirklich rote Ameisen verwende. Die Antwort war: »Nein, nicht Ameisen, sondern *Ameisen*. Wir brauchen ein Mittel, das unseren Gedanken an die Krankheit Stärke gibt.«[15]

Weil es oft schwer ist, das konstruktive Element in den Handlungen des Clowns zu entdecken, will ich ein weiteres Beispiel aus meiner eigenen Erfahrung mit religiösem Symbolismus anführen. Eine der gebräuchlichsten religiösen Gesten bei den Pueblo-Indianern ist die Speisung ihrer Kachina-Tänzer (*Kachina:* Ahnenseele, verkörpert durch einen eingeweihten männlichen Tänzer) durch Bestreuen mit Maisschrot. Die Clowns ersetzen dieses grobe Maismehl oft durch ihre eigene »heilige« Gabe – Kehricht von der Plaza oder Asche – und bringen damit die Leute zum Lachen. Diese unmittelbare Reaktion ist zwar beabsichtigt, aber ihr Tun enthält auch noch einen verborgenen Sinn: Die letzten zehn Tage vor der Wintersonnenwende sammelt die Zuñi-Frau die Asche von ihrer Feuerstelle und den Kehricht aus ihrem Haus, um beides dann zur Sonnenwende gemeinsam mit ihren Töchtern auf das Maisfeld der Familie zu tragen. Dort spricht sie zuerst zum Kehricht: »Ich lege dich jetzt hier als Kehricht nieder, aber in einem Jahr wirst du als Mais zu mir zurückkommen«, und dann zur Asche: »Ich lege dich jetzt hier als Asche nieder, aber in einem Jahr wirst du als Schrotmehl zu mir zurückkommen.«[16] Die Sicherheit, mit der sie dies sagt, ist durchaus begründet, denn das neue Pflanzenleben schießt ja aus den vermoderten Pflanzenresten des Vorjahrs hervor, wie manchmal plötzlich aus glimmender Asche wieder Flammen züngeln. Die Asche des Clowns kann man daher als esoterischen Ersatz für Maismehl betrachten. Das ist die schöpferische Seite des Clowns: niemand kommt jemals auf den Gedanken, den Kachina-Tänzern etwas anderes zu geben als Maismehl, aber dem Clown fällt eine Variante ein, und diese Variante ist nur scheinbar respektlos.

Die größte Stärke der indianischen Religion besteht vielleicht darin, daß sie auch Raum für die »zersetzende«, verrückte, aber auch kreative Kraft des Clowns hat. Bei einigen indianischen Gesellschaften ist der Freibrief des Clowns zur »Revolution« sogar im heiligen Text des Schöpfungsmythos enthalten. Der erste *koshari* (Clown) des Acoma-Pueblo »war ein bißchen verrückt; er war immer in Bewegung, stachelte die Leute auf, redete Unsinn oder sprach rückwärts«. Er sagte: »Ich weiß alles«, und redete »laut am Altar, obwohl es dort doch sehr still sein soll«. Man entschied, daß er bei seinem Sonnenvater leben sollte, denn er »benahm sich einfach nicht normal genug, um bei den Leuten zu bleiben. Er war anders als die Leute, weil er etwas über sich selbst wußte.« Von da an half er der Sonne bei ihrem Weg über den Himmel, aber von Zeit zu Zeit wurde er gerufen, um auf der Erde zu helfen, und da er »vor nichts Angst« hatte und »nichts als heilig ansah«, sollte er »überall Zugang haben«. Obwohl die Leute also mit solch einem Energiebündel nicht ständig leben konnten, brauchten sie ihn doch von Zeit zu Zeit. Wenn man ihn zu Hilfe rief, ging es stets um neue Ideen. Als die Leute zum Beispiel meinten, sie brauchten einen Erntetanz, »um von der ewigen Feierlichkeit der Geheimzeremonien wegzukommen«, rief Country Chief *Koshari*, »weil ihm selbst kein neuer Tanz einfiel und er es *Koshari* überlassen wollte, sich einen auszudenken und ihn den Leuten beizubringen. *Koshari* hatte die Macht, das zu tun.«[17] Die Acoma vermeiden das Erstarren ihrer Religion durch immer mehr Esoterik, indem sie den Clown zulassen.

In anderen Schöpfungsgeschichten aus dem Südwesten führt der Clown das Volk aus der Finsternis der Unterwelt in das Tageslicht der Erkenntnis und bezieht dadurch eine noch wichtigere Stellung in der Religion. Im Isleta-Pueblo benutzten die *k'apyo shure*-Clowns ihre Hörner, um einen Gang zur Erdoberfläche zu schaffen, so daß die Menschen herauskonnten.[18] In Zia halfen die *koshairi*- und die *kwiraina*-Clowns den Menschen über vier Bäume, die sie erst durch ihre Clownerien richtig stark machen mußten, durch die vier Unterwelten nach oben:

*Sie sagten ihm, er solle den Baum fest und stark machen. Also kletterte er hinauf und vollführte dabei allerlei lustige Dinge und schüttelte die Äste . . .*
*Dann sagte er, der Baum sei nun bereit und stark, und sie begannen hinaufzusteigen. Koshairi stieg voran, hinter ihm die drei Mütter, dann die aus den Gesellschaften und endlich die Leute in der Reihenfolge, wie sie erschaffen worden waren.*[19]

Indem sie Bäume stärken und in der Erde Gänge schaffen, öffnen diese Pueblo-Clowns den Menschen einen Weg aus der Erde (Unwissenheit) zum Tageslicht (Wissen).

Für den Jicarilla-Apachen war diese Welt des Sonnenlichts jedoch nicht durch und durch gut, sondern enthielt auch Krankheiten. Der Clown, der sie aus der dunklen Erde (die als vollkommen spirituell und heilig betrachtet wurde) nach oben führte, besaß ein »entsetzliches, unmenschliches Lachen«, vor dem die Krankheit auf der Erde Reißaus nahm.[20] In diesem Ursprungsmythos erfahren wir von einer Grundmethode des Heilens, die auch heute noch von den Clowns vieler Stämme angewendet wird. Wie die Clowns der Apachen die Pocken und andere Seuchen durch ihr plötzliches, Furcht einjagendes Lachen fernhalten, so verscheuchen die Clowns der Assiniboine, Plains-Cree und Plains-Ojibwa die schon eingetretene Krankheit aus dem Körper des Patienten.[21] Während ihres Schlammtanzes bleiben die Navajo-Clowns plötzlich stehen, rennen dann auf einen Kranken zu, heben ihn in die Höhe und werfen ihn sogar manchmal in die Luft.[22] Ebenso heilen die »Gegenteiler« der Cheyenne; gelegentlich halten sie die Leute dabei mit dem Kopf nach unten. Eine andere Methode besteht darin, sehr schnell und in drohender Haltung auf jemanden zuzulaufen und dann über ihn hinwegzuspringen oder mit einem kochendheißen Stück Hundefleisch nach ihm zu werfen.[23]

Durch dieses Erschrecken polen die Clowns die Leute sozusagen um: unnütze Gedanken und fruchtloser Kummer fallen von ihnen ab, und dadurch werden sie geheilt. Den Geist von Kummer zu befreien, ist sowohl ein ethischer Wert als auch ein bedeutendes Mittel der Krankheitsvorsorge. In einem der Gebete der Tewa findet dieser Zusammenhang einen treffenden Ausdruck:

*Geht nun heim,*
*ohne Kummer,*
*ohne Tränen,*
*ohne Traurigkeit.*[24]

Wenn in Zuñi ein Mann seine Maske anlegt, um die Toten zu verkörpern, so ermahnt man ihn, »seinen Geist leer zu machen, seine Sorgen einfach zu vergessen«, sonst könnte die schreckliche Macht der Maske über ihn kommen und ihn töten. Bei den Hopi muß der Clown selbst »mit einem glücklichen Herzen, einem Herzen ohne Sorgen hinausgehen, um seinem Volk zu helfen«. Sich von den Sorgen freizumachen, spielt eine große Rolle im Denken der Indianer; bei den Hopi sagt man: »Krankheit und Tod haben ihren Grund vor allem im Kummer; er setzt sich hauptsächlich im Bauch fest und läßt ihn hart werden.«[25] Als Feind des Kummers heilt der Clown zugleich auch den Bauch. Die *neweekwe*-Clowns der Zuñi sind »die wichtigsten Medizinmänner ihres Stammes; ihre Spezialität ist die Heilung aller Krankheiten des Bauchs – die Entfernung von Giften aus den Opfern von Zauberei oder Unvorsichtigkeit.«[26] In Acoma bereitet zwar der *chayani* (Zauberer, Schamane) die Arznei gegen Bauchkrankheiten, aber der Clown nimmt sich diese Medizin, ohne um Erlaubnis zu fragen, und verabreicht sie den Leuten durch seinen eigenen Mund. Er ist ihnen lieber als der *chayani*, denn »er kennt weder Traurigkeit, noch Schmerz noch Krankheit«.[27]

Der Clown selbst ist immun gegen Bauchleiden, das heißt gegen Vergiftungen. Bei den Maidu in Kalifornien war der *pehei'pe*-Clown Leiter der *yomepa*-(Gifte-)Zeremonie; *yomepa* sind machtvolle Substanzen, Eigentum der Schamanen, die bei bloßer Berührung tödlich wirken.[28] Im Südwesten demonstriert der Clown seine Immunität, indem er alle Arten von Schmutz ißt, ohne irgendwelchen sichtbaren Schaden zu nehmen. Solche skatologischen Riten haben naturgemäß viel Aufmerksamkeit auf sich gezogen. Schon 1882 schrieb Adolph Bandelier in einem Bericht über den Auftritt der Clowns im Cochiti-Pueblo: »Das ganze ist eine schmutzige, obszöne Angelegenheit. Sie tranken Urin aus Nachtgeschirren, aßen Exkremente und Schmutz.«[29] F. H. Cushing sagt über den *neweekwe*-Clown (»Vielfraß«) der Zuñi, er esse »schmieriges Zeug, Abfall, lebende junge Hunde – oder tote, ganz gleich –, unaussprechliches Wasser, Pfirsiche mit Kern und Stengel, kurz alles, was weich oder klein genug ist, um es hinunterzuwürgen, sogar Holzasche und Kieselsteine.«[30] Während der *koshari*-Einweihung in Acoma »nahm einer der Alten ein Gefäß, urinierte hinein und mischte den Harn mit der Medizin (Kräuter); ein anderer fügte Nasenschleim hinzu, und die Frau, die eine *koshari* war, riß sich etwas Schamhaar aus und warf es mit hinein.«[31]

Beim Tanz der Gehörnten Wasserschlange in Hopi tranken die sieben *chükü*-Clowns mit offensichtlichem Behagen etwa fünfzehn Liter wohl ausgereiften, besonders jauchig riechenden Urin, »rieben sich nach jedem Schluck den Bauch und riefen: ›Sehr süß!‹«[32] Die Clowns der Jicarilla-Apachen, deren Name »Gestreiftes Exkrement« bedeutet, essen Hunde- und Kinderfäkalien; das macht ihren Körper sehr stark, so daß sie stundenlang tanzen und dabei die Leute amüsieren und heilen können. Bevor sie ihre »Medizin« essen, imitieren sie durch ein viermaliges »Ua!« den würgenden Laut, den man kurz vor dem Erbrechen von sich gibt. Diese Clowns, die dafür bekannt sind, daß sie das Erbrechen heilen können, geben ihre »Medizin« niemals jemand anderem; anderen verabreichen sie kleine Brote in der Gestalt von Sonne oder Mond, die sie um den Hals tragen und selbst für den Kranken vorkauen.[33]

So ist der Clown zwar ein Heiler, hat aber selbst keine eigene Medizin; er benutzt entweder die Medizin anderer oder nimmt gewöhnlichen Schmutz als seine Medizin. Im übrigen hat er nur sich selbst und das, was er tut. Kurz, Clowns sind arm, oder jedenfalls scheint es so. In ganz Nordamerika tragen sie abgewetzte Kleider oder gar Lumpen; sie betteln um Nahrung oder stehlen sie. Sie mögen zwar arm sein, aber sie haben auch Macht und können Schrecken verbreiten, und daher geben ihnen die Leute bereitwillig alles her, wenn sie auf Betteltour sind. Die Zuñi geben ihren *koyemshi*-Clowns ganze bratfertige Schafe oder Hirsche, körbeweise Äpfel und Melonen, weil »sie sehr gefährlich sind; wer ihnen die Gaben verwehrt, schadet sich selbst – er wird sich verbrennen.«[34] Bettler in »Falsche Gesichter«-Masken und Lumpen oder in einer »Parodie auf die weibliche Kleidung – Miniröcke, Riesen-BHs, Hüfthalter und so weiter« – gehen während der Mittwinter-Zeremonie der Irokesen von Haus zu Haus und fordern Tabak und Nahrungsmittel. Will jemand nichts geben, so bewerfen sie ihn mit Schmutz oder stehlen sich einfach, was ihnen gefällt.[35] Das Stehlen von Nahrungsmitteln ist bei den Clowns in Kalifornien üblich; sie dürfen zu diesem Zweck in jedes Haus.[36]

Die aggressive Schamlosigkeit, die sie dabei entwickeln, erstreckt sich auch auf die Sexualität. Selbst in eher zurückhaltenden Gesellschaften sprechen und singen sie über Sex und gebärden sich auf schockierende Weise ungezwungen. So machen Jemez-Clowns »den Frauen Anträge,« Ponca-Clowns »kriechen am hellichten Tag an Frauen heran und berühren ihre Genitalien«, und die Kwakiutl-Clowns schäkern mit den

Häuptlingstöchtern und machen auch vor eindeutigen Anspielungen nicht halt.[37] Im Südosten singen die Creek-Clowns beim Verrückten Tanz obszöne Lieder, machen dabei Geschlechtsbewegungen und berühren die Frauen ungeniert an den Genitalien.[38] Die Pueblo-Clowns trugen früher riesenhafte Dildos, und manchmal stellten sie ihre eigenen Genitalien zur Schau. Alexander Stephen sah bei den Tewa in Arizona, wie ein Clown dem anderen den Hosenlatz aufriß und ihn »buchstäblich am Penis fast über den ganzen Tanzplatz schleifte,« und die Yuki-Clowns in Kalifornien »halten einander bei ihren Possen den Penis«.[39] Die Crow-Clowns der Great Plains simulieren den Geschlechtsverkehr mit einem Pferd aus Weidenrinde; die Fox-Clowns östlich der Plains imitieren beim Maultiertanz Zuchthengste und machen »unfeine Mätzchen«; und beim *Sha'lako*, der bedeutendsten religiösen Zeremonie der Zuñi im Südwesten, sagen die *koyemshi*-Clowns den Leuten, sie sollten hinausgehen und »mit Widdern schlafen«.[40]

Eine Eintragung in Bandeliers Tagebuch aus dem Jahr 1880 berichtet von einem besonders drastischen Beispiel sexueller Ausgelassenheit beim Cochiti-Pueblo:

*Sie rannten ihr nach, trugen sie zurück und warfen sie in die Mitte der Plaza. Einer führte den Coitus von hinten aus und einer an ihrem Kopf. Natürlich war alles nur gestellt, die Frau war vollständig bekleidet. Der Nackte befriedigte sich mitten auf der Plaza selbst, und zwar abwechselnd mit einem schwarzen Teppich und seiner Hand. Alles lachte.*[41]

Wer immer bei solchen Vorführungen anwesend war, auch ein Fremder, mußte darauf wohl irgendwie reagieren, und das geschah auch. Der amerikanische Anthropologe Julian Steward schrieb: »So lustig sie für die Eingeborenen sind, bei anderen lösen sie nur Widerwillen und Abscheu aus, selbst beim Ethnologen.«[42] Wie die Ethnologen auch dazu stehen mögen, es ist jedenfalls ein Glück, daß einige von ihnen diese Bräuche aufgezeichnet haben, als sie noch ihre ursprüngliche Gestalt hatten (wobei sie allerdings oft lieber das Lateinische benutzten). Protestantische Missionare sind nicht müde geworden, gegen das Treiben der Clowns zu Felde zu ziehen, und in den zwanziger Jahren erlaubte sich das Bureau of Indian Affairs noch einmal eine religiöse Verfolgungsaktion. »Obszöne« Praktiken waren der Kernpunkt im »Kodex religiöser Verbrechen« dieser Institution, und die Darbietungen der Clowns sind seither nicht mehr, was sie einmal waren.

Mein letztes Beispiel, von Alexander Stephen über die Hopi der Jahrhundertwende berichtet, enthält ein wichtiges Detail, das eine esoterische Interpretation nahelegt. Ein als Frau verkleideter Clown kommt mit einem Wasserbecken auf die Plaza und fängt an, sich die Beine zu waschen, wobei eine große falsche Vulva zum Vorschein kommt; er dreht sich herum, so daß alle Zuschauer sie sehen und darüber lachen können. Dann kommt ein zweiter Clown mit einem falschen Penis aus dem Hals eines Flaschenkürbis dazu, besteigt »sie« und »führt mit ›ihr‹ direkt auf dem Heiligtum einen Geschlechtsakt von größtmöglicher Derbheit aus«.[43] Diese respektlose Clownsposse kann man durchaus als die Aufforderung verstehen, sich nicht an Heiligtümer, Altäre und andere religiöse Objekte zu klammern; zumindest demonstriert sie aber, daß die Clowns von dieser Haltung frei sind.

Auch hier sollen die Zuschauer durch Lachen oder Schockierung für die unmittelbare Erfahrung geöffnet werden; ihr Geist wird frei von allen Sorgen, die sie mitbrachten. Einem Gottesdienst kann man beiwohnen, ohne auch nur einmal Gelegenheit zum Lächeln zu haben, aber die indianische Religion hat wie der Zen-Buddhismus einen Platz für das Lachen, ein Lachen, das mit einer plötzlichen Öffnung oder Erschütterung des Universums Hand in Hand geht. R. H. Blyth, einer der besten westlichen Kenner des Zen, hat einmal gesagt, das Lachen sei für ihn »ein Durchbruch durch die Barriere des Intellekts; während wir lachen, verstehen wir etwas, und das bedarf dann keiner weiteren Beweise ... Während wir lachen, sind wir frei von allen Beengungen durch unsere Persönlichkeit oder die Persönlichkeit anderer – und selbst frei von Gott, er wird mit fortgelacht.«[44] Ein Zen-Mönch berichtet, ein wohlplazierter, unerwarteter Tritt seines Meisters habe ihm zur Erleuchtung verholfen, und »seit diesem Tritt von Ma Tsu kann ich nicht mehr aufhören zu lachen«.[45] Sagen wir es noch einmal in den Worten von Schwarzer Hirsch: »Im *heyoka*-Ritus geht alles verkehrt zu, und dem liegt die Absicht zugrunde, die Leute zuerst heiter und glücklich zu machen, also daß es für die Kraft leichter ist, sie zu besuchen«, oder mit den Acomas, die von ihrem ersten Clown berichten: »Er wußte etwas über sich selbst.«

# TEIL II
# DENKEN ÜBER DIE WELT

# EIN INDIANISCHES MODELL DES UNIVERSUMS

## Benjamin Lee Whorf

Unsere westliche Anschauung von Raum und Zeit wird bei uns im allgemeinen als universell gültig betrachtet. Ich halte jedoch die Annahme für unfruchtbar, daß ein Hopi, der nur seine eigene Sprache und nur die kulturellen Vorstellungen seiner eigenen Gesellschaft besitzt, die gleiche – und häufig als intuitiv hingestellte – Anschauung von Raum und Zeit hat wie wir. Insbesondere hat er keine allgemeine Vorstellung oder Intuition von der Zeit als einem gleichmäßig fließenden Kontinuum, in dem alle Dinge des Universums sich mit gleichmäßiger Geschwindigkeit aus einer Zukunft durch eine Gegenwart in eine Vergangenheit bewegen oder – um das Bild umzukehren – in dem der Betrachter im Strom der verstreichenden Zeit kontinuierlich von der Vergangenheit fort und in die Zukunft getragen wird.

Lange und sorgfältige Studien und Analysen der Hopisprache haben ergeben, daß sie offenbar keinerlei Worte, grammatikalische Formen, Konstruktionen oder Ausdrücke besitzt, die sich direkt auf das beziehen, was wir »Zeit« oder Vergangenheit, Gegenwart und Zukunft oder Bleiben und Dauer nennen, und auch nicht auf die Entgegensetzung von kinematischer und dynamischer Bewegung (also kontinuierliche Ortsveränderung in Raum und Zeit im Gegensatz zur Manifestierung eines dynamischen Anstoßes in einem bestimmten Prozeß). Ebensowenig ist zu erkennen, daß jenes Element der Ausdehnung oder der Existenz, das wir Zeit nennen, durch Worte, grammatikalische Formen, Konstruktionen oder Ausdrücke aus der Vorstellung »Raum« herausgelöst ist: Es gibt keinen »Rest«, dem man den Namen Zeit geben könnte; nichts an der Hopisprache verweist direkt oder implizit auf die Zeit.

Trotzdem ist die Hopisprache in der Lage, alle beobachtbaren Phänomene des Universums im pragmatischen wie im operationalen Sinn richtig zu beschreiben und zu erklären. Daher halte ich die Annahme für entbehrlich, das Hopi-Denken enthalte so etwas wie ein intuitives Gefühl vom Fließen der Zeit. Genauso wie beliebig viele nicht-euklidische Geometrien vorstellbar sind, die alle gleich gut geeignet sind, räumliche Konfigurationen zu beschreiben, so lassen sich auch verschiedene – gleichwertige – Beschreibungen des Universums denken, die nicht die uns vertraute Entgegensetzung von Raum und Zeit beinhalten. Formuliert in mathematischen Ausdrücken, ist der Relativitätsstandpunkt der modernen Physik dafür ein Ausdruck, und ein weiteres Beispiel, diesmal auf der linguistischen Ebene, ist die Weltanschauung der Hopi.

Hinter Sprache und Kultur der Hopi verbirgt sich ebenso eine *Metaphysik* wie hinter der sogenannten naiven Anschauung von Raum und Zeit oder der Relativitätstheorie; doch ist es eine ganz andere Art von Metaphysik. Um die Struktur des Universums aus der Sicht der Hopi zu beschreiben, ist es notwendig, diese immanente Metaphysik so weit als möglich aus dem Ganzen herauszulösen. Angemessen ließe sich diese Metaphysik zwar nur in der Hopisprache formulieren, aber wir können mit unserer eigenen Sprache eine, wenn auch unvollkommene, Annäherung erreichen, indem wir Gebrauch von solchen Begriffen machen, die wir in relative Übereinstimmung mit dem System gebracht haben, das dem Weltbild der Hopi zugrunde liegt.

In diesem System verschwindet die Zeit, und der Raum erscheint verwandelt; es ist nicht mehr der homogene und zugleich zeitlose Raum unserer angeblichen Intuition oder der klassischen Newtonschen Mechanik. Andererseits bestimmen aber Begriffe und Abstraktionen das Bild, die das Universum beschreiben können, ohne solche Zeit oder solchen Raum bemühen zu müssen – Abstraktionen, für die unsere Sprache keine angemessenen Ausdrücke besitzt. Diese Abstraktionen werden uns zweifellos als psychologisch oder gar mystisch erscheinen. Solche Vorstellungen betrachten wir gewöhnlich als Grundzug sogenannter vitalistischer oder animistischer Religionen oder jener transzendentalen Vereinigung von Erfahrung und intuitivem Erfassen unsichtbarer Dinge, wie es sie bei den Mystikern gibt oder wie sie in mystischen und/oder sogenannten okkulten Denksystemen postuliert wird.

In der Hopisprache sind diese Abstraktionen tatsächlich gegeben, und zwar entweder direkt in Worten – psychologischen oder metaphysischen Ausdrücken – oder noch deutlicher in Struktur und Grammatik dieser Sprache. Überdies sind sie in Kultur und Verhalten der Hopi direkt ablesbar. Sie sind nicht, soweit ich solche Tendenzen willentlich ausschließen kann, Projektionen anderer Systeme auf Sprache und Kultur der Hopi. Sollte der Ausdruck *mystisch* in den Ohren westlicher Wissenschaftler ein Schimpfwort sein, so muß betont werden, daß die Abstraktionen und Postulate der Hopi-Metaphysik von einem objektiven Standpunkt aus betrachtet in pragmatischer Hinsicht wie unter dem Gesichtspunkt der Erfahrung ebensoviel (und für den Hopi mehr) Berechtigung haben wie die fließende Zeit und der statische Raum unserer Metaphysik, die im Grunde genauso mystisch sind. Auch die Hopi-Postulate werden allen Phänomenen und ihren Wechselbeziehungen gerecht, darüber hinaus aber sind sie besser geeignet, ein einheitliches Bild von der Kultur der Hopi in all ihren Zügen zu zeichnen.

Die Metaphysik, die unsere Sprache, unser Denken und die moderne Kultur bestimmt (ich spreche jetzt nicht von der neueren und ganz anderen Relativitätsmetaphysik der modernen Wissenschaft), zwängt das Universum in zwei große *kosmische Formen:* Raum und Zeit; ein statischer, dreidimensionaler unendlicher Raum und eine kinetische, eindimensionale, gleichmäßig und beständig fließende Zeit – zwei für sich bestehende und unverbundene Aspekte der Realität. Der fließende Bereich der Zeit unterliegt wiederum einer dreifachen Teilung in Vergangenheit, Gegenwart und Zukunft.

Auch die Hopi-Metaphysik kennt kosmische Formen von gleichem Ausmaß und gleicher Reichweite. Sie unterlegt dem Universum zwei große kosmische Formen, die wir in erster Annäherung *Manifestiertes* und *Sich-Manifestierendes* (bzw. *Unmanifestiertes*) oder auch *Objektives* und *Subjektives* nennen können. Das Objektive oder Manifestierte umfaßt alles, was den

Sinnen zugänglich ist oder einmal war, also das gesamte historisch-physikalische Universum. Eine Unterscheidung von Gegenwärtigem und Vergangenem gibt es dabei nicht, aber alles, was wir Zukunft nennen, ist davon ausgeschlossen. Das Subjektive oder Sich-Manifestierende umfaßt alles, was wir Zukunft nennen, aber nicht nur das; es umschließt völlig gleichwertig auch alles, was wir als *geistige* (mentale) Vorgänge und Inhalte bezeichnen – alles, was im Bewußtsein oder, wie der Hopi wohl lieber sagen würde, im Herzen vorhanden ist oder erscheint, und nicht nur im menschlichen Herzen, sondern auch in den Herzen der Tiere, Pflanzen und Dinge und hinter und in allen Formen und Erscheinungen der Natur im Herzen der Natur. Ja sogar, wie schon mancher Anthropologe geahnt hat, im Herzen des Kosmos selbst (wenn diese Vorstellung auch viel zu ehrfurchtgebietend ist, als daß ein Hopi sie aussprechen würde).[1] Der Bereich des Subjektiven (subjektiv von unserem Standpunkt aus, für den Hopi jedoch durch und durch wirklich und pulsierend vor Leben, Kraft und Potenz) umfaßt nicht nur unsere *Zukunft*, in der für den Hopi vieles dem Wesen nach, wenn nicht gar in der genauen Ausprägung, schon mehr oder weniger vorherbestimmt ist, sondern auch alle Bewußtseinskräfte, das Wirken des Verstandes und das Gefühl, deren Wesen und typische Form das Streben eines absichtsvollen Verlangens von intelligenter Natur nach Manifestation ist – einer Manifestation, die Widerstände überwinden muß und Verzögerungen erleidet, aber letztlich doch in der einen oder anderen Form kommen *muß*. Das ist der Bereich der Erwartung, des Wünschens und der Absicht, des belebenden Lebens, der Wirkursachen und eines Denkens, das sich selbst aus einem inneren Bereich (dem *Herzen*) zur Manifestation hindenkt. Es befindet sich in einem dynamischen Zustand, jedoch nicht im Zustand der Bewegung – es kommt nicht aus der Zukunft auf uns zu, sondern ist bereits in lebendiger und geistiger Form anwesend, und sein Dynamismus wirkt auf dem Feld des Sich-Ereignens oder Sich-Manifestierens, das heißt, in der bewegungslosen und abgestuften Entwicklung des Subjektiven zum Objektiven. Ins Deutsche übersetzt würde der Hopi sagen, daß in diesem

Prozeß von Ursache und Wirkung etwas »kommen wird« oder daß er selbst zu diesem Etwas »hinkommt«, nur gibt es eben in seiner Sprache keine Verben, die, unserem »kommen« und »gehen« entsprechend, einfache und abstrakte Bewegung ausdrücken. Die Worte, die hier mit »kommen« übersetzt sind, beziehen sich auf den Prozeß des Sich-Ereignens, ohne es eine Bewegung zu nennen. Es sind die Ausdrücke »ereignet sich hierher« (*pew'i*), »ereignet sich von ihm« (*angqö*) und »angekommen« (*pitu*, Pl. *öki*). Das letzte bezieht sich nur auf den Abschluß der Manifestation, auf das Ankommen an einem bestimmten Punkt, und nicht auf die vorausgehende Bewegung. Dieser Bereich des Subjektiven oder des Prozesses der Manifestation (im Unterschied zum Objektiven, dem Resultat dieses universellen Prozesses) erstreckt sich auch auf einen Aspekt des Seins, den wir dem Präsens zurechnen. Es ist das, was im Begriff ist, sich zu manifestieren, etwas, das gerade beginnt, getan zu werden, wie »schlafen gehen« oder »anfangen zu schreiben«, aber noch nicht voll in Gang gekommen ist. Dazu kann man – und meist geschieht es – die gleiche Verbform benutzen (in meiner Terminologie der Hopi-Grammatik die expektive oder Erwartungs-Form), die auch für das Futur oder für wünschen, wollen, beabsichtigen usw. verwendet wird. Daher schneidet das Subjektive einen Teil von dem ab, was wir Präsens nennen, nämlich den Augenblick des Beginnens, während der größte Teil unseres Präsens in der Hopi-Grammatik unter die Kategorie »manifestiert« und »objektiv« fällt und daher von der Vergangenheit nicht zu unterscheiden ist. Es gibt noch eine andere, die *inzeptive* Verbform, die sich auf diesen Beginn des Manifestierens in umgekehrter Weise bezieht; sie rechnet ihn dem Objektiven zu, betrachtet ihn als die Grenze, von der ab immer mehr Objektivität erlangt wird. Beide Formen bezeichnen also das Beginnen, und eine Übersetzung läßt keinerlei Unterschied erkennen, aber an bestimmten und entscheidenden Punkten werden bezeichnende und grundsätzliche Unterschiede deutlich. Das Inzeptiv, das sich auf die Seite des Objektiven und der Wirkung und nicht wie das Expektiv auf die Seite des Subjektiven und der Ursache bezieht, impliziert, indem es den Beginn einer Manifestation feststellt, zugleich das Ende des Wirkens einer Ursache. Wird ein Verb durch eine Endung in eine Form gebracht, die etwa unserem Passiv vergleichbar ist, in Wirklichkeit aber bedeutet, daß eine Ursache auf einen Gegenstand trifft und eine bestimmte Wirkung hervorbringt – etwa »die Speise wird gegessen« (genauer, »die Speise ist dabei, gegessen zu werden«) –, so gibt die hinzugefügte inzeptive Endung dem Ausdruck den zusätzlichen Sinn, daß die Ursache im Begriff ist aufzuhören. Die Aktion ist in der inzeptiven Phase, und das bedeutet, daß die Ursache dieser Aktion, gleich welcher Art sie ist, verschwindet; die Verursachung, die mit der Kausalendung direkt angesprochen wird, ist also von der Art, die *wir* Vergangenheit nennen würden, und das Verb erfaßt sowohl diesen Zug als auch das Anfangen und das Verschwinden einer Ursache im Endzustand (dem Stadium ganzer oder teilweiser Gegessenheit) in *einer* Aussage. Die Übersetzung müßte lauten: »es hört auf, gegessen zu werden«. Ohne Kenntnis der zugrundeliegenden Metaphysik wäre es unmöglich zu verstehen, wie die gleiche Endung Anfangen und Aufhören bezeichnen kann.

Näherten wir unsere metaphysische Terminologie den Begriffen der Hopi weiter an, so würden wir das Subjektive wahrscheinlich den Bereich der Hoffnung und des Hoffens nennen. Jede Sprache kennt Ausdrücke, die mit der Zeit einen kosmischen Umfang gewonnen haben, in denen sich die Grundpostulate einer nicht formulierten Philosophie kristallisieren; einer Philosophie, in die das Denken eines Volkes, einer Kultur, einer Zivilisation oder eines ganzen Zeitalters eingebettet ist. Solche Wörter sind: Realität, Materie, Substanz, Grund und, wie wir gesehen haben, auch: Raum, Zeit, Vergangenheit, Gegenwart, Zukunft. Solch ein Ausdruck ist im Hopi ein Wort, das meist mit »Hoffnung« übersetzt wird – *tunátya:* »es ist die Aktion des Hoffens, es hofft, es wird erhofft, es denkt mit Hoffnung, es wird mit Hoffnung daran gedacht« usw. Die meisten metaphysischen Worte der Hopi sind Verben, nicht, wie in den europäischen Sprachen, Substantive. Das Verb *tunátya* enthält in seinem Hoffnungsgehalt etwas von den Wörtern »Denken«, »Verlangen« und »Ursache«, und manchmal muß man es mit diesen Wörtern übersetzen. Dieser Begriff trifft den Kern der Hopi-Philosophie über das Universum in Hinblick auf den großen Dualismus von Objektivem und Subjektivem; es ist das Hopi-Wort für *subjektiv*. Es verweist auf den Zustand der subjektiven, unmanifestierten, vitalen und kausalen Seite des Kosmos und das fermentative Drängen nach Erfüllung und Manifestation, das darin brodelt, die Kraft des *Hoffens*, eine geistig-kausale Aktivität, die immer und ewig das Reich des Manifestierten bedrängt und in es eindringt. Jeder, der mit der Hopi-Gesellschaft vertraut ist, weiß, daß die Hopi diese fruchttreibende Kraft im Wachstum der Pflanzen, in der Wolkenbildung und ihrer Verdichtung zu Regen, in der sorgfältigen Planung gemeinschaftlicher Tätigkeiten wie Ackerbau und Architektur und in allem menschlichen Hoffen, Wünschen, Streben und Überlegen erblicken; aber vor allem sehen sie diese Kraft im Gebet konzentriert, dem ständigen hoffnungsvollen Beten der Hopi-Gemeinschaft, unterstützt durch ihre exoterischen Gemeinschaftszeremonien und die geheimen esoterischen Rituale in den unterirdischen Kivas – ein Beten, das die drängende Kraft des gemeinschaftlichen Denkens und Wollens aus dem Subjektiven ins Objektive denkt. Die inzeptive Form von *tunátya (tunátyava)* bedeutet nicht »beginnt zu hoffen«, sondern eher »wird wahr, weil erhofft«. Warum es diese Bedeutung haben muß, wird aus dem bereits Gesagten deutlich werden. Das Inzeptiv bezeichnet den Beginn des In-Erscheinung-Tretens des Objektiven, während die Grundbedeutung von *tunátya* subjektive Aktivität oder Kraft ist; das Inzeptiv ist dann Zielpunkt und Ende solch einer Aktivität. Man kann sagen, *tunátya* (»wahr werden«) sei der Hopi-Ausdruck für das Objektive im Gegensatz zum Subjektiven, die beide nur verschiedene Flexionsformen derselben Verbwurzel sind, wie die beiden kosmischen Formen die zwei Aspekte der Wirklichkeit darstellen.

In bezug auf den Raum ist das Subjektive ein geistiger Bereich, in dem es keinen Raum im objektiven Sinn gibt; es scheint mit der vertikalen Dimension und ihren beiden Polen, dem Zenit und der Unterwelt, in Beziehung zu stehen und zudem mit dem »Herzen« der Dinge, das etwa unserem metaphorischen Ausdruck »Inneres« entspricht. Zu jedem Punkt der objektiven Welt gehört solch eine vertikale und wesenhaft *innere* Achse; sie ist das, was wir die Quelle der Zukunft nennen. Aber für den Hopi gibt es keine zeitliche Zukunft; das durch Entfernungen und sich wandelnde stoffliche Konfigurationen gegebene Nacheinander, Kennzeichen des Objektiven, gibt es im Subjektiven nicht. Von jeder subjektiven Achse (die man sich als mehr oder weniger senkrecht und der Wachstumsachse einer Pflanze ähnlich denken kann) breitet sich das Objektive in alle Richtungen aus (wenn auch die horizontale Ebene mit ihren vier Himmelsrichtungen das eigentliche Feld des Objektiven ist). Das Objektive ist die große kosmische Form der Ausdehnung; es nimmt alle strikt extensionalen Aspekte des Seins in sich auf und schließt alle Intervalle und Entfernungen, alle Reihungen und Zahlen ein. Entfernung umgreift dabei alles, was wir, im Sinne einer temporalen Relation zwischen bereits zurückliegenden Ereignissen, Zeit nennen. Die Hopi fassen Zeit und Bewegung im objektiven Bereich in einem rein operationalen Sinn auf, und zwar so, daß das zeitliche und das räumliche Element einer Operation nicht voneinander geschieden werden. Zwei Ereignisse in der Vergangenheit liegen eine lange »Zeit« auseinander (das Hopi hat für unser Wort Zeit keinen wirklich entsprechenden Ausdruck), wenn zwischen ihnen viele physikalische Bewegungen liegen, so daß eine große Entfernung oder irgendwelche anderen großen physikalischen Unterschiede zwischen ihnen entstanden sind. In der Hopi-Metaphysik stellt sich die Frage nicht, ob die Dinge in einem entfernten Dorf im selben gegenwärtigen Augenblick existieren wie die Dinge im eigenen Dorf, denn sie ist in dieser Hinsicht ganz unbekümmert pragmatisch und sagt, daß Ereignisse in einem fernen Dorf nur anhand eines Größenunterschieds mit Ereignissen im eigenen Dorf verglichen werden können, der sowohl zeitliche als auch räumliche Komponenten haben muß. Von entfernten Ereignissen kann man nur wissen, wenn sie »vergangen« (d. h. ins Objektive gerückt) sind, und je entfernter sie sind, desto vergangener (objektiver, manifestierter) müssen sie auch sein. Das Hopi, das den Verben den Vorzug gibt (im Gegensatz zu unserer Vorliebe für Substantive), verwandelt unsere Aussagen über Dinge in Aussagen über Ereignisse. Was in einem entfernten Dorf wirklich (objektiv) und nicht nur mutmaßlich (subjektiv) geschieht, kann man »hier« erst später wissen. Wenn es nicht »hier« geschieht, so geschieht es auch nicht »jetzt«, sondern »dort« und »dann«. Zwar ist sowohl das »hier« Geschehende als auch das »dort« Geschehende im Objektiven (das im allgemeinen unserer Vergangenheit entspricht), aber das dort Geschehende ist weiter im Objektiven; das heißt von unserem Standpunkt aus betrachtet, es ist so viel weiter in der Vergangenheit als das hier Geschehende wie es räumlich weiter weg ist.

Wenn das Objektive sich entsprechend seinem Hauptmerkmal, der Ausdehnung, vom Beobachter fort in unausdenkliche Fernen ausbreitet (die nicht nur räumlich sehr weit weg sind, sondern auch zeitlich sehr weit zurückliegen), so kommt ein Punkt, wo die Ausdehnung sich nicht mehr nachvollziehen läßt und in der ungeheuren Entfernung verschwindet. Dort verschmilzt das Subjektive, das sozusagen hinter der Szene mitgelaufen ist, mit dem Objektiven, so daß in dieser unvorstellbaren Entfernung vom Beobachter – von allen Beobachtern – Anfang und Ende aller Dinge liegen: das Sein selbst, so könnte man sagen, verschluckt das Objektive und das Subjektive. Das Grenzland dieses Bereichs ist gleichermaßen subjektiv und objektiv; es ist der Abgrund der Vorzeit, die Zeit und der Ort, von denen in den Mythen erzählt wird, und über die man nur subjektiv etwas wissen kann – die Hopi wissen, und dieses Wissen spiegelt sich auch in ihrer Grammatik, daß dem Inhalt ihrer Mythen und Geschichten nicht die gleiche Art von Realität zukommt wie den Dingen der Gegenwart. Was über die große Entfernung zum Himmel und zu den Sternen bekannt ist oder gesagt wird, ist vermutet oder erschlossen, also in gewisser Weise subjektiv; man gewinnt dieses Wissen auf dem Weg über die vertikale innere Achse und den Zenith und nicht so sehr durch den objektiven Prozeß des Beobachtens. Eine entsprechende Entfernung auf der Erde ist die graue Vorzeit der Mythen, die man über die vertikale Achse der Wirklichkeit und den Nadir erreicht – sie liegt also unter der sichtbaren Oberfläche der Erde, was aber nicht bedeutet, daß das Nadir-Land der Ursprungsmythen ein Loch oder eine Höhle ist. Es ist *Palátkwapi*, »In den roten Bergen«, ein Land wie diese Erde, für das sie aber wie ein ferner Himmel ist; auch über unserem Himmel, den die Helden mancher Erzählungen durchstoßen haben, findet man wieder eine Sphäre, die unserer Erde ähnelt.

Es ist wohl deutlich geworden, weshalb das Hopi keine Ausdrücke benötigt, die sich auf Raum und Zeit als solche beziehen. Statt dessen verwendet das Hopi Ausdrücke, die sich auf Ausdehnung, Operationen und zyklische Prozesse beziehen, sofern es um den greifbaren Bereich des Objektiven geht, und subjektive Ausdrücke in bezug auf den Bereich des Subjektiven – der Zukunft, des Geistig-Psychischen, der Zeit der Mythen, des unsichtbar Fernen und des bloß Mutmaßlichen schlechthin. Deshalb kommt die Hopisprache sehr gut ohne Zeitformen für seine Verben zurecht.

# ONTOLOGIE, VERHALTEN UND WELTBILD DER OJIBWA

## A. Irving Hallowell

Zukünftige Forschung wird, so glaube ich, durchweg bestätigen, daß der Indianer überhaupt nicht in unserem Sinne zwischen Persönlichem und Unpersönlichem, Körperlichem und Unkörperlichem unterscheidet. Woran er interessiert zu sein scheint, ist die Frage der Existenz, der Wirklichkeit; und alles, was er mit den Sinnen wahrnimmt, was er denkt, fühlt und träumt, existiert.

Paul Radin

*Einleitung*

In den letzten Jahren hat sich immer deutlicher gezeigt, daß die Materialien, die von Kulturanthropologen zusammengetragen wurden, weit mehr beinhalten als nur simple, objektive, ethnographische Beschreibungen. Neue Perspektiven haben sich ergeben, altes Material fand neue Deutungen, Untersuchungen und Analysen wurden in neue Bahnen geleitet. Denken wir nur an die Forschungen über Kultur und Persönlichkeit oder über den Nationalcharakter und an die besondere Aufmerksamkeit, die man heute den Wertvorstellungen widmet. Robert Redfields Definition des Weltbilds als »die Anschauung vom Universum, die für ein Volk charakteristisch ist,« ist ein weiteres Beispiel; sie betont eine Perspektive, die in der herkömmlichen Religionsforschung nicht zu finden ist.

*»Weltbild« ist etwas anderes als Kultur, Ethos, Denkungsart oder Nationalcharakter. Es ist das Bild, das die Mitglieder einer Gesellschaft vom Gepräge und den Eigenschaften ihres Lebensraums haben. Während »Nationalcharakter« etwas darüber*

*aussagt, welches Bild ein Volk von außen betrachtet bietet, bezieht sich »Weltbild« auf die Art und Weise, wie sich die Welt diesem Volk darstellt. »Weltbild« bezeichnet im Rahmen all dessen, was wir mit dem Begriff Kultur verbinden, nur die Art und Weise, wie ein Mensch in einer bestimmten Gesellschaft sich im Verhältnis zu allen anderen sieht. Es besteht aus den Eigenschaften der Existenz, die als vom Selbst verschieden und doch mit ihm zusammenhängend betrachtet werden. Es ist, kurz gesagt, die Vorstellung eines Menschen vom Universum. Es ist jene organisierte Gesamtheit von Ideen, die dem Menschen die Fragen beantwortet: Wo bin ich? Worin bewege ich mich? Welche Beziehungen habe ich zu diesen Dingen? . . . Das Selbst ist die Achse des Weltbilds.[1]*

In einem Essay mit dem Titel »The Self and Its Behavioral Environment« habe ich dargelegt, daß sowohl die Selbstidentifikation als auch die gesellschaftlich vermittelten Vorstellungen über die Natur des Selbst für das Funktionieren aller menschlichen Gesellschaften entscheidend sind, und daß zwischen diesen Größen und der kognitiven Ausrichtung des Selbst auf eine Welt der (vom Selbst verschiedenen) Objekte eine funktionale Abhängigkeit besteht. Da auch die Anschauung von der Natur dieser Objekte gesellschaftlich vermittelt ist, steht für die Mitglieder einer Gesellschaft ein einheitliches Feld des Denkens, Handelns und der Werte zur Verfügung, das mit dem besonderen Weltbild dieser Gesellschaft übereinstimmt. Das Verhaltens-Umfeld (»behavioral environment«) des Selbst strukturiert sich als eine vielgestaltige Welt von Nicht-Selbst-Objekten, »die anhand von gesellschaftlich konstituierten und durch die Sprache symbolisch vermittelten Attributen unterschieden, klassifiziert und begrifflich erfaßt werden. Die Objektorientierung bildet ihrerseits wieder die Grundlage für die Interpretation von Ereignissen im Verhaltens-Umfeld durch traditionelle Annahmen über Natur und Eigenschaften der beteiligten Objekte und durch implizite oder explizite Dogmen über die ›Ursachen‹ von Ereignissen.«[2] Menschen aller Kulturen besitzen Hilfen für die Orientierung in einem Kosmos, in dem Ordnung und Vernunft herrschen, und nicht das Chaos. Überall gibt es Grundvoraussetzungen und Prinzipien, auch wenn sie von dem jeweiligen Volk selbst nicht immer bewußt formuliert werden. Überall stoßen wir auf die philosophischen Implikationen ihres Denkens, ihres Verständnisses von der Welt des Seins. Verfolgen wir dieses Problem nur weit genug, so finden wir uns bald auf relativ unerforschtem Territorium – dem der Ethno-Metaphysik. Haben wir bei anderen Kulturen überhaupt Zugang zu diesem Bereich? Auf was für Material können wir uns stützen? Auf die sprachlichen Formen, wie Benjamin Lee Whorf und die Neo-Humboldtianer dachten?[3] Auf den greifbaren Inhalt der Mythen? Auf Beobachtungen an Verhalten und Einstellungen? Und welchen Grad der Zuverlässigkeit dürfen wir unseren Schlußfolgerungen zutrauen? Das Problem ist komplex und schwierig, aber das sollte seine Erforschung nicht ausschließen. In dieser Arbeit habe ich – vor allem aus meiner eigenen Feldarbeit bei einer Abteilung der nördlichen Ojibwa[4] – Belege für die Behauptung zusammengetragen, daß das Handeln der Person in der Metaphysik dieser Indianer die entscheidende Rolle für das Aussehen ihres Weltbilds spielt.

Während »Personen« in allen Kulturen eine der wichtigsten Objektklassen darstellen, ist diese Kategorie keineswegs überall auf *Menschen* beschränkt. In der westlichen Kultur, wie auch in anderen, werden auch die »übernatürlichen« Wesen zu den Personen gezählt, gehören aber zugleich auch noch einer anderen Kategorie an.[5] In den Sozialwissenschaften und der Psychologie hingegen sind Personen und Menschen strikt identisch. Diese Identifikation ist bereits mit der Definition von »Gesellschaft« und »soziale Beziehungen« gegeben. Person wird in psychologischen Wörterbüchern meist so definiert: menschlicher Organismus mit kennzeichnenden Eigenschaften und sozialen Beziehungen. Die gleiche Identifikation liegt auch den Forschungs- und Systematisierungsmethoden der Anthropologen zugrunde. Offensichtlich muß man von diesem Konzept jedoch abrücken, wenn »Person« bei dem Volk, das man erforscht, nicht mit »Mensch« identisch ist, sondern mehr umfaßt. Definiert man soziale Organisation als zwischenmenschliche Beziehungen einer bestimmten Art, so läßt sie sich in allen Kulturen auf die gleiche Weise und objektiv untersuchen. Schließt aber die Klasse »Personen« bei einem bestimmten Volk auch nicht-menschliche Wesen mit ein, so genügt unser objektiver Ansatz nicht mehr zu einer angemessenen Beschreibung der »Art und Weise, wie ein Mensch in einer bestimmten Gesellschaft sich im Verhältnis zu allen anderen sieht«. Man kann durchaus argumentieren, eine kompromißlose »objektive« Erforschung fremder Kulturen sei *allein* durch die Projektion kategorialer Abstraktionen des westlichen Denkens nicht möglich, denn diese Abstraktionen sind nur das Abbild unserer kulturellen *Subjektivität*. Mehr Objektivität erreichen wir erst, wenn wir in unsere Verfahren auch die Analyse des Weltbilds des betreffenden Volkes integrieren.

Die Bedeutung dieses Unterschieds der Perspektive soll am Beispiel der Ojibwa verdeutlicht werden, und zwar in der Art und Weise, wie sie die Verwandtschaftsbezeichnung »Großvater« gebrauchen. Man wendet sie nicht nur auf menschliche Personen an, sondern auch auf spirituelle Wesen, Personen einer nichtmenschlichen Art. Mit dem Plural »unsere Großväter« sind sogar hauptsächlich Personen dieser zweiten Art gemeint. Untersuchten wir die soziale Organisation der Ojibwa auf herkömmliche Weise, so könnten wir nur eine Art von Großvätern berücksichtigen. Untersuchten wir die Religion, so würden wir auf andere Großväter stoßen. Nehmen wir aber die Perspektive des Weltbilds ein, so tritt diese Aufteilung gar nicht erst ein. In dieser Perspektive bezieht sich der Ausdruck Großvater auf bestimmte »Personen-Objekte«, ohne daß zwischen menschlichen und nichtmenschlichen Personen unterschieden wird. Überdies sind die beiden Arten von Großvätern funktionell und terminologisch in gewisser Weise äquivalent. Die nicht-menschlichen Großväter sind durch ihre »Wohltaten« Quellen der Kraft für den Menschen; sie teilen ihre Macht mit den Menschen. Ein Kind erhält stets den Namen eines alten Mannes, ob es der leibliche Großvater ist oder nur ein Nenn-Großvater, ist dabei ohne Belang. Diesem Namen haftet ein besonderer Segen an, denn er ist mit einem Traum des menschlichen Großvaters verbunden, in dem er Kraft von einem oder mehreren der nicht-menschlichen Großväter erhielt. Die Beziehung zwischen einem menschlichen Kind und einem menschlichen Großvater folgt, kurz gesagt, dem gleichen funktionellen Muster wie die Beziehung zwischen Menschen und nicht-menschlichen Großvätern. Und wie der nicht-menschliche Großvater seinen Segen von persönlichen Tabus abhängig machen kann, so mag auch der menschliche Großvater einem »Enkel«, der seinen Namen trägt, ein Tabu auferlegen.

Ein anderer direkter linguistischer Hinweis auf den umfassenden Charakter der Personen-Kategorie im Denken der Ojibwa ist der Ausdruck *wíndīgo*. Baraga definiert ihn in seinem Wörterbuch als »Fabel-Riese, der sich von Menschenfleisch ernährt; Menschenfresser, Kannibale«. Für den Ojibwa sind alle *wíndīgowak* schreckliche anthropomorphe Wesen, die man töten muß, weil sie das Leben bedrohen. Eine reichhaltige Sammlung von anekdotischem Material zu diesem Thema zeigt, wie man dieser Bedrohung von Fall zu Fall entgehen konnte. Die Möglichkeiten reichen von der Notwendigkeit, einen nahen Verwandten zu töten, weil man annahm, er werde zum *wíndīgo*, über heroische Kämpfe zwischen Menschen und diesen Fabelriesen bis hin zu einem Bericht aus erster Hand über eine Begegnung mit einem dieser Wesen.[6]

Je mehr wir in das Weltbild der Ojibwa eindringen, um so deutlicher wird, von welch entscheidender Bedeutung die Beziehung zwischen Menschen *(änícinábek)* und nicht-menschlichen Personen sind. Wollen wir die Natur der Ojibwa-Welt und ihrer Lebewesen verstehen, so dürfen wir ihr besonderes Verständnis der Begriffe »sozial« und »soziale Beziehungen« nicht aus dem Auge verlieren.[7]

*Linguistische Kategorien und kognitive Orientierung*

Jede Diskussion über Personen im Weltbild der Ojibwa muß sich vergegenwärtigen, daß die Grammatik dieser Sprache (wie aller Algonkin-Sprachen) einen Unterschied zwischen »belebten« und »unbelebten« Objekten macht. Allerdings sind diese Kategorien nur implizit in ihrer Sprache enthalten – herausgelöst wurden sie selbstverständlich von Europäern.[8] Außenstehende Beobachter hatten den Eindruck gewonnen, daß die Unterscheidung von Objekten in den Algonkin-Sprachen ungefähr dem Gegensatz von belebt und unbelebt im westlichen Denken entspricht. Bei näherer Betrachtung erschienen die Unterscheidungen jedoch, wie bei der Geschlechtsbestimmung in anderen Sprachen, in manchen Fällen recht willkürlich oder gar völlig unverständlich. So gehören etwa die Substantive Baum, Sonne-Mond *(gîzis)*, Donner, Stein und Kultgegenstände wie Kessel oder Pfeife der Klasse »belebt« an – jedoch nicht in jedem Fall.

Was bedeutet »belebt« im Denken der Ojibwa? Sind solche allgemeinen Eigenschaften wie die Fähigkeit, auf äußere Reize zu reagieren, oder Empfindungsfähigkeit, Beweglichkeit, Eigenbewegung und Vermehrung Grundmerkmale aller Objekte der belebten Klasse? Und welche Anhaltspunkte gibt es für die Bedeutung dieser Eigenschaften? Wir dürfen nicht vergessen, daß kein Ojibwa sich der belebt-unbelebt-Kategorien seiner Sprache bewußt ist oder sie abstrakt formulieren könnte. Deshalb kann die grammatische Unterscheidung selbst nie zum Gegenstand des Denkens für ihn werden.

In seiner Betrachtung analoger grammatischer Kategorien bei den Zentral-Algonkinsprachen unter Berücksichtigung linguistischer und nicht-linguistischer Bedeutungsebenen schreibt Greenberg: »Da alle Personen und Tiere der Klasse I (belebt) angehören, liegt hier zumindest ein Ethnosem vor; die meisten anderen Bedeutungen können jedoch nur durch ein Linguisem definiert werden.« »In solchen Fällen«, meint Greenberg, »wo nicht schon aus dem Verhalten eines Algonkin-Sprechers die Zugehörigkeit zu Klasse I ablesbar ist, müssen wir auf rein linguistische Bestimmungsmerkmale zurückgreifen.«[9]

Ich glaube, daß wir die psychologische Basis für die in sich geschlossene Weltanschauung der Ojibwa richtig einschätzen können, wenn wir Glauben, Einstellungen, Lebenshaltung und die linguistischen Merkmale zusammen betrachten, selbst wenn wir dabei den Rahmen unseres Denkens verlassen müssen. In manchen Fällen können wir Verhaltensvoraussagen machen. Das Verhalten ist jedoch von vielen Faktoren abhängig – auch von der tatsächlichen Erfahrung. Wichtiger als die linguistischen Klassifikationen der Objekte sind die Funktionen, die ihnen innerhalb des Glaubenssystems zugesprochen werden, und die Umstände, unter denen sich diese Funktionen in der Erfahrung manifestieren. Erst damit wird nämlich deutlich, weshalb Objekte, die wir als unbelebt betrachten – etwa Steine und Muscheln –, zusammen mit übernatürlichen Personen der Klasse des Belebten angehören. Die Muscheln etwa, die wegen ihrer Funktion in der Midewiwin *mígis* genannt werden, lassen sich linguistisch nicht als unbelebt kategorisieren. Der Donner wird, wie wir sehen werden, nicht nur als ein lebendes Wesen betrachtet, sondern hat auch personenhafte Züge und kann als Person angesprochen werden. Wenn Greenberg von Personen als Mitgliedern der belebten Klasse spricht, so identifiziert er implizit »Person« und »Mensch«. Im Ojibwa-Universum gibt es viele Arten von Personen-Objekten, die nicht-menschlich sind, aber den gleichen Status haben und daher in das gleiche Ethnosem fallen wie die Menschen und auch in die linguistische Klasse »belebt«.

Da Steine bei den Ojibwa belebt sind, fragte ich einmal einen alten Mann: »Sind alle Steine hier um uns her lebendig?« Er dachte eine ganze Weile nach und sagte dann: »Nein! Aber *einige* sind es.« Diese modifizierende Aussage machte auf mich einen anhaltenden Eindruck. Sie stimmt auch mit anderen Einzelheiten überein, die darauf hindeuten, daß die Ojibwa keine Animisten sind, die unbelebten Objekten wie Steinen dogmatisch eine Seele zuschreiben. Die Zuweisung der Steine zur grammatischen Klasse »belebt« fußt nicht auf einer bewußt formulierten Theorie über die Natur der Steine, sondern läßt eine Tür offen, die wir in unserer Ausrichtung auf unumstößliche Grundtatsachen stets verschlossen halten. Wir würden nie und unter keinen Umständen an einem Stein irgendwelche Züge des Lebendigen erwarten, aber der Ojibwa sieht bei bestimmten Klassen von Objekten und unter bestimmten Umständen *a priori* die Möglichkeit der Animation.[10] Ebensowenig wie wir betrachtet er Steine generell als lebendig. Der entscheidende Prüfstein ist die Erfahrung. Gibt es darüber persönliche Zeugnisse? Einige Informanten berichten, man habe Steine sich bewegen gesehen, einige Steine hätten auch andere Eigenschaften des Lebendigen gezeigt; wie wir noch sehen werden, ist der Feuerstein in ihrer Mythologie eine lebendige Persönlichkeit. Derselbe alte Mann, den ich über die Steine befragt hatte, erzählte mir auch, er habe bei einer Midewiwin-Zeremonie, die sein Vater leitete, gesehen, wie ein großer, runder Stein sich bewegte. Sein Vater sei aufgestanden und zweimal im Kreis herumgegangen. Dann habe er sich wieder auf seinen Platz gesetzt und zu singen begonnen. Der Stein begann sich zu bewegen »und folgte der Spur des alten Mannes durch das Zelt, rollte um und um; ich sah das mehrere Male, und andere sahen es auch«.[11] Das lebendige Verhalten des Steins unter diesen Umständen betrachtete man als eine Demonstration magischer Kraft für die Midé (Mitglieder). Es war nicht der Stein selbst, der sich durch eigenen Willen in Bewegung gesetzt hatte. Im Zusammenhang mit der Midewiwin gab es in der Vergangenheit schon solche Steine. Mein Freund Häuptling Berens besaß einen, aber er hatte seine lebendigen Eigenschaften verloren. Er besaß Konturen, die an Augen und einen Mund denken ließen. Als Gelbe Beine, der Ur-Großvater von Häuptling Berens, Leiter der Midewiwin war, pflegte er mit dem Messer auf diesen Stein zu klopfen. Der öffnete dann seinen Mund, und Gelbe Beine holte einen ledernen Medizinbeutel heraus. Er mischte etwas von der Medizin mit Wasser, reichte das Getränk herum, und jeder nahm einen kleinen Schluck.[12]

Wenn also Steine nicht nur grammatisch gesehen belebt sind, sondern an ihnen auch Eigenschaften des Lebendigen tatsächlich beobachtet wurden, weshalb sollten sie dann nicht auch gelegentlich lebendige Eigenschaften einer höheren Ordnung zeigen? Die folgende Anekdote spinnt diese Möglichkeit aus: Ein weißer Händler fand beim Graben in seinem Kartoffelfeld einen großen Stein, ähnlich dem eben beschriebenen. Er schickte nach John Duck, dem indianischen Leiter des *wábano* (eine Zeremonie, die im Aufbau der Midewiwin ähnelt). Der Händler zeigte ihm den Stein und sagte, er müsse wohl in sein Zelt gehören. John Duck schien darüber nicht sehr erfreut zu sein. Er beugte sich zu dem Stein hinunter und fragte mit gedämpfter Stimme, ob er jemals in seinem Zelt gewesen sei. Nach Johns Auskunft verneinte der Stein das.

Offenbar strukturierte John Duck die Situation spontan so, daß sie im Zusammenhang von Sprache und Kultur der Ojibwa einen Sinn erhielt. Das Gespräch mit dem Stein dramatisiert auf eindringliche Weise den tiefen Unterschied in der kognitiven Orientierung bei den Ojibwa und uns. Der Gebrauch der Sprache als Mittel der Kommunikation mit einem Stein läßt diesen Stein nicht nur als lebendig erscheinen, sondern hebt ihn auf eine Stufe quasi-menschlicher Interaktion. Schon ohne aus dieser Szene zu schließen, daß Objekte dieser Klasse für den Ojibwa immer Personen sind, läßt unsere Beobachtung die Aussage zu, daß der Stein behandelt wurde, als *sei* er eine Person und kein Ding.


## Die »Personen« der Ojibwa-Mythologie

Die Ojibwa unterscheiden zwei Hauptgruppen traditioneller mündlicher Erzählungen: 1. »Nachrichten oder Neuigkeiten« *(täbátcamovin)*, das sind Anekdoten und Geschichten über Ereignisse aus dem Leben der Menschen. Diese Erzählungen können ganz alltäglichen Inhalts sein, aber auch von ungewöhnlichen und fast schon legendären Vorkommnissen berichten. (Man kann die schon erwähnten Anekdoten dieser allgemeinen Klasse zuordnen.) 2. Mythen *(atíso'kanak)*,[13] das sind überlieferte und formalisierte Geschichten, die nur zu bestimmten Jahreszeiten auf rituelle Weise erzählt werden dürfen. Das Bezeichnende an diesen Geschichten ist, daß die Lebewesen, von denen darin berichtet wird, schon seit urdenklichen Zeiten existieren. Es gibt darin zwar ein Werden durch die Geburt und eine ständige Umwandlung der Formen, aber keine eigentliche Schöpfung. Die Hauptgestalten dieser Mythen, mögen sie tierische oder menschliche Züge haben, verhalten sich meist wie Menschen, allerdings vorwiegend in einem raumzeitlichen Rahmen von eher kosmischen als irdischen Dimensionen. Sowohl unter ihnen als auch zwischen ihnen und den Menschen gibt es soziale Interaktion.

Die Einstellung der Ojibwa zu diesem Personenkreis hat eine direkte linguistische Parallele. Wenn sie den Ausdruck *atíso'kanak* gebrauchen, so meinen sie damit nicht einfach eine Reihe von Erzählungen einer bestimmten Art, sondern die Gestalten in diesen Erzählungen; für den Ojibwa sind sie Lebewesen einer nicht-menschlichen Klasse. William Jones sagte vor vielen Jahren: »Man betrachtet Mythen als bewußte Wesen mit der Kraft zu denken und zu handeln.«[14] Ein Synonym für diese Klasse von Personen ist »unsere Großväter«.

Über *atíso'kanak* oder unsere Großväter spricht ein Ojibwa nie beiläufig. Wenn die Mythen an langen Winterabenden erzählt werden, so ist es wie eine Anrufung; »Unsere Großväter« mögen es und kommen oft, um zuzuhören. In grauer Vorzeit soll eines dieser Wesen *(Wísekedjak)* zu den anderen gesagt haben: »Wir machen alles so, wie es die *anícinábek* brauchen, solange es sie gibt; dann werden sie uns nie vergessen und immer über uns sprechen.«

Obwohl die Großväter die Gestalten formalisierter Erzählungen sind, betrachten die Ojibwa sie niemals als fiktive Charaktere. Im Gegenteil, was wir Mythos nennen, akzeptieren sie als den wahren Bericht von Ereignissen in den vergangenen Leben lebendiger »Personen«.[15] Aus diesem Grund sind solche Erzählungen so wichtig für das Verständnis der Art und Weise, wie der Erfahrungsraum der Ojibwa gesellschaftlich strukturiert und kognitiv erfaßt wird. »Was man unter Mythos versteht«, sagt David Bidney, »hängt davon ab, welchen Glauben und welche Überzeugung man hat; was für den einen unumstößliche Wahrheit ist, betrachtet der Ungläubige oder Skeptiker als schieren ›Mythos‹ oder als ›Fiktion‹ . . . Mythen und magische Geschichten und Praktiken werden Punkt für Punkt akzeptiert, denn vor-wissenschaftliche Menschen halten sie nicht für Mythen oder Magie; sobald man den Unterschied zwischen Mythos und Wissenschaft bewußt akzeptiert, schließt die so gewonnene kritische Einsicht den Glauben an Magie und Mythos aus.«[16] Betrachtet man nur den greifbaren Inhalt der Mythen, so bieten sie eine verläßliche Grundlage für die Schlußfolgerungen über die Weltanschauung der Ojibwa. Sie bieten ein Beweismaterial von Vorstellungen, die weder artikuliert noch formalisiert, noch analysiert sind, und man kann von einem Informanten auch nicht erwarten, daß er sie verallgemeinert. Unter diesem Gesichtspunkt sind Mythen dem konkreten Textmaterial analog, auf das sich der Linguist berufen muß, wenn er durch Analyse und Abstraktion die grammatischen Kategorien und Prinzipien einer Sprache ableiten will.

In formalen Definitionen wird über Mythen meist gesagt, daß in ihnen nicht nur fiktive Gestalten vorkommen, sondern auch übernatürliche Personen. Die letztere Behauptung erweist sich als sehr irreführend, wenn man sie auf die Mythen der Ojibwa anwendet; und zwar allein schon deshalb, weil eine Vorstellung vom Übernatürlichen eine Vorstellung vom Natürlichen voraussetzt. Die aber ist im Denken der Ojibwa nicht vorhanden. Leider haben viele Anthropologen diesen natürlich-übernatürlich-Gegensatz bei der Beschreibung der Weltanschauung von Völkern anderer Kulturen immer wieder beschworen. Die Linguisten haben schon vor langer Zeit erfahren müssen, daß die indoeuropäischen Sprachformen kein brauchbarer Rahmen waren, wenn man die Grammatiken der Sprachen analphabetischer Völker schreiben wollte. »Das heilige Wort ›Natur‹ ist wohl das vieldeutigste im Vokabular der europäischen Völker . . .«[17]; und auch die Antithese von »natürlich« und »unnatürlich« hat im westlichen Denken seine eigene komplexe Geschichte.[18]

Für den Ojibwa ist zum Beispiel *gízis* (Sonne) durchaus kein natürliches Objekt in unserem Sinn. Sie stellen sich die Sonne nicht nur anders vor – sie ist außerdem eine Person der nichtmenschlichen Klasse. Noch wichtiger ist, daß es die Vorstellung der regelmäßigen, gleichförmigen Bewegung bei den Ojibwa nicht gibt; ihnen fehlt die Gewißheit, daß die Sonne, einem Naturgesetz folgend, jeden Tag wieder aufgehen wird. *Tcakábek*, eine mystische Gestalt, hat ihr sogar einmal eine Schlinge auf den Weg gelegt und sie gefangen. Danach war es dunkel, bis die Menschen eine Maus schickten, die die Sonne befreite, so daß sie wieder scheinen konnte. Und in einer anderen Geschichte (kein Mythos) wird erzählt, wie zwei Männer darin wetteiferten, wer den größeren Einfluß auf die Sonne habe. Der eine alte Mann sagte zum anderen: »Es ist kurz vor Sonnenaufgang, und der Himmel ist klar; sag der Sonne, sie soll jetzt sofort aufgehen.« Also sagte der andere alte Mann zur Sonne: »Mein Großvater, komm schnell hervor.« Und sobald er das gesagt hatte, schnellte die Sonne in den Himmel. »Jetzt versuche du etwas«, sagte er zum ersten, »sieh zu, ob du sie wieder herunterbringst.« Also sagte dieser zur Sonne: »Mein Großvater, nimm dein Gesicht wieder herunter.« Und die Sonne ging wieder unter. »Ich habe mehr Macht als du«, sagte er zu dem anderen Alten, »die Sonne geht nie wieder unter, wenn sie aufgeht.«

Die Regelmäßigkeit des Sonnenlaufs, so können wir folgern, ist für den Ojibwa nicht zwingender als der gewohnheitsmäßige Tagesablauf des Menschen. Natürlich erwartet man, daß sie jeden Tag wieder aufgeht, aber zeitweilig kann es durch den Einfluß anderer Personen auch anders sein. Überdies ist die Vorstellung *unpersönlicher* Naturkräfte dem Denken der Ojibwa völlig fremd.

Da ihre kognitive Weltorientierung gesellschaftlich vermittelt ist und ein festes psychologisches Umfeld besitzt, können wir nicht annehmen, daß sie Dinge wie die Sonne als Naturobjekte in unserem Sinne betrachten. Wäre dies so, so könnte die Geschichte über die alten Männer nicht als ein Bericht über die tatsächliche Interaktion zwischen Menschen und einer nichtmenschlichen Person betrachtet werden. Daher ist es auch ein Irrtum zu sagen, die Ojibwa personifizierten natürliche Objekte. Dann müßten sie die Sonne ja irgendwann einmal als ein unbelebtes, stoffliches Ding betrachtet haben. Aber dafür gibt es keinerlei Anhaltspunkte, und diese Aussage gilt für den ganzen Bereich ihrer Beziehungen zu den Dingen ihrer Welt.

So sind zum Beispiel die vier Winde und der Feuerstein Fünflinge. Sie wurden von einer (namenlosen) Mutter zur Welt gebracht, die zwar menschliche Züge trug, aber in ferner Vergangenheit lebte. Sie war trotz ihres anthropomorphen Charakters kein Mensch, sondern ein *atíso'kan*. Zuerst wurden die Winde geboren, und dann »sprang« der Feuerstein heraus und zerriß sie. Er wurde dafür später bestraft, als er mit *Misábos* (Großer Hase) kämpfte, wobei Stücke von ihm absplitterten, so daß er kleiner wurde. »Diese Splitter, die von deinem Körper abgebrochen sind, sollen den Menschen eines Tages von Nutzen sein«, sagte *Misábos* zu ihm, »aber du wirst niemals wieder größer sein als jetzt, solange die Erde besteht. Du sollst niemandem mehr Schaden zufügen.«

Vor dem Hintergrund dieses »historischen« Ereignisses wäre es in der Tat seltsam, wenn der Feuerstein der unbelebten grammatischen Kategorie zugeordnet würde. Es gibt für jeden der vier Winde einen besonderen Ausdruck, aber keinen Plural für Wind. Sie sind alle lebendige Wesen, und ihre Wohnungen sind die vier Himmelsrichtungen.

Die Konkretisierung von Feuerstein, den Winden und der Sonne als nicht-menschliche Personen verdeutlicht beispielhaft ein Weltbild, in dem kein Gegensatz von Natürlichem und Übernatürlichem Platz hat. Ihre Wirklichkeit wird dadurch noch verstärkt, daß sie als Gestalten wahrer Geschichten auftreten, die zugleich die Interaktion dieser Gestalten mit anderen Personen als die bestimmende Macht des Kosmos schildern.

## *Anthropomorphe Züge und nicht-menschliche Personen*

Nach ihrem Handeln und ihrer Motivation sind die Gestalten der Mythen von Menschen nicht zu unterscheiden. In dieser Hinsicht kann man Menschen und nicht-menschliche Personen gemeinsam gegen andere Lebewesen wie Tiere (*awésiak*, Pl.) und gegen Objekte der unbelebten Klasse abheben. Andererseits muß man jedoch auch berücksichtigen, daß die nicht-menschlichen Personen in den Mythen nicht immer menschenähnlich sind. Daher müssen wir fragen: Welche durchgängigen Attribute hat eigentlich die Vorstellung »Person«? Anthropomorphische Züge in der äußeren Erscheinung, soviel können wir jetzt schon sagen, sind jedenfalls nicht das Entscheidende. Es ist wahr, daß einige der herausragenden mythischen Gestalten menschliche Form besitzen. *Wísekedjak* und *Tcakábec* sind Beispiele dafür. Daneben besitzen sie aber noch ganz eigene Merkmale. Der erste von beiden besitzt einen über die Maßen langen Penis, der kleine ist ungewöhnlich klein, aber sehr mächtig. Es gibt keine vergleichbaren weiblichen Gestalten. Daß der Feuerstein und die Winde menschliche Eigenschaften haben, geht aus der Geschichte hervor; sie wurden von einer Frau geboren wie die Menschen, sie sprechen und so weiter. Die höchste Gottheit der Ojibwa andererseits, eine sehr entrückte Gestalt, die in den Mythen überhaupt nicht auftritt, von der man aber wie von einer Person spricht, besitzt keinerlei Geschlechtsmerkmale. Das kommt daher, daß die Ojibwa-Sprache keine grammatischen Geschlechtsbestimmungen kennt. Deswegen kann ein Lebewesen in seinem Denken eine Person sein, ohne geschlechtliche oder anthropomorphe Eigenschaften zu haben. Wesen, die man im Traum sieht *(pawáganak)*, sind Personen, gleich ob sie anthropomorphische Merkmale haben oder nicht. Andere Wesen aus der Personenklasse mit zweifelhaftem oder unbestimmtem anthropomorphem Charakter sind die Meister oder Besitzer von Tier- oder Pflanzenarten. Auch von bestimmten Heilprozeduren und Beschwörungen sagt man, sie hätten nicht-menschliche Personen als Schutzherren.

Wenn wir nun die Haltung der Ojibwa gegenüber den Donnervögeln betrachten, so wird deutlich werden, weshalb der Anthropomorphismus nicht durchgängig das Personenbild der Ojibwa bestimmt. Diese Wesen entstanden aus einer schöpferischen Synthese von objektiver Naturbetrachtung, subjektiver Traumerfahrung und überlieferten mythischen Erzählungen; sie sind weder Personifizierungen eines Naturphänomens noch bloße tier- oder menschenähnliche Wesen. Nicht zu bezweifeln ist dagegen, daß Donnervögel Personen sind.

Meine Ojibwa-Freunde zeigten sich von der Vorstellung des Weißen Mannes über Blitz und Donner ebenso erstaunt und überrascht wie von dem Gedanken, daß die Erde rund sei. Mehr als einmal wurde ich gebeten, Blitz und Donner zu erklären, aber ich bezweifle, daß meine etwas hilflosen Erläuterungen ihnen irgend etwas sagten. Eines ist jedenfalls sicher: alles, was ich ihnen sagte, erschütterte ihren Glauben nicht im geringsten. Das ist kein Wunder, wenn wir bedenken, daß Donner und Blitz selbst auf uns in dem Augenblick, wo wir sie erleben, nicht gerade wie leblose Eigenschaften oder Objekte wirken. Im Gegenteil, Blitz und Donner gehören zu den Naturereignissen, die Eigenschaften der »Personen-Objekte« aufweisen.[19] Man mag zwar mit einem gewissen Recht sagen, die Naturbetrachtung der Ojibwa trage naive Züge, aber ebenso wahr ist, daß die Vorstellungen, die sie daraus ableiten, über diese Ebene hinausgehen: Weshalb steht das Bild eines Vogels im Mittelpunkt einer Vorstellung von einem Wesen, das sich in Blitz und Donner manifestiert? Bei den Ojibwa, mit denen ich arbeitete, hat »Vogel« den gleichen Wortstamm wie »Donnervogel« (*pinésī*; Pl. *pinésīwak*). Die vogelhaften Eigenschaften der Donnerwesen drücken sich noch deutlicher darin aus, daß sie den Falken zugerechnet werden, von denen es im Wohngebiet der Ojibwa zahlreiche Arten gibt.

Die Donnervögel sind kein willkürlich gewähltes Bild, denn der Donner zeigt in dieser Gegend ein »Verhalten«, das ihn mit den Vögeln in Beziehung setzt.[20] Die meteorologische Beobachtung des Donners in diesem Gebiet ergibt folgendes Bild für den Monatsdurchschnitt: Im April beginnt die Häufigkeit des Auftretens mit einem Tag, steigert sich bis zum Hochsommer (Juli) auf fünf Tage und fällt bis zum Oktober wieder auf einen Tag ab. Befragt man einen Vogelkalender, so zeigt sich, daß die Arten, die im Süden überwintern, sich im April allmählich wieder einfinden, um spätestens im Oktober wieder nach Süden aufzubrechen. Daß für den Donner gerade das Bild der Vögel gewählt wurde, läßt sich zum Teil auf die Beobachtung natürlicher Gegebenheiten zurückführen.

Aber nur zum Teil. In der Zeit, als ich die Ojibwa besuchte, lebte noch ein Indianer, der als etwa zwölfjähriger Junge mit eigenen Augen einen *pinésī* gesehen hatte. Während eines schweren Gewitters rannte er aus dem Zelt und sah draußen auf den Felsen einen seltsamen Vogel liegen. Er lief zurück, um seine Eltern zu holen, aber als sie kamen, war der Vogel verschwunden. Er glaubte sicher, es sei ein Donnervogel gewesen, aber seine Eltern waren skeptisch, denn man hatte noch nie gehört, daß ein *pinésī* in solcher Verfassung gesehen worden ist. Die Sache entschied sich, als ein Mann, der von *pinésī* geträumt hatte, die Angaben des Jungen bestätigte. Viele Indianer berichten, sie hätten die Nester der Donnervögel gesehen; meist werden sie als eine Ansammlung großer Steine in der Form flacher Schalen geschildert, die sich an hohen und unzugänglichen Orten befinden.

Unter den Mythen finden wir einen, der sich in allen Einzelheiten mit den Donnervögeln befaßt. Zehn unverheiratete Brüder leben zusammen. Der Älteste heißt *Mätcíkīwis*. Eine geheimnisvolle Haushälterin, die nie in Person auftritt, schlägt Holz für sie und versorgt ihnen das Feuer; sie finden es immer brennen, wenn sie von der Jagd heimkehren. Eines Tages findet der jüngste Bruder sie und heiratet sie. *Mätcíkīwis* wird eifersüchtig und tötet sie. Sie hätte wieder zum Leben erweckt werden können, wenn ihr Mann nicht ein von ihr auferlegtes Tabu gebrochen hätte. Es stellt sich heraus, daß sie kein Mensch ist, sondern ein Donnervogel, also ein *ätíso'kan* und daher unsterblich. Sie fliegt davon in das Land über dieser Erde, das die Donnervögel bewohnen. Nachdem er viele Schwierigkeiten überwunden hat, folgt ihr Mann ihr dorthin. Dort findet er sich als Schwager solcher Wesen wie den Meistern des Wanderfalken, des Sperbers und anderer Arten dieser Vogelgattung, die er von der Erde kennt. Das Essen schmeckt ihm dort gar nicht, denn was die Donnervögel »Biber« nennen, erinnert ihn stark an irdische Frösche und Schlangen (ein recht naturalistisches Detail, denn der Wanderfalke ernährt sich zum Beispiel von Lurchen und Reptilien). Mit seinen männlichen Donnervogel-Verwandten geht er auf die Jagd nach riesigen Schlangen. Solche Schlangen gibt es auch auf der Erde, und die Donnervögel sind ihre erbarmungslosen Feinde. (Wenn es donnert und blitzt, dann jagen sie nach dieser Beute.) Eines Tages sagt der Große Donnervogel zu seinem Schwiegersohn: »Ich weiß, du fühlst dich einsam; du mußt doch Sehnsucht nach deinem Volk haben. Ich bringe dich jetzt auf die Erde zurück. Du hast zuhause neun Brüder, und ich habe hier noch neun Mädchen übrig. Du kannst sie mitnehmen, als Frauen für deine Brüder. Ich bin jetzt mit den Menschen auf der Erde verwandt, und ich werde gut zu ihnen sein. Ich werde keinem etwas antun, wenn es sich irgend umgehen läßt.« Er sagt seinen Töchtern, sie sollen sich fertig machen. Die ganze Nacht wird getanzt, und am Morgen verabschiedet man sich. Als sie den Rand des Donnervogellandes erreichen, sagt seine Frau zu ihm: »Setz dich auf meinen Rücken, halte dich an meinem Hals fest, und laß die Augen fest geschlossen.« Dann kracht der Donner, und der junge Mann weiß, daß sie jetzt durch die Luft sausen. Sie erreichen die Erde und machen sich zum Zeltlager der Brüder auf. Die Donnervogelfrauen, die inzwischen Menschengestalt angenommen haben, werden mit Freuden aufgenommen. Wieder gibt es ein großes Fest, und die neun Brüder heiraten die Schwestern der Frau ihres jüngsten Bruders.

Hier endet der Mythos. Offensichtlich glaubt man von den Donnervögeln, daß sie wie Menschen handeln; sie jagen, sprechen und tanzen. Aber die Analogie reicht noch weiter: auch die gesellschaftliche Organisation und die Verwandtschaftsbezeichnungen entsprechen genau denen der Ojibwa. Die Heirat mehrerer Schwestern mit einer gleichen Anzahl von Brüdern kommt auch bei den Ojibwa oft vor und wird sogar als Idealfall betrachtet. Ich kenne selbst einen Fall, wo sechs Brüder sechs Schwestern aus einer anderen Familie heirateten. Es besteht daher eine innere Verbindung zwischen dem sozialen Leben der Menschen und dem der Donnervögel, die ganz unabhängig von der sonstigen Verschiedenartigkeit ist. Auch kann man aus den Mythen ableiten, daß der geflügelte Charakter der Donnerwesen keine feststehende Eigenschaft ist. Sie haben die Fähigkeit, sich zu verwandeln, und die menschlichen Eigenschaften, die ihnen zugeschrieben werden, transzendieren die äußere Gestalt des Menschen. Ihr personenhafter Charakter ist ebensowenig an die menschliche Gestalt gebunden wie an die Gestalt des Vogels, und die Tatsache, daß sie der Kategorie der *ätíso'kanak* angehören, schließt nicht aus, daß sie zur Erde hinabsteigen und sich mit Menschen vereinigen. Mir wurde von einer Frau berichtet, die behauptete, der Nordwind sei der Vater eines ihrer Kinder. Mein Informant sagte, er glaube das nicht, räumte aber ein, daß man diese Möglichkeit in der Vergangenheit wohl akzeptiert hätte.[21] Wir können aus alldem nur folgern, daß die Vorstellung von der Person als einem lebendigen sozialen Wesen im Weltbild der Ojibwa mehr umschließt als den naturalistischen Personenbegriff, und daß mit »Person« nicht notwendig das menschliche Erscheinungsbild verbunden ist.

Die Bedeutung solch einer Vorstellung für das Verhalten soll mit einer Anekdote verdeutlicht werden. Ein Informant erzählte mir, er habe vor vielen Jahren einmal an einem Sommernachmittag während eines Gewitters zusammen mit einem alten Mann und einer alten Frau in einem Zelt gesessen. Der Donner krachte ununterbrochen. Plötzlich wandte sich der alte Mann zu seiner Frau und fragte: »Hast du gehört, was sie sagen?« »Nein«, gab sie zurück, »ich konnte es nicht verstehen.« Mein Informant, ein »zivilisierter« Indianer, wußte erst nicht, wovon die beiden sprachen. Natürlich ging es um den Donner. Der alte Mann hatte gemeint, einer der Donnervögel habe etwas zu ihm gesagt. Er reagierte darauf genauso, wie wenn er die Worte eines menschlichen Gesprächspartners nicht verstand. Die Beiläufigkeit dieses kurzen Wortwechsels demonstriert die psychologische Tiefe der »sozialen Beziehungen« der Ojibwa zu jenen nicht-menschlichen Lebewesen.

## Die Fähigkeit zur Metamorphose als Grundeigenschaft von Personen

Die Tatsache, daß die Donnervögel in Mythos und Glauben der Ojibwa Lebewesen sind, die sowohl menschliche als auch Vogelgestalt annehmen können, ohne dabei ihre Identität zu verlieren, verdeutlicht eine Grundeigenschaft der »Person«, die zwar nicht abstrakt formuliert ist, aber doch das Weltbild der Ojibwa entscheidend prägt.

Metamorphose kommt in den Mythen häufig vor: nichtmenschliche Personen verändern ihre äußere Form. *Wísekedjak*, dessen Hauptmerkmale anthropomorphisch sind, fliegt in einer Geschichte mit den Gänsen, nimmt in einer anderen die Gestalt einer Schlange an und verwandelt sich in einer weiteren sogar in einen Baumstumpf. Menschen heiraten »Tier«-Frauen, die nicht »wirklich« Tiere sind. *Mikīnäk*, die Große Schildkröte, heiratet eine Menschenfrau; nur durch einen Tabubruch entdeckt diese, daß sie ein Wesen geheiratet hat, das sich durch Zauberkraft in einen stattlichen jungen Mann verwandelte.

Die Wahllosigkeit und Unüberschaubarkeit dieser Vorgänge, die den Leser solcher Mythen zuerst verwirren mögen, lösen sich auf, sobald man sich deutlich macht, daß die Fähigkeit zur Metamorphose für den Ojibwa in der Natur der Personen dieser Klasse liegt. Die äußere Erscheinung ist ein ganz nebensächliches Attribut des Seins, und die Namen, unter denen einige dieser Wesen allgemein bekannt sind, implizieren nicht einmal dann eine Unwandelbarkeit der äußeren Gestalt, wenn es die Namen von Tieren sind.

Stith Thompson hat darauf hingedeutet, daß die Möglichkeit der Verwandlung »in den Volkserzählungen überall auf der Welt ganz einfach angenommen wird. Viele dieser Motive sind einfach erfunden, aber viele andere repräsentieren auch einen tief verwurzelten Glauben und eine lebendige Tradition.«[22] Dieser letzte Fall trifft auf die Ojibwa zu. Die Welt der Mythen ist nicht grundsätzlich von der Welt der alltäglichen Erfahrung verschieden; in keinem der beiden Bereiche kann zwischen den verschiedenen Arten von Lebewesen eine klare Trennungslinie gezogen werden, denn überall ist Metamorphose möglich. In der äußeren Erscheinung legen weder tierische noch menschliche Züge kategorische Wesensunterschiede fest. Und abgesehen von der Metamorphose weist ja der alltägliche Umgang mit Lebewesen der nicht-menschlichen Klasse darauf hin, daß sie einige Wesensmerkmale der Personen tragen. Wenn man im Frühjahr Bären in ihrem Lager aufspürte, so sprach man sie an, bat sie herauszukommen, damit man sie töten konnte, und bat sie dafür um Verzeihung.[23] Die folgende Begegnung mit einem

Bären, die mir ein Ojibwa namens Birkenrute erzählte, zeigt, was geschieht, wenn man ein Tier wie eine Person behandelt:

*Einmal, im Frühling, ging ich jagen; ich ging einen kleinen Bach hinauf, weil ich wußte, daß dort die Neunaugen laichten. Bevor ich an die Stromschnellen kam, sah ich frische Bärenspuren. Ich ging weiter am Bachufer entlang, und plötzlich kam mir auf dem Pfad ein Bär entgegen. Ich trat hinter einen Baum, und als er nur noch etwa dreißig Meter entfernt war, schoß ich. Ich verfehlte ihn, und bevor ich wieder laden konnte, ging er auf mich los. Er schien rasend vor Wut, also blieb ich ganz still stehen. Ich wartete einfach ab. Als er herankam und sich aufrichtete, drückte ich ihm den Kolben meines Gewehrs ans Herz und hielt ihn so. Mir fiel ein, was mein Vater mir gesagt hatte, als ich ein Junge war. Er sagte, daß ein Bär immer versteht, was man ihm sagt. Der Bär fing an, auf dem Schaft herumzubeißen; er faßte ihn sogar mit den Pranken etwa so an wie ein Mensch, der schießen will. Ich hielt ihn immer noch weg, so gut ich konnte, und sagte:* »*Wenn du leben willst, dann geh weg*«*, und er ließ los und ging weg. Und ich ließ ihn auch in Ruhe.*[24]

Dieses Beispiel mag genügen, um zu zeigen, daß die Ojibwa sich gegenüber bestimmten Pflanzen und Tieren so verhalten, als seien sie Personen, die verstehen, was man sagt, und auch eigene Willensentscheidungen treffen können. Betrachten wir die Begegnung zwischen Birkenrute und dem Bär nur vom äußeren Geschehen her, so muß sie uns sehr merkwürdig und unerklärlich erscheinen. Berücksichtigen wir aber die Vorstellungen der Ojibwa über die Natur der Lebewesen, so wird uns das Verhalten des Jägers verständlich, denn so wie *er* die bestimmenden Faktoren der Situation sieht, stehen Wahrnehmung und Verhalten durchaus in einem sinnvollen Verhältnis. Er stand nämlich keinem Tier gegenüber, das nur Bär war, sondern einem Lebewesen, das sowohl bärenhafte als auch personenhafte Merkmale hatte, die er – so kann man wohl sagen – als ein untrennbares Ganzes gesehen hat. Ich bin jedenfalls sicher, daß er einem anderen Indianer gegenüber nicht erwähnt hätte, was sein Vater ihm über Bären gesagt hatte. Das war nur für mich. Da also von Bären angenommen wird, daß sie personenhafte Eigenschaften haben, ist es nicht weiter erstaunlich, daß es den sehr alten, weit verbreiteten und hartnäckigen Glauben gibt, Zauberer könnten sich in Bären verwandeln, um ihrem ruchlosen Treiben besser nachgehen zu können.[25] Selbst die heutigen, unserer Kultur angepaßten Ojibwa haben dafür noch einen Ausdruck; sie alle wissen, was ein »Bärengänger« ist. Richard M. Dorsons kürzlich erschienene Sammlung volkstümlicher Überlieferungen, die auch die indianische Bevölkerung der oberen Halbinsel von Michigan berücksichtigt, trägt den Titel *Bloodstoppers and Bearwalkers*. Von einem seiner Informanten stammt der folgende Bericht:

*Als ich noch kleiner war, ungefähr siebzehn, bevor sie den Highway bauten, da war hier nur ein alter Transportweg von Bark River nach Harris. Wir waren zu dritt, einer war zwei Jahre älter, und kamen nachts von Bark River zurück. Da sahen wir von hinten einen Blitz. Der ältere von uns sagte: »Das ist ein Bärengänger, los, den kaufen wir uns. Ich stelle mich drüben auf die Seite und ihr bleibt auf dieser Seite stehen.« Wir standen da und warteten. Ich sah ihn, ungefähr fünf Meter weit weg, so wie dein Auto jetzt. Er sah aus wie ein Bär, aber jedesmal, wenn er atmete, konnte man einen Feuerstoß sehen. Mein Kumpel fiel einfach in Ohnmacht, und drüben dem mutigen Kerl wurde auch schwarz vor Augen. Wenn der Bär einen Schritt machte, wellte sich die Erde wie weicher Matsch. Er ging hin, wo er halt hinging.*[26]

Weitere Beispiele ließen sich anfügen. Aber schon jetzt ist deutlich, daß der Indianer und seine Gefährten keinen gewöhnlichen Bären gesehen hatten. Andererseits gibt Dorson auch eine Anekdote wieder, in der erzählt wird, daß ein Indianer »einen Bären packte, der gar nicht da war – es war eine alte Frau. Sie war am ganzen Körper mit Lederbeuteln behängt und trug ein Bärenfell.«[27] Ich habe auch schon sagen hören, der »Bärengänger« sei nur in einem Bärenfell verkleidet. Solche Äußerungen zeugen natürlich von einer skeptischen Einstellung gegenüber der Möglichkeit der Metamorphose. Es sind Rationalisierungen, mit denen versucht wird, den Glauben der Ojibwa mit der Ungläubigkeit, die sie im Umgang mit Weißen erleben, unter einen Hut zu bringen.

Ein etwas altmodischer Informant erzählte mir, wie er einmal krank war und alle möglichen Medizinen ihm nicht halfen. Deswegen (und auch aus anderen Gründen) glaubte er, von einem bestimmten Mann verhext worden zu sein. Dann fiel ihm auf, daß jeden Tag nach Einbruch der Dunkelheit ein Bär zu seinem Lager kam. Das war sehr ungewöhnlich, denn wild lebende Tiere nähern sich nur selten menschlichen Behausungen. Einmal wäre der Bär sogar in sein Wigwam eingedrungen, hätte ein Traum ihn nicht rechtzeitig gewarnt. Seine Angst wuchs, denn er wußte natürlich, daß Zauberer sich oft in Bären verwandeln. Und als der Bär wieder einmal kam, stand er auf, ging nach draußen und rief ihm zu, er wisse, was er vorhabe. Er drohte ihm an, Gleiches mit Gleichem zu vergelten, falls er noch einmal wiederkommen sollte. Da rannte der Bär weg und kam nie wieder.

Dieser Fall hat psychologische Parallelen zu dem Erlebnis von Birkenrute: In beiden Fällen wird der Bär direkt als Person angesprochen. Im zweiten Fall wurde das Tier allerdings deutlich als ein Mensch in Bärengestalt wahrgenommen; der Indianer drohte einem Menschen mit Rache, nicht einem Tier.

In diesem Zusammenhang erhebt sich auch eine Frage, die ich schon in *Culture and Experience* im Zusammenhang mit einer anderen Bärengänger-Anekdote diskutiert habe.[28] Für den Ojibwa kann sich die Seele des Menschen unter bestimmten Umständen vom Körper lösen, so daß sich der Körper bei einer Verwandlung in eine Tiergestalt nicht unbedingt auch verwandeln muß. Der Körper des Zauberers kann im Wigwam bleiben, während seine Seele irgendwo unterwegs ist und einer anderen Person in Tiergestalt erscheint. Einer meiner Informanten erzählte mir, wie ihn einmal ein verstorbenes Enkelkind besuchte. Eines Tages fuhr er in seinem Kanu über den See. Er hatte einen behelfsmäßigen Mast aufgestellt und eine Decke als Segel daran befestigt. Ein kleiner Vogel setzte sich auf den Mast, und das war etwas sehr Ungewöhnliches. Er war überzeugt, es sei kein Vogel, sondern sein totes Enkelkind. Das Kind hatte natürlich seinen Körper im Grab gelassen und ihn in Tiergestalt besucht. Sowohl lebende als auch tote Menschen können also die Gestalt von Tieren annehmen. Was die äußere Erscheinung angeht, kann man daher zwischen Menschen und Tieren keine eindeutige Trennungslinie ziehen, denn Metamorphose ist jederzeit möglich. Was wie ein Bär aussieht, kann manchmal einer sein, manchmal aber auch ein Mensch. Was immer erhalten bleibt, ist der entscheidende Teil, die Seele. Dorson trifft direkt den Kern der Sache, wenn er betont, daß der gesamte Sozialisationsprozeß bei den Ojibwa »den Kindern die Vorstellung der Verwandlung und der guten oder bösen, menschlichen oder dämonischen Kräfte aufprägt. Diese Vorstellungen liegen der gesamten indianischen Mythologie zugrunde und geben den Geschichten von mythischen Helden und tierischen Ehegatten, vom freundlichen Donner und von bösen Schlangen einen Sinn, die man sonst nur als kindisch betrachten könnte. Die Bärengänger fügen sich nahtlos in diese Traumwelt ein – buchstäblich eine Traumwelt, denn die Ojibwa gehen in die Schule der Träume.«[29]

Wir müssen wohl den Schluß ziehen, daß die Fähigkeit zur Metamorphose eines der Dinge ist, die den Menschen mit den nicht-menschlichen Personen seiner Umwelt verbindet. Sie ist eine der Eigenschaften der Wesen aus der Klasse der Personen. Aber ist sie bei allen Vertretern dieser Klasse vorhanden? Ich glaube nicht. Die Metamorphose ist für den Ojibwa das Kennzeichen der Macht, und innerhalb der Kategorie der Personen gibt es Abstufungen der Macht, wobei die nicht-menschlichen Personen die oberste Stufe in der Hierarchie der Macht einnehmen. Menschen unterscheiden sich von ihnen nicht grundsätzlich, sondern nur in der Größe ihrer Macht. Bei den *atíso'kanak* wird als sicher angenommen, daß sie viele verschiedene Gestalten annehmen können; beim Menschen besteht zwar auch die Kraft der Verwandlung, und gelegentlich zeigt sie sich auch, aber solch eine Manifestation dieser Kraft bedarf ungewöhnlich großer Macht – zum Guten oder zum Bösen –, und Macht dieser Art können die Menschen nur durch die Hilfe nichtmenschlicher Personen erlangen.

Mächtig sind in den Augen der Ojibwa auch solche Menschen, die unbelebte Dinge veranlassen können, sich so zu verhalten, als seien sie lebendig. Der *Midé*, der einen Stein rollen ließ, wurde bereits erwähnt. Weitere Fälle könnten noch angeführt werden, etwa die Belebung von Tierfellen oder aufgereihten Holzperlen.[30] Man hat auch beobachtet, wie solche mächtigen Menschen ein Ding in ein anderes verwandelten, Holzkohle in Gewehrkugeln, Asche in Schießpulver oder eine Handvoll Gänsefedern in Vögel oder Insekten.[31] Sie werden dabei auf dieselbe Stufe der Macht gehoben, auf der sich auch die nicht-menschlichen Personen befinden. Wir finden in den Mythen tatsächlich vergleichbare Episoden.

Ein Lebewesen muß nicht unbedingt mit der Fähigkeit der höchsten Machtentfaltung begabt sein, es muß nicht einmal in jedem Fall Attribute des Personenhaften haben. Die Manifestation der Macht hat in der Klasse der Lebewesen ebensoviele Abstufungen wie der Personencharakter. Ein Mensch kann ebensowenig – oder weniger – Macht haben wie ein Maulwurf. Es sind die spirituellen »Meister« der verschiedenen Arten von Lebewesen, die Macht, auch die Macht der Metamorphose, besitzen. Diese Wesen sind wie die *átíso'kanak* die Quellen, aus denen der Mensch seine eigene Macht zu schöpfen versucht. Meine Ojibwa-Freunde warnen mich oft davor, nach der äußeren Erscheinung zu urteilen. Ein armer, heruntergekommener und in Lumpen gekleideter Indianer kann große Macht besitzen, und eine lächelnde, liebenswürdige Frau oder ein netter Alter können Zauberer sein.[32] Man kann sich auf nichts verlassen, bis eine Situation entsteht, in der sich erweist, ob ihre Macht vom Guten oder vom Bösen ist. Für mich ist dieser Rat, den man mir gab, wie etwas, das der gesunde Menschenverstand nahelegt, einer der deutlichsten Hinweise auf die allgemeine Einstellung dieser Indianer zu ihrer Umwelt – insbesondere zu Menschen: in interpersonellen Beziehungen jeder Art sind sie vorsichtig und argwöhnisch. Die Möglichkeit der Metamorphose muß einer der bestimmenden Faktoren dieser Einstellung sein; in ihr manifestiert sich der trügerische Charakter der Erscheinung. Was wie ein Tier ohne große Macht aussieht, kann eine verwandelte Person mit bösen Absichten sein. Selbst die Traumerfahrung, bei der ein Mensch in direkten Kontakt mit nicht-menschlichen Personen kommt, kann trügerisch sein. In allen Beziehungen zu allen Klassen von Personen gilt das Gebot: Vorsicht!

## Traum, Verwandlung und das Selbst

Die Ojibwa sind ein traumbewußtes Volk. Um ihre kognitive Weltorientierung richtig einschätzen zu können, muß man sich ebenso ihre Einstellung zu Träumen vergegenwärtigen wie ihre Haltung gegenüber den Gestalten der Mythen. In ihren Augen gibt es dazwischen eine Verbindung, die für ihre Weltanschauung so wesentlich ist wie für uns unverständlich.
Worin besteht nun diese Beziehung zwischen den *atíso'kanak* und den Träumen? Zu den wichtigsten Erfahrungen eines Menschen gehört auch, was er in Träumen sieht, hört und fühlt. Die Ojibwa können durchaus zwischen Wach- und Traumerfahrungen unterscheiden, und beide Arten haben ihre Bedeutung für das Selbst. Traumerfahrungen verbinden sich mit Gedächtnisinhalten, sofern diese bewußt werden. Wenn wir autobiographisch denken, so berücksichtigen wir nur Ereignisse, die im Wachzustand stattfanden; für den Ojibwa gehört jedoch auch dazu, was in Träumen geschah, und diese Erfahrungen sind für sie oft bedeutender als die Erlebnisse des wachen Lebens. Das ist deshalb so, weil der Mensch im Traum mit den *atíso'kanak*, den mächtigen nicht-menschlichen Personen, in direkte Berührung kommt.
An langen Winterabenden spricht man über die *atíso'kanak*; immer wieder ruft man sich frühere Ereignisse in ihrem Leben ins Gedächtnis. Bei Geisterbeschwörungen hört man die Stimmen einiger dieser Wesen aus der Beschwörungshütte. In diesem Fall gibt es also eine wirkliche sinnliche Erfahrung von den Großvätern im Wachzustand. In Träumen kann man diese

nicht-menschlichen Personen sehen und hören. Diese »Traumbesucher« *(pawáganak)* verhalten sich gegenüber dem Träumenden etwa so wie andere Menschen, aber es gibt natürlich auch Unterschiede, die in der Natur dieser Wesen begründet sind. Bei dieser direkten Interaktion des Selbst mit den Großvätern erhält der Mensch wichtige Offenbarungen, die im täglichen Leben hilfreich sind und ihm verschiedene Arten außergewöhnlicher Macht vermitteln können.

Aber Traumerfahrungen darf man nur unter besonderen Umständen weitererzählen, ebenso wie auch für das Erzählen der Mythen ein bestimmter ritueller Rahmen gegeben sein muß. Daher wissen wir relativ wenig über manifeste Trauminhalte und können uns nur auf das berufen, was »zivilisierte« Ojibwa berichten. Wir wissen jedoch immerhin genug, um sagen zu können, daß die Ojibwa ebenso wie wir erkennen, daß die Traumerfahrungen sich oft von Wacherfahrungen qualitativ unterscheiden. Für sie liegt dieser Unterschied allerdings in der Natur der mächtigen nicht-menschlichen Wesen, denen man im Traum begegnet: die Interaktion mit ihnen *muß* anders sein als der tägliche Umgang mit Menschen. Daneben muß aber noch eine zweite Annahme berücksichtigt werden: Wenn ein Mensch schläft und träumt, so kann sich sein òtcatcákwin (wichtigster Teil, Seele) vom Körper *(mīyó)* lösen. So hat das Selbst im Schlaf mehr Beweglichkeit in Raum und sogar in Zeit. Aber der Raum, in dem das Selbst sich im Schlaf bewegt, stimmt mit dem irdischen und kosmischen Raum des Wachzustands überein. Der Traum eines meiner Informanten ist dafür bezeichnend. Er war in diesem Traum einigen (mythischen) anthropomorphen Wesen *(mémengwécīwak)* begegnet, die in Geröllabhängen leben und für ihre Medizin berühmt sind. Später hatte er genau diesen Ort wiedergefunden. Die Umwelt des Selbst ist aus *einem* Stück, und daher können Traum- und Wacherfahrungen gleichermaßen als Erfahrungen des Selbst interpretiert werden.

Im Traum kann das Selbst Verwandlungen *erfahren*. Ein Beispiel mag dafür genügen. Der Träumer war in diesem Fall von seinem Vater im Kanu auf eine Insel gebracht worden, um dort sein Pubertätsfasten zu absolvieren. Nächtelang träumte er von einer anthropomorphen Gestalt, und diese sagte endlich: »Enkel, ich glaube, du bist jetzt stark genug, mit mir zu gehen.« Dann begann der *pawágan* zu tanzen und verwandelte sich dabei in einen goldenen Adler (den man als den »Meister« dieser Art verstehen muß). Als der Junge an sich heruntersah, bemerkte er, daß er am ganzen Körper Federn hatte. Der »Adler« breitete seine Flügel aus und flog nach Süden fort. Da breitete der Junge auch seine Flügel aus und folgte ihm. Eine prägnante Dramatisierung der Instabilität äußerer Formen beim Menschen wie bei nicht-menschlichen Personen. Später wird der Junge sich immer wieder an diesen Traum erinnern, was aber nicht bedeutet, daß er sich willentlich in einen Adler verwandeln kann; er kann genügend Kraft dazu erhalten haben oder auch nicht – der Traum selbst sagt darüber nichts aus.

Die äußere Erscheinung ist bei den *pawáganak* ebensowenig das beständigste und wichtigste Attribut wie beim Menschen. Offenbar sind alle Lebewesen der Personenklasse im Denken der Ojibwa zu *einer* Vorstellung vereinigt, denn sie sind von ähnlicher Struktur – sie alle haben einen inneren und bleibenden Teil und eine äußere Form, die sich wandeln kann. Wichtige Merkmale des Personenhaften wie Empfindungsvermögen, Wille, Gedächtnis und Sprache hängen nicht von der äußeren Erscheinung ab, sondern vom Inneren, vom Wesen des Seins. Wenn das richtig ist, dann gleichen sich Menschen und nichtmenschliche Lebewesen noch auf andere Weise: Das menschliche Selbst stirbt nicht; es setzt seine Existenz woanders fort, wenn der Körper begraben ist. Vielleicht ist es für den Außenstehenden manchmal deshalb so schwer, in den Mythen zu unterscheiden, wer zu den *änícinábek* und wer zu den *átíso'kanak* gehört.

Die kognitive Weltorientierung der Ojibwa bereitet den Einzelnen für das Leben in dieser Welt und das Leben nach dem Tod vor. Das Bild, das er von sich selbst gewinnt, macht ihm auch die Natur anderer Individuen verständlich. So etwa empfindet ein Ojibwa: Alle anderen Personen, menschliche oder nichtmenschliche, sind ungefähr so aufgebaut wie ich. Es gibt einen Kern, der bleibt, und eine äußere Erscheinung, die sich unter bestimmten Bedingungen wandeln kann. Auch alle anderen Personen haben solche Attribute wie Selbstbewußtheit und Verstand. Ich kann mit ihnen sprechen. Wie ich besitzen sie persönliche Identität, Autonomie und Willen. Ich kann nicht immer voraussagen, wie sie sich verhalten werden, aber meistens sind meine Erwartungen richtig. Viele von ihnen haben mehr Macht als ich, aber einige auch weniger. Sie können freundlich sein und mir helfen, wenn ich sie brauche, aber ich muß auch auf Feindseligkeiten gefaßt sein. Ich muß in meinen Beziehungen zu anderen Personen vorsichtig sein, denn die Erscheinung kann täuschen.

## Die psychologische Einheit der Ojibwa-Welt

Obgleich die Ojibwa die Natur des Personenhaften nicht als solche abstrakt und philosophisch durchdacht haben, ist sie der Brennpunkt ihrer Ontologie und der Schlüssel für die psychologische Einheit und die Dynamik ihrer Weltanschauung. Dieser Aspekt ihrer Metaphysik des Seins ist in den Inhalten aller kognitiven Bewußtseinsprozesse zu erkennen, im Wahrnehmen, im Erinnern, im Vorstellen, im Urteilen und im Denken. Auch kann man die Motivation ihres Verhaltens kaum ganz verstehen, ohne die Beziehung zwischen ihren zentralen Wert- und Zielvorstellungen und ihrem Bewußtsein von der Existenz menschlicher und nicht-menschlicher Personen zu berücksichtigen. Der Begriff »Person« ist unlösbar mit der Vorstellung der Kausalität verbunden, und wenn wir ihre Einschätzung von Ereignissen und die Verhaltensweisen, die sie in verschiedenen Situationen für geboten halten, verstehen wollen, müssen wir uns immer wieder vor Augen halten, daß die Personen in der Dynamik des Universums Orte der Kausalität sind; denn das Denken der Ojibwa ist keineswegs von der Vorstellung beherrscht, daß die Ereignisse vorwiegend von unpersönlichen Mächten bestimmt werden. Im Zusammenhang dieser Arbeit kann man den allgemein bekannten Begriff *manitu* als Synonym für die Personen der nicht-menschlichen Klasse betrachten

(Großväter, *átíso'kanak*, *pawáganak*). Bei den Ojibwa, mit denen ich arbeitete, bezeichnet das Wort *manitu*, versehen mit einem verstärkenden Präfix *(k'tci manītu)*, jetzt den Gott des Christentums. Es gibt aber keinen Hinweis dafür, daß dieser Begriff jemals die Bedeutung einer unpersönlichen magischen oder übernatürlichen Macht hatte.³³

Bildliche Umsetzung eines Midewi-win-Liedes: »Wenn die Wasser ruhig sind und der Nebel steigt, werde ich dann und wann erscheinen.« Der Kreis stellt den Himmel dar, der mit Feuchtigkeit gefüllt ist und aus dem sich das Gesicht eines *manitu* erhebt. Gravierung auf Birkenrinde, BAE 45, S. 64.

In einem Essay über die Religion der nordamerikanischen Indianer, der vor über vierzig Jahren erschienen ist, stellt Paul Radin fest: »Weder die allgemein bekannten Gegebenheiten noch individuelle Forschungsergebnisse lassen den Schluß zu, es gebe in Nordamerika den Glauben an eine kosmische Macht. Magische Macht als eine abstrakte ›Wesenheit‹, die ohne Verbindung zu einem bestimmten Geist existiert, ist, wie ich glaube, eine ungerechtfertigte Annahme, eine von den Gelehrten erfundene Abstraktion.«³⁴ Das war zu jener Zeit ein fortschrittlicher Standpunkt, wenn man ihn mit den Ansichten solcher Autoren vergleicht, die, angeregt vor allem durch die Schriften von R. R. Marett, den Begriff *manitu* bei den Algonkin (W. Jones), *orenda* bei den Irokesen (J. N. B. Hewitt) und *wakanda* bei den Sioux-Völkern (Alice C. Fletcher) als Hinweis auf den Glauben an eine magische Macht interpretierten. Radin fand bei seiner Feldarbeit bei den Winnebago und Ojibwa, daß sich die fraglichen Begriffe »stets auf bestimmte Geister bezo-

gen, die freilich nicht unbedingt eine bestimmte Gestalt haben mußten. Wenn der Dampf beim Schwitzbad als *wakanda* oder *manitu* betrachtet wird, so deshalb, weil er ein Geist ist, der sich vorübergehend in Dampf verwandelt hat; wenn ein Pfeil besondere Vorzüge besitzt, so deshalb, weil sein Geist sich in den Pfeil verwandelt hat oder weil er zeitweilig in ihm wohnt; und wenn einem seltsam aussehenden Ding Tabak geopfert wird, so deshalb, weil dieses Ding entweder einem Geist gehört oder ein Geist darin wohnt.« *Manitu* kann daneben auch noch Bedeutungen haben wie seltsam, bemerkenswert oder mächtig, »aber nur im gewöhnlichen Sinn dieser Adjektive, ohne daß damit im geringsten die Vorstellung inhärenter Macht verbunden ist.«[35]
Bezüglich der Vorstellung der Ojibwa von Kausalität deuten alle meine Beobachtungen darauf hin, daß es einen gesellschaftlich vermittelten psychologischen Rahmen gibt, der die Überlegungen jedes Einzelnen so lenkt, daß er für alle Ereignisse eine personalistische Erklärung sucht. *Wer* hat das getan, *wer* ist verantwortlich, ist immer die entscheidende Frage. In den Mythen finden wir personalistische Erklärungen vergangener Ereignisse. Es war *Wisekedjak,* der das kleine Stück Schlamm, das Bisamratte aus der Tiefe des Wassers der großen Sintflut heraufholte, durch seine persönliche Macht zu der bewohnbaren Insel-Erde der Ojibwa-Kosmographie vergrößerte. Auch in den Theorien über Krankheitsursachen steht die personalistische Erklärung im Mittelpunkt. Krankheit kann durch Zauberei verursacht sein; das Opfer kann allerdings selbst verantwortlich sein, weil es den Zauberer – vielleicht sogar unwissentlich – beleidigt hat. Überdies kann ich meine Krankheit auch ohne das Eingreifen eines Zauberers selbst verschuldet haben; vielleicht habe ich in der Vergangenheit etwas Schlechtes getan, und das macht mich jetzt krank. Meine Fehltritte oder die meiner Frau können sogar Ursache einer Erkrankung unseres Kindes sein.[36] Die personalistische Theorie der Verursachung tritt sogar bei den heutigen, der weißen Kultur angepaßten Ojibwa noch auf. Als 1940 an der Mündung des Berens River ein schwerer Waldbrand ausbrach, wollte keiner der Indianer glauben, daß ein Blitz, irgendeine unpersönliche Ursache oder der Zufall

daran schuld seien. *Irgendwer* mußte doch verantwortlich sein. Bald machte die Theorie vom deutschen Spion die Runde, »Beweise« häuften sich, Fremde waren im Busch gesehen worden ... Personalistische Erklärungen befriedigen die Ojibwa am meisten, weil sie mit ihrem metaphysischen Grundannahmen zusammenstimmen, die im Rahmen ihrer kognitiven Weltorientierung und ihrer Erfahrung nicht mehr zu hinterfragen sind.

Zugleich bedeutet das Bestreben der Ojibwa, die Ursachen für alle Ereignisse möglichst personalistisch zu deuten, daß all ihre interpersonellen Beziehungen von einer charakteristischen Empfindlichkeit geprägt sind.[37] Die psychologische Bedeutung der Tiefe und Reichweite dieser empfindlichen Zone wird leicht übersehen, wenn man die enge Verklammerung der beiden Vorstellungen »Person« und »soziale Beziehungen« nicht vor Augen behält. Der Grund hierfür wird deutlich, wenn wir die pragmatische Beziehung betrachten, die im Weltbild der Ojibwa zwischen Verhalten, Wertvorstellungen und der Rolle von Personen besteht.

Ihr höchstes Lebensziel bezeichnen die Ojibwa mit dem Ausdruck *pīmâdäziwīn;* er bedeutet soviel wie langes, gesundes Leben, das frei von Unglück ist. Dieses Ziel kann nur durch Mithilfe anderer Menschen und nicht-menschlicher Personen und durch eigenes Bemühen erreicht werden. Vor allem ist die Hilfe der »Großväter« wichtig für den Menschen; deshalb wurden in früheren Zeiten alle Jungen der Ojibwa dazu angehalten, sich dem Pubertätsfasten, der Erfahrung des »Träumens« zu unterziehen. Dabei konnte man zum ersten Mal in Kontakt mit Personen der nicht-menschlichen Klasse kommen – es war eine für das ganze Leben entscheidende Gelegenheit. Jede besondere Fähigkeit, alle späteren Erfolge oder Mißerfolge eines Mannes hingen mehr davon ab, welche Hilfe ihm die Geister zu dieser Zeit gaben, als von seinen eigenen angeborenen Gaben oder der Unterstützung durch seine Mitmenschen. Erhielt ein Junge während seines Pubertätsfastens den Segen der Geister, so konnte er sie als Mann um Hilfe anrufen und war so für alle Wechselfälle des Lebens gut vorbereitet. So konnte er zum Beispiel Feindseligkeiten von Menschen abwehren, die sein *pīmä́däziwīn* zu untergraben versuchten. Der Großvater eines meiner Informanten sagte zu ihm: »Wenn du richtig träumst, wirst du ein langes und gutes Leben haben.« Aber es war auch wichtig, von Menschen unterstützt zu werden, vor allem von solchen, die jene Art von Macht erlangt hatten, mit denen man Krankheiten heilen kann.

Auf der anderen Seite gab es moralische Verantwortung, die jeder auf sich nehmen mußte, der nach *pīmä́däziwīn* strebte. Sich an die Normen der richtigen Lebensführung und des richtigen Umgangs mit anderen zu halten, war ebenso wichtig wie Macht von den »Großvätern« zu erhalten, denn *pīmä́däziwīn* konnte nicht nur durch andere »Personen« bedroht werden, sondern auch durch das eigene Verhalten. In allen Bereichen des sozialen Lebens gelten für den Ojibwa die gleichen Wertvorstellungen; was für die Verpflichtung gegenüber anderen Menschen gilt, trifft auch auf die Beziehung zu nichtmenschlichen Personen zu. Niemand erwartet einen Segen von den »Großvätern«, ohne daß er selbst etwas dafür gibt; eine Gabe der »Großväter« bedeutet stets eine Verpflichtung für den, der sie erhält. Es besteht ein allgemeines Tabu, das jedem verbietet, seine Traumerfahrungen in allen Einzelheiten weiterzugeben – außer unter ganz besonderen Umständen. Überdies können jedem Einzelnen noch besondere Tabus von den »Großvätern« auferlegt werden; wer sie bricht, der verliert die Macht, die sie ihm gaben, und kann nicht mehr auf ihre Hilfe zählen.

Auch in anderen Bereichen des Lebens zeigt sich dieses Prinzip gegenseitiger Verpflichtung. Die Ojibwa sind Sammler und Jäger. Da sie glauben, daß die verschiedenen Arten von Tieren, die sie jagen, unter der Schutzherrschaft von »Meistern« oder »Besitzern« stehen, die der Klasse der nicht-menschlichen Personen angehören, sind sie auch überzeugt, daß ein Jäger die Tiere, die er tötet, achtungsvoll behandeln muß. So kann es etwa notwendig sein, ihre Knochen ins Wasser zu werfen oder – zum Beispiel bei Bären – ein Ritual auszuführen. Eine Mißachtung dieses Gebots war eine Beleidigung der Meister, und der Jäger konnte dafür mit dem Hungertod bestraft werden, weil die Meister ihn kein Wild mehr finden ließen. Auch Grausamkeit gegenüber den Tieren fordert die Rache der Meister heraus. Einer Geschichte zufolge wurde ein Mann sogar krank, nachdem er einen *windīgo* getötet und anschließend mißhandelt hatte. Andere moralische Richtlinien als für die Beschaffung des Lebensunterhalts gelten wiederum für die Verteidigung gegen Angriffe oder die Reaktion auf unnötige Grausamkeiten. Die moralischen Wertvorstellungen spiegeln das Prinzip gegenseitiger Verpflichtung wider, das in den Augen der Ojibwa allen Interaktionen zwischen Personen innewohnt. Einer der obersten Werte der Ojibwa ist das Teilen des Besitzes mit anderen. Ausgewogenheit und Verhältnismäßigkeit sind die wichtigsten Bedingungen aller Beziehungen zwischen Personen; das Horten von Vorräten und alle Erscheinungsformen der Habgier werden abgelehnt, denn die nicht-menschlichen Personen teilen ja auch ihre Macht mit den Menschen. Wenn ein Mann Fische gefangen oder Wild erjagt hat, so verteilt er die Beute in seiner Sippe. Alte Männer teilen die Macht, die sie in ihren Träumen von nicht-menschlichen Personen erhalten haben, mit ihren »Enkeln«. Ein Informant, dessen Frau sich seine Pfeife für den Morgen ausgeliehen hatte, bat mich, ihm eine von meinen Pfeifen zu borgen, solange wir zusammen arbeiteten. Mein Freund Häuptling Berens wurde einmal krank und konnte sich nicht erklären, weshalb. Dann fiel ihm ein, daß er einmal eine Flasche Whiskey herumgereicht und dabei einen Mann übersehen hatte. Dieser Mann, so glaubte er, war jetzt beleidigt und hatte ihn behext. Da es sonst nichts gab, was auf einen solchen Zusammenhang hindeutete, zeigt die Reaktion meines Freundes, wie sensibel ein Indianer für dieses Prinzip des Teilens ist. Einmal wurde mir von einem Jungen berichtet, der mit dem Ergebnis seines Pubertätsfastens nicht zufrieden war. Er wollte unbedingt von allen Blättern an allen Bäumen der Welt träumen, damit ihm nichts mehr verborgen blieb. Der *pawágan*, der ihm in seinem Traum erschien, erfüllte ihm zwar seinen maßlosen Wunsch, sagt dann aber: »Sobald die Blätter zu fallen beginnen, wirst du krank werden, und wenn sie alle auf

der Erde liegen, so ist das dein Ende.« Und so geschah es.[38]
Übertriebenes Fasten ist ebenso ein Zeichen von Gier wie Horten.

Die Einheit des psychologischen Feldes, in dem die Ojibwa leben und handeln, wird nicht nur durch die Vorstellung von der Natur und der Rolle der Personen hergestellt, sondern auch durch sanktionierte ethische Wertvorstellungen, von denen die Beziehungen zwischen Personen bestimmt werden. Dieses Netz sozialer Beziehungen ist der Rahmen, in dem der Einzelne nach *pīmā́däziwīn* strebt.

# DAS INNERE GESICHT VON SCHAMANISMUS UND TOTEMISMUS
Robin und Tonia Ridington

Wie Lévi-Strauss uns gezeigt hat, ist Totemismus keine Institution, sondern eine Art zu denken. Zumindest dafür sollten wir ewig dankbar sein. Aber das Wissen über das totemistische Denken ist unvollständig, solange wir nur seine dialektische Struktur kennen und nicht seinen Sinn. Totemistische Symbole sind nicht einfach Bilder konkreter Dinge, sondern verweisen auf eine systematische Anschauung von der natürlichen, psychischen und kulturellen Wirklichkeit, die wir in mythisch orientierten Kulturen am besten als kosmische Struktur bezeichnen (ein Begriff, den ich einer Arbeit von Susan Reid über den Zeremonialismus der Kwakiutl entnommen habe[1]).

Mythische Kosmologien sind nicht der Versuch von Wilden, dort mit Hilfe der Phantasie zu erklären, wo empirisches Wissen fehlt, sondern eher das Gegenteil – allegorische Aussagen über die Beziehung zwischen natürlichen (wir würden sagen: objektiven), psychischen (psychologischen) und kulturellen (erlernten, übernommenen) Aspekten der Wirklichkeit. Mythos und Wissenschaft werden gern als Gegensatzpaar gebraucht, aber nicht, weil das eine falsch ist und das andere richtig, sondern weil der Mythos die *erfahrene* Wirklichkeit wiedergibt, während die Wissenschaft eine Wirklichkeit postuliert, von der man annimmt, daß sie existiert, die man aber niemals erfahren kann. Der Mythos stellt dar, was als wahr bekannt ist, und die Wissenschaft konstruiert experimentelle Realitäten, von denen man annimmt, sie seien nicht unwahr. Mythen erlauben dem Menschen durch ihre Symbole die direkte Begegnung mit einer sinnerfüllten Wirklichkeit, und der Totemismus ist eine Form symbolischer Kommunikation, in der die Erfahrung und ihre Objekte aufs engste miteinander verknüpft sind. Totemische Symbole eignen sich ebenso gut als Gegenstände der Erfahrung wie als Gegenstände des Denkens. Daß man manche von ihnen auch essen kann, sagt eigentlich nur, daß sie einer anderen Erfahrung zugehören als dem Essen. Der Adler ist nicht nur ein Symbol des Hohen (im Gegensatz zum Niederen), sondern auch ein Vogel. Um ein Beispiel zu verwenden, das bei Lévi-Strauss unter Totemismus angeführt wird[2]: Die Hidatsa gehen auf die Adlerjagd und machen dabei eine machtvolle Erfahrung. Die Adler, die sie mit Ködern anlocken und mit der Hand einfangen, sind mehr als bloße bequeme Abstraktionen. Adler und Jäger haben gleichermaßen an einer kosmischen Struktur sinnerfüllter Erfahrung teil.

Mythische und totemistische Systeme vermitteln dem Menschen eine kosmische Struktur, die individuelle und kollektive Erfahrung miteinander vereinigt und ordnet. Sie *geben* dem Leben nicht Sinn, sondern enthüllen nur den Sinn, der ihm innewohnt. Die kosmische Struktur, die in den meisten Fällen mit Mythos und Totem zusammenhängt, können wir als schamanistisch bezeichnen. Die Hauptachsen dieser Struktur sind die beiden durch die vier Himmelsrichtungen festgelegten horizontalen Achsen und eine senkrecht durch ihren Schnittpunkt verlaufende Achse, die Himmel, Erde und Unterwelt miteinander verbindet. Es ist die Struktur eines Mandalas, dessen Zentrum einen Bruch in Raum und Zeit bedeutet[3], aus dem die unteren und oberen übernatürlichen Welten hervorgehen. Diese Welten existieren in einer Dimension, deren einziger Zugang die innere Erfahrung ist. Die Nord-Süd- und die Ost-West-Achse umfassen die greifbare Welt der gewöhnlichen Wirklichkeit[4], und ihr Schnittpunkt ist der Zugang zu den übernatürlichen oberen und unteren Welten. Die vertikale Verbindungsachse durch diesen Punkt wird manchmal als Weltachse oder als Lebensbaum, als heiliger Berg, Jakobsleiter oder als Mittelpfeiler eines Hauses symbolisiert, und manchmal sogar als Kirchturm.[5]

Gewöhnlich wird Schamanismus als magischer Flug durch übernatürliche Bereiche definiert. Aber was meinen wir eigentlich, wenn wir von übernatürlichen Bereichen sprechen? Gewiß glauben wir heute nicht mehr, daß die Wilden sich aufgrund ihrer mangelnden Einsicht in die wirklichen Verhältnisse der Welt nichtexistente Welten vorstellen. Das Übernatürliche kann nur einen symbolischen Sinn haben, und der Flug des Schamanen muß eine innere Reise ins Land der Erfahrung sein. Die drei Welten der schamanistischen Kosmologie sind keine geographischen Orte, sondern innere Seinszustände, die durch geometrische Analogien dargestellt werden. Der Schamane fliegt nicht wirklich nach oben oder unten, sondern nach innen, zum Sinn der Dinge. Schamanismus ist der magische Flug in eine verborgene innere Dimension der Erfahrung, in der Zeit und Raum, Subjekt und Objekt zu einer Einheit verschmelzen. So definiert, ist der Schamanismus in der Tat eine universale menschliche Erfahrung, die allerdings nur in sogenannten wilden Gesellschaften auch institutionalisiert wird.

Wie Lévi-Strauss so brillant gezeigt hat, können die geometrischen Achsen der schamanistischen Kosmologie als Muster endloser struktureller Entgegensetzungen, Vermittlungen und Synthesen dienen. Was ich hier aufzeigen möchte, ist, daß die geistige Struktur des Totemismus einfach nur der Rahmen für die kosmische Struktur des Schamanismus ist. Totemismus ist die Herauslösung eines Elements aus einem schamanistischen Bedeutungs-Universums. Ich versuche keine erschöpfende und alle Kulturen umfassende wissenschaftliche Behandlung dieses Themas (wenn auch Mircea Eliades Monumentalwerk über den Schamanismus den Boden dafür bereitet hat), sondern möchte es mit einem Beispiel aus meiner eigenen Feldarbeit bei einem schamanistischen und totemistischen Volk illustrieren, bei den Beaver-Indianern im nordwestlichen British Columbia.

## Die kosmische Struktur der Beaver[6]

Der Schöpfungsmythos der Beaver beginnt damit, daß der Schöpfergott *Yagesati* (das, was bewegungslos im Himmel ist) ein Kreuz auf das uranfängliche Wasser zeichnet. Dieses Kreuz bestimmt Lage und Eigenschaften der Erde. In der horizontalen Ebene legt es die vier Himmelsrichtungen fest, und in der vertikalen Richtung wird sein Schnittpunkt zur Verbindung der oberen und unteren Welten. (Abb. 1, Darstellung des Kosmos in einer Zeichnung der Beaver, zeigt das Kreuz und die Wege, die in seinem Zentrum zu den übernatürlichen Bereichen führen. Abb. 2 ist die Umsetzung der mit den vier Kreissegmenten assoziierten Eigenschaften in ein Diagramm.)

Muster auf der Trommel eines Beaver-Schamanen. Es zeigt die Welt der vier Himmelsrichtungen und die beiden inneren übernatürlichen Welten.

Zu jeder Himmelsrichtung gehört eine Farbe, Tageszeit, Jahreszeit, ein Geschlecht und eine Eigenschaft. Zum Osten gehören: rot, Sonnenaufgang, Frühling, Geburt, männlich und gut; zum Süden: gelb, Mittag, Sommer, Säuglingsalter, weiblich und gut; zum Westen: rot, Sonnenuntergang, Herbst, weiblich und gefährlich; und zum Norden: weiß, Nacht, Winter, männlich und gefährlich. Die Abfolge verkörpert den Tageslauf, den Lauf der Jahreszeiten und die Lebensstadien, die die Jugend eines Menschen bilden. Der Osten ist der Ort, wo die Sonne »hinter den

Bergen hervor« kommt und mit dem Morgenrot den Tag beginnen läßt. Dies ist die Tageszeit der beginnenden Wärme. Bis zum Mittag hat sich die Sonne in einem Bogen nach Süden bewegt; dort ist sie an ihrem höchsten Punkt hell, gelb und warm. Westen ist dort, wo die Sonne im Abendrot »hinter den Bergen verschwindet«; hier beginnt die kalte Zeit des Tages. Im Norden erreicht der Mond zur Nacht seinen höchsten Punkt, und die Sonne ist dem Blick völlig entschwunden. Der weiße Mond ist der Schatten oder die Seele der Sonne. Die Nacht ist die Zeit der Kälte, wo die Schatten oder Seelen der Toten über die Erde wandeln und sehen können. So setzte das Kreuz, das *Yagesati* aufs Wasser zeichnete, den Ablauf der Tage in Gang. Und zugleich begann damit auch der Kreislauf der Jahreszeiten. Der Osten bringt den Frühling, den Beginn der Wärme, das neue Leben für Pflanzen und Tiere, denn von dorther, wo die Sonne hinter den Bergen aufsteigt, sendet *Yagesati* auch die Seelen der Tiere in die Welt, die im Frühling geboren werden. Der Ostwind, der im Frühjahr weht, läßt Eis und Schnee schmelzen; Enten und Gänse bringen ihn mit, wenn sie aus dem Süden zurückkehren. Der Süden ist die Wärme, die die Pflanzen nährt und damit auch die Tiere, die alles wachsen läßt. Der Südwind ist warm, und wenn er einmal im Winter plötzlich weht, so schmelzen Eis und Schnee für einige Tage. Der Westen bedeutet den Beginn der Kälte, in der die Pflanzen sterben. Dort, wo die Sonne »hinter die Berge geht«, ist auch der Ort, durch den die Seelen der getöteten Tiere zurück in den Himmel gelangen. Der Westen und der Herbst sind Ort und Zeit des Todes. Der Westwind bringt Donner und Blitz, Sturm und Wolkenbruch; der Donnervogel sendet sie, um die Schlange zu zerstören. Der Herbst ist auch die Paarungszeit der Tiere. Der Norden bedeutet die Zeit der Kälte, in der Schnee und Eis über den toten Blättern des Herbstes liegen. Er ist gefährlich, denn die Kälte tötet, und es ist schwer, in dieser Zeit zu überleben. Den grimmigen, kalten Nordwind schicken die Eis-Ungeheuer der Unterwelt.

Die Beaver betrachten den Kreislauf der vier Jahreszeiten als »zwei Jahre«; das kalte Jahr bilden Herbst und Winter, das warme Frühling und Sommer. Die warme Zeit ist gut und freundlich, seine Tage sind lang, die Nächte kurz; aber die kalte Zeit mit ihren langen Nächten und kurzen Tagen ist gefährlich. Jede der beiden Hälften des Kreises besteht aus einer männlichen und einer weiblichen Jahreszeit, und damit ist ein Prinzip gegeben, das den Kreislauf in Bewegung hält. Die weiblichen und männlichen Jahreszeiten haben ungleiche Längen: die kalte Zeit umfaßt einen kurzen weiblichen Teil (Herbst) und einen langen männlichen (Winter) – das Männliche überwiegt das Weibliche; die warme Zeit besteht aus einem kurzen männlichen Teil (Frühjahr) und einem langen weiblichen (Sommer) – das Weibliche überwiegt das Männliche. Eine Hälfte benötigt die andere als Gegengewicht. Jede der beiden Hälften hat aber auch Eigenschaften der anderen: in der warmen Zeit gibt es auch die Nacht und in der kalten den Tag. Das Rot des Herbstes, des Todes, des Menstruationsblutes erinnert an das Rot der Geburt. Das Weiß des Mondes entspricht dem Gelb der vollen Sonne. In der kalten Jahreszeit liegen Auf- und Untergang der Sonne mehr im Süden, der warmen Richtung, und in der warmen Jahreszeit mehr in der Richtung zum kalten Norden hin. Zwischen der Sommer- und der Wintersonnenwende rücken Auf- und Untergang der Sonne jeden Tag einen »Hühnerschritt« weit entlang der Peripherie der Erde dem Süden zu, und in der Zeit von der Winter- bis zur Sommersonnenwende kehrt sich diese schrittweise Bewegung um. Auf- und Untergang der Sonne verschieben sich im Osten und im Westen hin und her und erinnern den Menschen daran, daß eine Jahreszeit sich schon der nächsten zuneigt. All das brachte *Yagesati* in Bewegung, als er das Kreuz aufs Wasser zeichnete.

Zugleich haben die vier Quadranten jedoch auch eine Beziehung zur Abfolge der Entwicklungsstufen des Menschen. Der Osten symbolisiert die Geburt, denn die Seele des Ungeborenen kommt von der gleichen Stelle in den Bergen wie die Sonne und die Seelen der Tiere. Das Rot des Ostens ist zugleich auch das Blut der Geburt und der getöteten Tiere; ihm gegenüber steht das Blut der Menstruation. Obgleich die Frauen die Gebärenden sind, ist der Osten männlich, denn der Vermehrungsimpuls wird als männlich betrachtet. Als Jäger gibt der Mann den Tieren neues Leben, wenn er sie tötet.

Den Abschnitt bis zum Süden, der Mittagszeit oder dem Sommer, der Kindheit, setzen die Beaver mit der Zeit gleich, wo das Kind von der Mutter gestillt wird, nämlich bis zur Geburt des nächsten Kindes nach zwei bis drei Jahren. Die Wärme des Südens ist die schützende Wärme der Mutter, deren Milch das Kind wachsen läßt, wie die Sonne Pflanzen und Tiere nährt. Das ist die Zeit, in der die Mutter, das Weibliche, wichtig und wohltätig ist – in den Ausdrücken der Psychoanalyse wäre dies die orale Phase.

Aber im Fortschreiten des Lebenszyklus verändert sich die Wahrnehmung des Kindes von seiner Mutter; wenn sie ihr Kind abstillt ist sie nicht länger das warme und nährende Weibliche. Dies ist der Sonnenuntergang oder Herbst der Kindheit, und in dieser Zeit wird die Mutter als verderblich oder gar zerstörerisch erfahren. Jetzt spürt das Kind zum ersten Mal die Macht des Geschlechtstriebs, und da es unvorbereitet ist, erlebt es ihn als eine destruktive Kraft. Wenn die Elche in der Brunstzeit schier verrückt spielen und sogar Menschen angreifen, verstärkt sich dieser Eindruck noch. Die als besonders negativ gewerteten Seiten der weiblichen Sexualität treten jetzt in den Vordergrund – das Rot des Westens ist nicht nur der Sonnenuntergang, sondern auch todbringendes Menstruationsblut. Die Berge im Westen, hinter denen die Sonne untergeht, bilden den Körper einer gigantischen Frau (»tötet-Menschen-zwischen-den-Beinen«), die zu Beginn der Welt, auf dem Rücken liegend, Menschen zwischen ihre Beine lockte. Man ging dort wie in einem Tal zwischen zwei Bergrücken, bis man an den Punkt kam, wo sie zusammentrafen und sich plötzlich in der Höhle der Vagina gefangen fand. Der mythische Held *Usakindji* tötete die Frau, indem er einen riesigen Felsblock in ihre Vagina warf; dabei sprang der Westwind, der in ihrem Schoß gelebt hatte, heraus und in den Himmel, wo er heute noch lebt. Aber immer noch sind der Westen und diese Phase der Kindheit gefahrvoll und weiblich. Mit Freud könnte man diese Zeit als eine besondere Art der ödipalen Phase bezeichnen.

Nach dem Schock der Erkenntnis, daß der Sommer der Kindheit dem Schrecken der heraufdämmernden Nacht gewichen ist, tritt das Kind in die nächtliche, nördliche, winterliche Phase seines Lebens ein. Wie die toten Blätter des Herbstes vom Schnee bedeckt werden, so legt sich das Wissen weißhaariger Männer über den inneren Aufruhr, der den Herbst der Kindheit begleitet. In dieser Zeit berichten die Weisen dem Kind die Mythen von *Yagesati* und *Usakindji* und bereiten es so auf seine visionäre Suche vor. Diese Zeit ist voller Gefahren, denn es ist die Zeit der Genesung von dem symbolischen Tod des Herbstes, und die Heilung ist nicht immer leicht. Gefahren drohen auch von den neuerwachten psychischen Kräften des Kindes, die wie der Nordwind sind, rauh, kalt und lebensbedrohend. In gewisser Weise deckt sich diese Zeit mit der Latenzperiode in Freuds Darstellung der Kindheit.

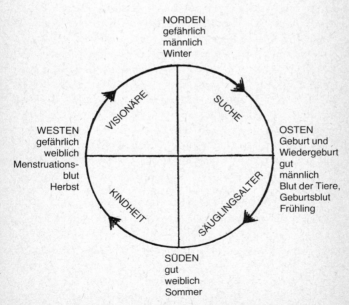

Eigenschaften, die mit den vier Himmelsrichtungen assoziiert sind.

Wie der Winter vergeht und der Frühling wiederkehrt, so
vergeht auch der Winter der Kindheit. Jetzt ist ein voller Kreis
durchlaufen. Das Leben ist keine Gerade, sondern ein Kreis, ein
alles umfassender Kreis, den der Mensch immer wieder durchlaufen
wird, jeden Tag, in jeder Jahreszeit, mit jeder Frau und
jedem seiner Kinder. Aber wenn ein Kind einmal durch alle vier
Quadranten seines Lebenskreises gegangen ist, wendet es sich
der Mitte zu.

Im Schnittpunkt der Achsen, die *Yagesati* auf das Wasser
zeichnete, treffen sich all die spezifischen Eigenschaften der vier
Himmelsrichtungen. Die Entgegensetzungen von männlich und
weiblich, warm und kalt, gut und schädlich vereinigen sich im
Zentrum zu einem Ganzen. Nach dem Durchgang durch den
vollen Kreis der Kindheit ist der Mensch darauf vorbereitet, ins
Zentrum einzutreten. Dieses Zentrum ist mehr als eine Verbindung
aller irdischen Eigenschaften, denn diese Eigenschaften
sind aus den oberen und unteren Welten und gelangen durch
den Mittelpunkt überhaupt erst in die Welt. Von hier aus
strömen sie in alle Teile der Welt, jede zu dem Ort, der ihr
bestimmt ist. Ebenfalls durch dieses Zentrum verläuft eine
senkrechte Achse, die das Kreuz auf der Erde befestigt; sie
verbindet die Erde mit der oberen Welt und der Unterwelt. Es
ist die Achse der Transzendenz, zu der man durch die visionäre
Suche gelangt und auf der die wahre Wiedergeburt des Menschen
beruht. Durch diese drei Achsen ist ein Kosmos bestimmt,
dessen Symbol die Zahl Sieben ist. Sie setzt sich zusammen
aus den vier Himmelsrichtungen, dem Zentrum, dem
Zenith im Himmel und dem Nadir in der Unterwelt.

## Die visionäre Suche

Die visionäre Suche stellt die zentrale Erfahrung dar, auf die
sich die Symbole der Beaver beziehen. In der Zeit zwischen der
Entwöhnung und der Pubertät machen sich Jungen und Mädchen
auf die Suche nach übernatürlichen Kräften, und ihre
Freunde und Helfer sind dabei die Tiere. Diese Kraft wird

*mə-yine* genannt, wörtlich »sein Lied«, ein Ausdruck, der von den Rufen (dem »Lied«) mythischer Urwelttiere abgeleitet ist. In den Mythen können die Riesentiere sprechen und leben wie die Menschen in Zeltlagern. Ihre Jagdbeute waren die Menschen, bis ein mythischer Held, der erste Schamane, ihnen ihre gegenwärtige Größe und Gestalt gab. Ihre Rufe und ihre Kräfte sind die Quelle der übernatürlichen Macht, die man auf der visionären Reise sucht.

In dieser Zeit leben die Kinder abseits der Menschenwelt. Sie lernen, das Verhalten und die Sprache der Tiere zu verstehen, und werden von ihnen angenommen, weil sie unvoreingenommen und furchtlos sind. Wann immer ein Beaver sich auf der visionären Reise befindet, ist sein Verstand wie der eines Kindes, unmittelbar und direkt beteiligt. In dieser Phase entwickelt sich die Unabhängigkeit oder besser gesagt, die Abhängigkeit wird von den Eltern auf tierische Beschützer übertragen, und so identifiziert sich der junge Mensch mit den Objekten, die seinen Lebensunterhalt darstellen. Diese Erfahrung ist noch keine Einweihung, sondern ein Lernen, denn er kann die Bedeutung dieser Trennung und Neuorientierung noch nicht vollständig erfassen. Die Kraft gewinnt man nur in dieser Zeit vor der Pubertät, in der das körperliche Band zur Mutter zerrissen ist und noch keine sexuelle Verbindung mit einer Frau besteht. Die visionäre Suche ist die Entwicklungsstufe des Übergangs von der Herkunftsfamilie zur späteren eigenen Familie. In dieser Zeit vollzieht der Mensch eine symbolische Bewegung von der westlichen zur nördlichen Phase seiner Reifung.

Äußerlich findet die Suche auf der horizontalen Ebene der wirklichen Welt statt. Die Tiere sind wirkliche Tiere, sie leben in den »gewöhnlichen« Dimensionen von Raum und Zeit, aber man macht auch Erfahrungen in einer anderen, einer inneren Dimension, der Dimension des Sinns. Diese Dimension, symbolisiert als der Schnittpunkt der Weltachsen, ist der innere Bereich aus mythischer Zeit und kosmischem Raum – Anfang und Ende aller Erfahrung.

Die Einweihung kommt für den Beaver, wenn er für das volle Verständnis der Bedeutung seiner visionären Reise bereit ist.

Wenn er erwachsen geworden ist, die Verantwortung der Elternschaft übernommen hat und erkennt, daß die Tiere sich ihm schenken, damit er sie seinesgleichen weitergibt, so ist er bereit. Das ist der Weg von Norden nach Osten, die Vollendung seines ersten Lebenszyklus. Seine Einweihung ist eine Wiedergeburt, ein Wiedereintritt in den Bereich seiner Geburt. Selbst ein Wiedergeborener, ist er nun in der Lage, für das Leben anderer zu sorgen – als Jäger und Versorger, als Vater oder Mutter. Wichtigstes Element der Einweihung ist das Träumen, und in seinem Traum sieht er sich selbst noch einmal auf seiner visionären Reise, jetzt aber mit dem Wissen um den kosmischen Sinn dieser Suche. Zum ersten Mal erfährt er, und zwar aus dem Blickwinkel der kosmischen Struktur des Schamanismus, den Sinn dessen, was mit ihm in seiner Kindheit geschah. Er ist jetzt im Zentrum des Mandala und sieht, daß das Kind, das er war und ist, ein Gott, ein Tier, ein übernatürliches Wesen wurde. Seine Träume enthüllen ihm, daß das Leben im Busch in Wirklichkeit sein Eintritt in die Dimension der mythischen Zeit und des kosmischen Raums war. Seine Kommunikation mit Tieren in *dieser* Welt trug ihn in die *innere* Welt, in der die Mythen der Schöpfung noch wirklich sind und wo die riesigen Ur-Tiere, die »Herren« ihrer Art, noch immer leben. Das räumliche Symbol für die innere Dimension ist die obere Welt und die Unterwelt, bewohnt von riesenhaft vergrößerten Beutetieren beziehungsweise von Unterwelttieren. Anthropologisch ausgedrückt bilden diese Träume seine totemistische Einweihung und seinen Eintritt in eine schamanistische Kosmologie. Die mythischen Riesentiere, die Macht über den Menschen haben, verweisen nicht auf ferne Vergangenheit, sondern leben in der Erfahrung jedes Beaver-Indianers. Die übernatürlichen Welten, in die ihr mythischer Held, der erste Mensch, der Macht erlangte, sie geschickt hat, sind keine geographischen Orte, sondern Seinszustände, die man tatsächlich erfahren kann.

Obwohl die Kindheitserfahrung des Zusammenlebens mit Tieren den Menschen zum Empfänger ihrer Kräfte macht, erlangt man das vollständige Wissen von ihrem Sinn und ihrer Anwendung erst, wenn man einen vollen Lebenszyklus durchlaufen hat, von der Geburt bis zur Zeugung eines eigenen Kindes. Durch sein Träumen lernt der Eingeweihte die Tabus kennen, die mit seinen Kräften verbunden sind, und erfährt etwas über das Sammeln eines Medizinbeutels. Diese Tabus, die andere in seiner Nähe beachten müssen, und die Medizin, die über ihm hängt, wenn er schläft, sind die äußeren Symbole seiner inneren Wandlung, seiner Einweihung.

Die Träume, die die visionäre Suche eines Kindes abschließen und es in ein System totemistischer Symbolisierungen eintreten lassen, sind auch die kennzeichnenden Erfahrungen eines Schamanen. Damit ist jedoch nicht gesagt, jeder Beaver sei ein Schamane, denn sie unterscheiden zwischen dem Träumen als einer von jedem erwarteten Begegnung mit der mythischen Welt und dem schamanistischen Flug eines Menschen, der »gestorben« ist – der nicht von Tieren eingeweiht wurde, sondern durch eine Gesellschaft von Schamanen im Himmel, und der danach zur Erde zurückgekehrt ist.

*Beaver-Schamanentum*

Es gibt zwei Arten der Macht, deren Symbole zwei Arten von Liedern sind. *Mə-yine* ist die Macht der Tiere während der visionären Reise, Geschenk eines Tieres für den Menschen. Die Lieder des Schamanen sind *ahata-yine*, »Gott-Lieder«, Geschenke der schöpferischen Kraft selbst. Um die Kräfte der Tiere kennenzulernen, muß man sein Leben mit ihnen verbinden, aber die Kraft der Schöpfung kann man erst verstehen, wenn man gestorben und wiedererschaffen ist. *Mə-yine* sind die Lieder der Tiere, die die wesentlichen Eigenschaften der mythischen Dimension verkörpern; *ahata-yine*-Lieder werden Menschen gegeben, die gestorben sind und durch die Erfahrung der schöpferischen Kraft wiedererschaffen wurden. Menschen, die die Macht der Tiere besitzen, schlafen mit dem Gesicht nach Osten, denn sie wissen, ein Tier zu töten bedeutet, ihm neues Leben zu geben und neues Leben von ihm zu erhalten. Schama-

nen mit *ahata-yine* schlafen mit dem Gesicht nach Westen, denn sie sind gestorben und kennen den Weg in den Himmel. Menschen mit *mə-yine* träumen davon, die Schatten der Tiere vom Himmel auf die Erde zu bringen, und Schamanen träumen, daß sie die Schatten der Menschen auf dem »Pfad« zum Himmel führen. In beiden Fällen träumen sich Menschen an Orte, wo sie gewesen sind, und auf Wege, die ihnen gewiesen wurden.
Wie jede Tierart einen Herrn hat, der im kosmischen Raum und in mythischer Zeit außerhalb der Zeit lebt, so haben auch die Menschen ihren Herrn, eine androgyne Schöpferkraft, die hinter allen Dingen steht. Die visionäre Reise der Beaver gipfelt in der Begegnung mit dem Herrn einer Tierart. Ihre logische Weiterführung ist die schamanistische Erfahrung: durch Tod und Wiedergeburt eine Begegnung mit *Yagesati*, dem Herrn der Menschen. Ihr Schöpfergott ist nicht anthropomorph, sondern sie betrachten die Schöpfung totemistisch – als Anfang und Ende aller menschlichen Erfahrung. Wenige Menschen sind Schamanen geworden; man trachtet nicht danach, man wird gerufen. Obwohl jeder normale Erwachsene die Kraft des *mə-yine* besitzt, ist sie ein wohlgehütetes Geheimnis; man braucht sie, um sich selbst und andere zu versorgen und vor Feinden zu schützen. *Ahata-yine*-Lieder hingegen werden öffentlich zum Wohl aller Menschen gesungen, obwohl nur wenige sie wirklich kennen.
*Mə-yine*-Kraft kann Gutes und Böses bewirken, je nachdem, wer sie benutzt. Ein schlechter Mensch kann sie zu eigennützigen Zwecken verwenden, aber er wird sich selbst damit stets mehr schaden als seinen Opfern. Wer mit dieser Macht einen anderen tötet, schickt ihn damit direkt in den Himmel und muß dafür selbst die Last tragen, die den Schatten des anderen bedrückte. Selbstsüchtiger Gebrauch der Macht bedeutet Unglück, sie zu teilen bedeutet Erfüllung der Wünsche. Gute menschliche Eigenschaften werden als Ereignisse symbolisiert, die Glück bringen, während schlechte Eigenschaften gleichnishaft für etwas stehen, was wir vielleicht unerklärliches Unglück nennen würden. Der Totemismus der Beaver umfaßt mehr als nur die symbolhafte Verwendung natürlicher Gegebenheiten:

er verbindet destruktive und konstruktive Züge des Menschen mit Zuständen der Natur, die das Leben der Menschen zerstören oder bereichern und fördern können.

Noch einmal: das Schamanentum der Beaver ist eine Ausweitung ihres totemistischen Systems. Während *mə-yine* im Verborgenen wirkt und in den Händen schlechter Menschen zerstörerisch sein kann, ist *ahata-yine* öffentlich und kann nur Gutes bewirken. Der wahre Schamane, der die Straße zum Himmel gefunden und die Lieder der Schöpfung von dort mit zurückgebracht hat, kann seine Macht nur dazu benutzen, die Menschen sich selbst und ihrer Umwelt näherzubringen. *Ahata-yine*-Lieder sind die Grundlage öffentlicher Zeremonien, die für gewöhnlich von einem Schamanen geleitet werden. Während die *mə-yine*-Lieder nur derjenige, dem sie gegeben wurden, in Zeiten der Not singen kann, gehören die Lieder, die der Schamane mitbrachte, der Gemeinschaft, und man singt sie auch noch nach seinem Tod. Zu den *ahata-yine* tanzen die Beaver im Uhrzeigersinn – oder wie sie selbst sagen, »wie die Sonne« – um ein Feuer. Gesänge und Tänze symbolisieren den Kreislauf von Schöpfung, Umwandlung und Wiedergeburt, dem Menschen, Tiere und alle Dinge folgen. Die Beaver sagen, daß sie bei ihren Zeremonien »in den Himmel tanzen«. Durch die Tänze und Lieder gibt der Schamane seine Erfahrung an sein Volk weiter, und während einer Feier spricht er oft von seinen Träumen und Prophezeiungen.

Jeder Beaver ist auf seiner visionären Reise in die innere Dimension des mythischen Sinns eingetreten, aber nur der Schamane hat diesen Weg bis an seinen Anfang und sein Ende verfolgt. Jeder muß wissen, daß er einem Tier, welches er tötet, eine neue Form des Lebens gibt, aber nur der Schamane kennt durch seine eigene Erfahrung die Bedeutung von Leben und Tod des Menschen. Auf seinem Bemühen, dieses Wissen weiterzugeben, beruht das rituelle Leben der Beaver, das die Lebenszyklen von Tieren und Menschen vereinigt. Daher sind Tod und Wiederkehr des Schamanen die Vollendung der totemistischen Erfahrung, die man während der visionären Reise macht. Die mythische Zeit und der kosmische Raum, die jeder Erwachsene kennt, sind nur der Anfang der Straße zum Himmel, die der Schamane gefunden hat, und jedermann hofft, seinen Fußstapfen folgen zu können.

Jeder Beaver hat die objektive Wirklichkeit überschritten, um ihren subjektiven Sinn mit Hilfe der Symbole seines Volkes zu erfassen, aber nur der Schamane ist der *axis mundi* bis an ihr äußerstes Ende gefolgt. Symbol seines Fluges ist der Schwan, der von allen Vögeln am höchsten fliegen kann; im Flug bildet er ein Kreuz, und er ist der einzige Vogel, der in den Himmel fliegen und lebend zurückkehren kann. Wir wollen diesen kurzen Bericht über die Glaubenswelt der Beaver mit der Identifikation des Schamanen mit dem Schwan abschließen. Der Schwan ist das erste ihrer mythischen Symbole, und in dem Mythos von der ersten visionären Reise und dem ersten Flug eines Schamanen hören wir von einem Jungen namens Schwan, der als erster Mensch die Straße zum Himmel entdeckte.

Eine Arbeit zusammenzufassen, in der vieles für sich selbst sprechen muß, und die den Leser auf einen Weg führt, den die Autoren selbst kaum verstehen, ist keine leichte Aufgabe. Unter Rückgriff auf die anthropologische Theorie haben wir die Ansicht vertreten, daß die Symbole des totemistischen Denkens auch und vor allem die Symbole der schamanistischen Kosmologie sind. Dann aber wollten wir in den Begriffen allgemeiner menschlicher Erfahrung verdeutlichen, daß der spirituelle Weg der Beaver nur *eine* Ausprägung einer inneren Dimension des Sinns ist, die allen Menschen offensteht. Obwohl unsere Kultur ihre Mythen vergessen und durch wissenschaftliche Wahrheiten ersetzt hat, die außerhalb der Erfahrung liegen, kann die anthropologische Erforschung eines Sinnbereichs, den mythische Völker verstehen, uns helfen, eine innere Wirklichkeit wiederzuentdecken, die wahrscheinlich nie ganz verlorengegangen ist. Wie die Einweihung des Beaver seiner naiven Kindheitserfahrung symbolische Bedeutung gibt, kann eine Auseinandersetzung mit dem Denken der Indianer uns vielleicht zu dem geistigen Zustand unserer individuellen Kindheit und unseres kulturellen Alters zurück- und hinführen.

# DIE METAPHYSIK DER OGLALA

Schwert, Finger, Ein-Stern und Tyon,
wiedergegeben von J. R. Walker

*Schwert über Wakan*

*Wakan* bedeutet sehr viele Dinge. Was es bedeutet, versteht der Lakota aus den Dingen, die für *wakan* gehalten werden; manchmal muß ihm der Sinn aber auch erklärt werden. Es ist etwas, das man nicht leicht versteht. Ein *wasica wakan* ist ein Medizinmann der Weißen; aber ein Lakota-Medizinmann heißt *pejuta wacasa*. *Wicasa wakan* ist der Lakota-Priester der alten Religion. Die Weißen Leute nennen unseren *wicasa wakan* Medizinmann, aber das ist falsch. Auch sagen sie, daß der *wicasa wakan* Medizin macht, wenn er eine Zeremonie ausführt; das ist auch falsch. Die Lakota nennen ein Ding nur dann

Ein *wicasa wakan*, ein Mann mit der Macht der *wakan*-Wesen. Die Wellenlinien bedeuten *wakan* und sind eine bildliche Darstellung der *wakan*-Geste: die rechte Hand, deren Finger nach oben gespreizt sind, beschreibt von der Stirn aus eine Schraubenbewegung nach oben. Ausschnitt aus einer Fellzeichnung. ARAE 10, S. 463.

eine Medizin, wenn es dazu verwendet wird, einen Kranken oder Verletzten zu heilen; der richtige Ausdruck ist *pejuta*. Wenn ein Priester ein Ding bei einer Zeremonie benutzt, so erhält dieses Ding einen Geist, eigentlich nicht direkt einen Geist, aber etwas Ähnliches, die Priester nennen es *tonwan* oder *ton*. Alles, was *ton* bekommen hat, ist *wakan*, denn es ist die Kraft des Geistes oder der Eigenschaft, die in das Ding hineingelangt ist. Ein *wicasa wakan* hat die Macht der *wakan*-Wesen. Die Wurzeln bestimmter Pflanzen sind *wakan*, weil sie giftig sind. Ebenso sind manche Kriechtiere *wakan*, weil ihr Biß tödlich ist. Auch einige Vögel sind *wakan*, weil sie sehr seltsame Dinge tun, und manche Tiere sind *wakan*, weil die *wakan*-Wesen sie so gemacht haben. Alles kann *wakan* sein, wenn *wakan*-Geist hineingeht. Deshalb ist ein verrückter Mann *wakan*, weil der böse Geist in ihn hineingegangen ist.

Tut jemand etwas, das man nicht verstehen kann, dann ist das auch *wakan*. Getränke, die einen betrunken machen, sind *wakan*, weil sie einen verrückt machen.

Jedes Ding in dieser Welt hat einen Geist, und dieser Geist ist *wakan*. Deshalb ist der Geist des Baumes oder anderer solcher Dinge auch *wakan*, obwohl er nicht wie der Geist der Menschen ist.

*Wakan* kommt von den *wakan*-Wesen. Diese *wakan*-Wesen sind größer als die Menschheit, genauso wie die Menschen größer als die Tiere sind. Sie werden niemals geboren und sterben niemals. Sie können vieles tun, was die Menschen nicht können. Die Menschen können um Hilfe zu den *wakan*-Wesen beten. Es gibt viele solche Wesen, aber nur vier Arten von ihnen. Das Wort *Wakan Tanka* bedeutet alle *wakan*-Wesen, denn sie sind alle wie ein einziges Wesen. *Wakan Tanka Kin* ist der Häuptling oder Anführer der *wakan*-Wesen, die Sonne. Das mächtigste der *wakan*-Wesen ist aber *Nagi Tanka*, der Große Geist, der auch *Taku Skanskan* ist; *Taku Skanskan* bedeutet das Blau oder, anders gesagt, den Himmel.

*Iya* ist ein *Wakan Tanka*, aber er ist ein böser *Wakan Tanka*. Die Menschheit darf zu den *wakan*-Wesen beten. Wenn ihr Gebet an alle guten *wakan*-Wesen gerichtet sein soll, dann müssen sie zu *Wakan Tanka* beten; ist aber dieses Gebet nur für eines dieser Wesen, dann sollte man es mit dem Namen anrufen. *Wakan Tanka* liebt die Musik. Er hört gern die Trommeln und die Rasseln. Wenn eines der *wakan*-Wesen die Trommeln und die Rasseln hört, dann hört es immer zu. Er mag auch sehr den Rauch von Süßgras, und die bösen *wakan*-Wesen fürchten sich vor dem Rauch des Salbei. Alle *wakan*, gut oder böse, lieben den Rauch der Pfeife.

Die *wicasa wakan* sprechen für alle *wakan*-Wesen. *Wakan Tanka* gibt ihnen Macht, die sie *wakan* macht und durch die sie in alle Dinge *ton* hineinlegen können. Jeder Priester hat ein eigenes Ding, in das *ton* hineingelegt wurde. Das nennt man *wasicun*. Ein *wasicun* ist eins von den *wakan*-Wesen. Es ist das geringste von ihnen, aber wenn sein *ton* von einem mächtigen Wesen ist, so kann es machtvoller sein als viele *wakan*-Wesen. Ein *wasicun* ist das, womit der Priester seine Arbeit tut, aber die Weißen nennen es Medizinbeutel, und das ist ein Irrtum, denn es ist keine Medizin drin. Ein Medizinbeutel ist ein Beutel, in dem ein Doktor seine Medizin hat. Wenn ein Mann ein *wasicun* hat, so kann er zu ihm beten, denn es ist das gleiche wie das *wakan*-Wesen, dessen *ton(wan)* darin ist.

Die Erde, die Felsen und die Berge gehören zum Ober*wakan*. Wir sehen nicht die wirkliche Erde und den wirklichen Felsen, sondern nur ihr *tonwanpi*.

Wenn ein Lakota zu *Wakan Tanka* betet, so betet er zur Erde, zum Felsen und zu all den anderen guten *wakan*-Wesen. Ein Mensch, der etwas Böses tun will, kann zu den bösen *wakan* beten.

### *Schwert über Wakan Tanka*

Wenn *Wakan Tanka* von einem Menschen will, daß er etwas Bestimmtes tut, so läßt er ihn seinen Wunsch durch eine Vision oder einen Schamanen wissen ... Der Schamane spricht *Wakan Tanka* mit *Tobtob Kin* an. Das ist ein Teil der geheimen Sprache der Schamanen ... *Tobtob Kin* ist viermal vier Götter, während *Tob Kin* nur die vier Winde ist. Vier Winde ist ein Gott, er ist

der *akicita* oder Botschafter der anderen Götter. Die viermal vier sind: *Wikan* und *Hanwikan*; *Taku Skanskan* und *Tatekan* und *Tob Kin* und *Yummikan*; *Makakan* und *Wohpe*; *Inyankan* und *Wakinyan*; *Tatankakan*; *Hunonpakan*; *Wanagi*; *Waniya*; *Nagila*; und *Wasicunpi*. Das sind die Namen der Götter.
*Wakan Tanka* ist wie sechzehn verschiedene Personen; aber jede Person ist *kan*. Deshalb sind sie alle wie einer ... Alle Gott-Personen haben *ton*. *Ton* ist die Macht, übernatürliche Dinge zu tun ... Die Hälfte der Götter sind *ton ton* (haben körperliche Merkmale) und die anderen sind *ton ton sni* (haben keine körperlichen Merkmale). Die Hälfte von denen, die *ton ton* sind, ist *ton ton yan* (sichtbar), und die Hälfte von denen, die *ton ton sni* sind, ist *ton ton yan sni* (unsichtbar), alle anderen Götter sind sichtbar oder unsichtbar, wie sie gerade wollen ... Alle bösen Götter sind sichtbar oder unsichtbar, wie sie gerade wollen ... Die unsichtbaren Götter erscheinen niemals in Visionen, außer bei den Schamanen ... Außer beim Sonnentanz sind die Zeremonien für die sichtbaren und unsichtbaren Götter verschieden. Beim Sonnentanz ist es gleich, so als wäre *Wikan* zugleich sichtbar und unsichtbar. Das ist deshalb so, weil *Wi* der Häuptling der Götter ist ...

## *Finger über Skan*

Ich habe deinen Ausruf gehört, als die Sternschnuppe fiel, und ich habe auch gehört, wie du unmittelbar darauf zu den Leuten gesprochen hast. Dann hast du Süßgras verbrannt. Erzählst du mir, warum du das getan hast?
Du bist ein weißer Medizinmann und du möchtest die Geheimnisse der Lakota erfahren. Warum willst du diese Dinge wissen?
Die alten Indianer, die diese Dinge noch wissen, werden bald tot und vergessen sein; die jungen Indianer wissen nichts mehr davon, es wird für immer verloren sein. Ich möchte es niederschreiben, damit es erhalten bleibt und eure jungen Leute es in späteren Jahren lesen können. Wirst du es mir erzählen?
Mein Vater war ein Schamane und er lehrte mich die Geheim-

nisse der Schamanen und ich werde sie dir erzählen. Was willst du wissen?
Als der Meteor fiel, hast du laut gerufen: »*Wohpa. Wohpe-e-e-e!*« Wozu hast du das getan?
Weil es *wakan* ist.
Was ist *wohpa?*
Was du gesehen hast. Ein Stern, der fällt.
Was war die Ursache dafür?
*Taku Skanskan.*
Warum läßt *Taku Skanskan* einen Stern herunterfallen?
Was fällt, fällt durch ihn, was sich bewegt, bewegt sich durch ihn.
Wodurch werden deine Bewegungen bewirkt?
Durch *Skan.*
Wenn ein Pfeil von einem Bogen abgeschossen wird, was bewirkt dann, daß er durch die Luft fliegt?
*Skan.*
Was läßt einen Stein fallen, wenn ich ihn loslasse?
*Skan.*
Und wenn ich einen Stein aufhebe, was bewirkt dann die Bewegung?
*Skan.* Er gibt dir die Kraft, den Stein zu heben, und er ist die Ursache für alle Bewegungen.
Hat der Bogen etwas mit der Bewegung des Pfeils zu tun, den man von ihm abschießt?
*Taku Skanskan* gibt dem Bogen den Geist und läßt ihn den Pfeil vom Bogen abschnellen.
Was läßt den Rauch nach oben steigen?
*Taku Skanskan.*
Was läßt das Wasser im Fluß fließen?
*Skan.*
Was läßt die Wolken über die Welt segeln?
*Skan.*
Sind *Taku Skanskan* und *Skan* derselbe?
Ja. Wenn die Leute mit ihm sprechen, sagen sie *Taku Skanskan.* Wenn ein Schamane von ihm spricht, sagt er *Skan. Skan* gehört zur *wakan*-Sprache der Schamanen.

Ist *Skan Wakan Tanka?*
Ja.
Ist er *Wakan Tanka Kin?*
Nein, das ist *Wi*, die Sonne.
Sind *Wi* und *Skan* derselbe?
Nein. *Wi* ist *Wakan Tanka Kin*, und *Skan* ist *Nagi Tanka*, der Große Geist.
Sind sie beide *Wakan Tanka?*
Ja.
Gibt es noch andere *wakan*, die *Wakan Tanka* sind?
Ja. *Inyan*, der Felsen, und *Maka*, die Erde.
Und gibt es noch andere?
Ja. *Wi Han*, der Mond; *Tate*, der Wind; *Wakinyan*, der Geflügelte, und *Wohpe*, die Schöne Frau.
Gibt es noch andere, die *Wakan Tanka* sind?
Nein.
Dann gibt es also acht *Wakan Tanka*, oder?
Nein, nur einen.
Du hast acht genannt und sagst, es gibt nur einen. Wie kann das sein?
Das stimmt. Ich habe acht genannt. Es sind vier: *Wi, Skan, Inyan* und *Maka*. Das sind die *Wakan Tanka*.
Du hast vier weitere genannt, den Mond, den Wind, den Geflügelten und die Schöne Frau. Und du hast doch gesagt, sie sind *Wakan Tanka*, nicht wahr?
Ja, aber diese vier sind die gleichen wie die *Wakan Tanka*. Sonne und Mond sind der gleiche, *Skan* und der Wind sind der gleiche, der Felsen und der Geflügelte sind der gleiche, die Erde und die Schöne Frau sind die gleiche. Diese acht sind nur einer. Die Schamanen wissen das, aber die Leute wissen es nicht. Das ist *wakan* (ein Geheimnis).
Gibt es die *Wakan Tanka* schon immer?
Ja. Der Felsen ist der älteste. Er ist der Großvater aller Dinge.
Wer ist der Nächstälteste?
Die Erde. Sie ist die Großmutter aller Dinge.
Und wer ist der Nächste?
*Skan*. Er gibt allen Dingen Leben und Bewegung.

Und nach *Skan?*
Die Sonne. Aber sie ist über allen Dingen und über allen *Wakan Tanka*.
Einige Lakota haben mir erzählt, daß die Sonne und *Taku Skanskan* der gleiche sind. Stimmt das?
Nein. Viele Leute glauben das, aber die Schamanen wissen, daß es nicht so ist. Die Sonne ist nur die halbe Zeit am Himmel, und *Skan* ist immer da.
Die Lakota haben mir auch gesagt, daß *Skan* der Himmel ist. Ist das so?
Ja. *Skan* ist ein Geist, und alles, was die Menschen von ihm sehen können, ist das Blau des Himmels. Aber er ist überall.
Betest du zu *Wakan Tanka*.
Ja, sehr oft.
Zu welchem von den acht, die du genannt hast, betest du?
Wenn ich bete, rauche ich die Pfeife und brenne (Süßgras), und *Wohpe* trägt mein Gebet zu den *Wakan Tanka*. Wenn es in meinem Gebet um sehr wichtige Dinge geht, wird es zur Sonne getragen; wenn es um meine Gesundheit oder Kraft geht, zu *Skan;* wenn es um mein Werkzeug geht, zu *Inyan;* und wenn es um Essen, Kleidung oder so etwas geht, zur Erde.
Werden solche Gebete jemals auch zum Mond, zum Wind, zum Geflügelten oder zu *Wohpe* getragen?
Sie können zum Mond oder zum Wind getragen werden, aber das ist das gleiche, als kämen sie zur Sonne oder zu *Skan*. Lakota beten nicht zum Geflügelten. Sie widersetzen sich ihm. Sie beten auch nicht zu *Wohpe,* denn sie trägt ja die Gebete weiter. Der Lakota kann zu jedem *wakan* beten, aber wenn es ein geringerer als *Wakan Tanka* ist, so muß er im Gebet namentlich genannt werden, und dann wird es zu ihm getragen.
Du sagst, daß *wohpa* ein fallender Stern ist. Hat *Wohpe* irgend etwas mit einem fallenden Stern zu tun?
Sie kam wie ein fallender Stern.
Woher kam sie?
Von den Sternen.
Was sind die Sterne?
*Waniya.*

Was sind *waniya*?

Sie sind Geister. *Skan* nimmt einen Geist aus den Sternen und gibt ihn jedem Neugeborenen, und wenn es stirbt, kehrt der Geist zu den Sternen zurück.

Ist *Wohpe* ein Geist?

Sie ist *Wakan Tanka*. Ein Geist ist *wakan*, aber nicht *Wakan Tanka*.

Hat jemals ein Lakota *Wohpe* gesehen?

Ja. Als sie den Lakota die Pfeife gab, war sie viele Tage in ihrem Lager.

Wie ist sie da erschienen?

Wie eine sehr schöne junge Frau. Deshalb nennen die Leute sie Schöne Frau. Sie nennen sie nicht *Wohpe*. Das tun nur die Schamanen.

Ich habe von den Lakota gehört, daß *Wohpes ton* in der Pfeife und im Rauch von Süßgras ist. Stimmt das?

Das war ein Schamane, der dir das gesagt hat. Wenn die Leute *ton* sagen, so meinen sie etwas, das von Lebendigem kommt; das kann die Geburt von irgend etwas sein oder Eiter aus einer Wunde oder der Keim aus einem Samen. Nur die Schamanen sprechen vom *ton* eines *Wakan*. Solches *ton* ist *wakan*, und nur die Schamanen wissen davon. Die Leute sprechen nicht gern von diesem *ton*, eben weil es *wakan* ist. Sie rauchen die Pfeife und brennen Süßgras, weil *Wohpe* niemandem etwas tut.

Du sagst, daß der Felsen der Großvater und die Erde die Großmutter aller Dinge ist. Sind Felsen und Erde wie Mann und Frau?

Manche Schamanen glauben, daß es so ist, manche meinen, es sei nicht so.

Wer waren Vater und Mutter aller Dinge?

Die *Wakan* haben weder Vater noch Mutter. Alles was eine Geburt hat, wird auch einen Tod haben. Die *Wakan* wurden nicht geboren, und sie werden nicht sterben.

Ist irgend etwas an einem Lakota *wakan*?

Ja. Die Seele, der Geist und das *sicun*.

Sterben die?

Nein. Sie sind *wakan*.

Was wird aus ihnen, wenn der Körper stirbt?
Die Seele geht in die Welt der Seelen, der Geist geht dorthin, woher *Skan* ihn geholt hat, und das *sicun* kehrt zu dem *Wakan* zurück, zu dem es gehört.
Was ist das *sicun*?
Es ist das *ton* eines *Wakan*. *Skan* gibt es bei der Geburt.
Wozu ist es gut?
Es begleitet den Körper das ganze Leben lang, um ihn vor Gefahren zu schützen und ihm auf *wakan*-Art zu helfen.
Wie gelangt die Seele in die Seelenwelt?
Sie geht über den Seelenpfad.
Wo ist der Seelenpfad?
Man kann ihn nachts am Himmel sehen. Es ist ein weißer Pfad über den Himmel.
Besteht er aus Sternen?
Nein. Er ist wie Wolken, so daß nur *Wakan* darauf gehen können. Kein Mensch weiß, wo er anfängt und wo er endet. Nur der Wind weiß, wo er anfängt. Er bewegt sich. Manchmal liegt er in dieser Richtung, manchmal in einer anderen.
Wie kommt der Geist dahin, von wo ihn *Skan* geholt hat?
Der Geist ist wie Rauch, und er steigt auf bis zu den Sternen.
Was wird aus dem Körper, wenn er stirbt?
Er verwest und wird zu Nichts.


*Schwert über Sicun*

Das Wort *sicun* ist aus der heiligen Sprache der Schamanen. Es ist das Wort für die Seele eines Menschen. Diese Seele wird ihm bei der Geburt gegeben, um ihn vor bösen Geistern zu schützen, und beim Tod führt es ihn ins Land der Seelen, kommt aber selbst nicht dorthin. Im Laufe eines Lebens kann ein Mensch andere *sicun* wählen. Er kann so viele wählen, wie er will, aber solche *sicun* begleiten ihn nach dem Tod nicht; wenn er ein schlechtes Leben geführt hat, wird kein *sicun* ihn begleiten.
Bei der Wahl des *sicun* sollte ein Schamane Anleitungen geben.

Wenn ein Lakota sein *sicun* wählt, dann ist es das *ton* eines *Wakan*, aber es kann auch das *ton* von irgend etwas sein. Wenn jemand sein *sicun* wählt, soll er ein Fest geben, und ein Schamane sollte die Zeremonie leiten, denn niemand hat das nötige Wissen, um seine Zeremonie selbst zu leiten, es sei denn, er hat es in einer Vision erfahren. Das *sicun*, das man gewählt hat, kann in allen Dingen sein, auch in einer Waffe oder in Dingen, mit denen man spielt, oder in einer Medizin. Aber das *sicun*, das man bei der Geburt bekommt, ist niemals in irgend etwas anderem als im Körper. Dieses *sicun* ist wie dein Schatten.
Niemand hat jemals das *ton* der Sonne als *sicun* gehabt, denn die Sonne ist für niemanden *sicun*. Andererseits können sehr alte und weise Schamanen das sehr mächtige *ton* des Himmels als *sicun* gewinnen. Das *sicun* der Erde ist das nächstmächtigste, und dann folgt das *sicun* der Felsen. Das *sicun* von Bär und Büffel werden oft gewählt, aber das vom Bären häufiger. Der *wakan*-Beutel eines Schamanen ist sein *sicun*, und alle *sicun* gelten als *wakan*. Die Medizin eines Doktors ist sein *sicun*, und die Werkzeuge, die der Schamane bei der Zeremonie gebraucht, sind sein *sicun*. Werkzeuge ohne solches *sicun* sind bei einer Zeremonie nicht zu gebrauchen. Jemand kann sein *sicun* einem anderen leihen. Der Ausdruck *wasicun* wird auf jedes Ding angewendet, das als *sicun* gebraucht wird, bezeichnet aber auch alles, was *wakan* ist. Wenn eine Zeremonie, bei der man ein *wasicun* bekommt, ganz richtig und gut ausgeführt wird, so wird dieses *wasicun* im Wesen das gleiche sein wie das *wakan*-Ding, das es vertritt. Ein böser Mensch kann kein gutes *sicun* gewinnen, sondern nur ein schlechtes. Wenn die Zeremonie vorbei ist, so hat man das *sicun* für sich gewonnen. Dann muß dieses *sicun* tun, was derjenige will, der es gewählt hat; aber dieser muß auch die Lieder kennen, die zu seinem *sicun* gehören.

## Ein-Stern über sicun

Ein *sicun* ist wie eine Seele. Es ist das *ton ton sni*, das heißt, es ist unsterblich. Ein Lakota kann viele viele *sicunpi* haben, aber er hat immer nur eins. Es ist *wakan,* das heißt, es ist wie *Wakan Tanka*. Es kann von allem die Seele sein. Ein Schamane tut die Seele in ein *sicun*. Der Bär lehrt den Schamanen, wie man das macht. Ein Lakota muß die Lieder kennen, und wenn er sie singt, dann tut sein *sicun*, was er will. Ein *sicun* kann mächtiger sein als das andere. Das *sicun* kann vom Großen Geist sein. Am mächtigsten ist es, wenn ihm das *sicun* der Kräuter gegenübersteht. Das *sicun* eines guten Geistes ist mächtiger als das *sicun* eines bösen Geistes. Die Macht des Süßgrases ist immer Seele von der Seele, die beim Südwind ist. Darüber freuen sich die guten Geister immer. Die bösen Geister mögen den Rauch von Süßgras nicht. Der Rauch von Salbei vertreibt böse Geister. Ein Medizinmann kennt die Lieder seiner Medizin, und sie sind sein *sicun*. Das *sicun*, das die Macht der Seele hat, muß farbig sein. Rot ist die Farbe der Sonne; Blau die Farbe des sich bewegenden Geistes; Grün die Farbe des Geistes der Erde; und Gelb ist die Farbe des Geistes des Felsens. Diese Farben sind auch für andere Geister. Blau ist die Farbe des Windes, und Rot ist die Farbe aller Geister. Diese Farben sind auch für die Freunde der großen Geister die gleichen. Schwarz ist die Farbe der bösen Geister. Ein Mensch, der in Rot malt, erfreut die Geister. Ein *sicun* ist die Seele eines Menschen. Die wirkliche Seele eines Menschen ist etwas anderes als seine *sicun*-Seele. *Ni* ist auch wie eine Seele. Sie ist der Atem des Menschen, die Seele des Rauchs, die Seele des Dampfs, die Seele der Schwitzhütte. Sie reinigt den Körper. Der Bär hat die Schamanen diese Dinge gelehrt.

## Tyon über die Zahl vier

Früher war alles, was die Lakota taten, in Vierergruppen eingeteilt. Das war deshalb, weil sie vier Himmelsrichtungen kannten: Westen, Norden, Osten und Süden; vier Abschnitte der

Zeit: den Tag, die Nacht, den Mond und das Jahr; vier Teile an allem, was aus der Erde wächst: die Wurzeln, den Stamm, die Blätter und die Früchte; vier Arten von Dingen, die atmen: solche, die kriechen, solche die fliegen, solche, die auf vier Beinen gehen und solche, die auf zwei Beinen gehen; vier Dinge, die über der Erde sind: die Sonne, den Mond, den Himmel und die Sterne; vier Arten von Göttern: die großen, die Verbündeten der großen, die Götter unter ihnen und die Geister; vier Abschnitte des menschlichen Lebens: Säuglingsalter, Kindheit, Erwachsenenalter und Alter; und schließlich haben die Menschen vier Finger an jeder Hand, vier Finger an jedem Fuß, und die Daumen und großen Zehen sind zusammen wieder vier. Weil der Große Geist alles in Vieren machte, soll der Mensch auch möglichst alles in Vieren machen.

## *Tyon über den Kreis*

Die Oglala glauben, daß der Kreis heilig ist, denn der Große Geist machte alles in der Natur rund, außer den Steinen. Stein ist das Werkzeug der Zerstörung. Sonne und Himmel, Erde und Mond sind rund wie ein Schild, aber der Himmel ist tief wie eine Schale. Alles, was atmet, ist rund wie der Körper eines Menschen. Alles, was aus der Erde wächst, ist rund wie der Stiel einer Pflanze. Weil der Große Geist alles rund sein ließ, soll der Mensch den Kreis als heilig ansehen, denn er ist Symbol aller Dinge in der Natur außer dem Stein. Er ist auch Symbol für den Kreis, der den Rand der Welt umschreibt, und daher auch für die vier Winde, die von dort kommen. Deshalb ist er auch Symbol für das Jahr. Der Tag, die Nacht und der Mond gehen in einem Kreis über den Himmel. Daher ist der Kreis auch Symbol dieser Zeitabschnitte und Symbol aller Zeit.
Aus diesem Grund machen die Oglala ihre Tipis rund, ihr Lager rund, und sie sitzen bei allen Zeremonien im Kreis. Der Kreis ist auch ein Symbol für Tipi und für Schutz. Macht einer einen Kreis als Ornament und unterteilt ihn nicht, so muß man ihn als Symbol für die Welt und die Zeit verstehen. Ist der Kreis aber

rot ausgefüllt, so ist er ein Symbol für die Sonne; ist er mit Blau ausgefüllt, so ist er ein Symbol für den Himmel. Wenn der Kreis in vier Teile unterteilt ist, so ist er ein Symbol für die vier Winde, und sind es mehr als vier Teile, so ist er Symbol irgendeiner Vision. Ist der halbe Kreis mit Rot ausgefüllt, so bedeutet er: Tag; mit Schwarz ausgefüllt, die Nacht; mit Gelb, einen Mond (Monat). Wenn aber der halbe Kreis mit vielen Farben ausgemalt ist, so ist er Symbol für den Regenbogen.
Man kann ins Tipi oder auf den Schild oder auf die Kleidung einen Kreis malen oder sonstwie anbringen. Das Mundstück der Pfeife soll immer erst im Kreis bewegt werden, bevor sie in einem formellen Rahmen geraucht wird.

## Schwert über die Anrufung

Bevor ein Schamane eine Zeremonie ausführen kann, an der geheimnisvolle Wesen oder Dinge beteiligt sind, muß er eine Pfeife stopfen, anzünden und sagen: »Freund von *Wakinyan*, ich reiche dir zuerst die Pfeife. Im Kreis herum gebe ich sie dir, der du beim Vater wohnst. Im Kreis herum gebe ich sie dem beginnenden Tag. Im Kreis herum gebe ich sie der Schönen. Und mit dem ganzen Kreis vervollständige ich die vier Himmelsrichtungen und die Zeit. Ich gebe die Pfeife dem Vater im Himmel. Ich rauche mit dem Großen Geist. Laß uns einen blauen Tag haben.«
Die Pfeife wird verwendet, weil der Rauch der Pfeife, in Gemeinschaft geraucht, die Kraft der weiblichen Gottheit hat, die zwischen den Göttern und Menschen vermittelt und die Götter günstig stimmt. Wenn ein Schamane seine Pfeife einem Gott darbietet, so raucht der Gott sie und wird günstig gestimmt. Bei dieser Anrufung soll der Schamane das Mundstück der gestopften und angezündeten Pfeife nach Westen richten und sagen: »Freund von *Wakinyan*, ich reiche dir zuerst die Pfeife.« So opfert er die Pfeife dem Westwind, denn der Westwind wohnt in der Hütte von *Wakinyan* und ist sein Freund. Die Pfeife muß zuerst dem Westwind dargeboten werden, weil das Erstgeburts-

recht dem Nordwind genommen und dem Zweitgeborenen, dem Westwind, gegeben wurde, und die Götter wachen eifersüchtig über die richtige Reihenfolge.

Danach muß der Schamane die Pfeife nach rechts wenden, mit dem Mundstück gegen den Horizont, bis es nach Norden zeigt. Dann sagt er: »Im Kreis herum gebe ich sie dir, der du beim Vater wohnst.« So opfert er die Pfeife dem Nordwind; wegen einer Kränkung der weiblichen Gottheit verdammte der Große Geist den Nordwind dazu, für immer bei seinem Großvater zu leben, bei Wazi, dem Zauberer. Dann muß der Schamane die Pfeife in der gleichen Weise bewegen, bis das Mundstück nach Osten weist, und er sagt: »Im Kreis herum gebe ich sie dem beginnenden Tag.« Damit opfert er sie dem Ostwind, denn seine Hütte ist, wo der Tag beginnt, und man darf ihn mit »beginnender Tag« ansprechen. Dann muß der Schamane die Pfeife wieder weiterbewegen, bis das Mundstück nach Süden weist, und er sagt: »Im Kreis herum gebe ich sie der Schönen.« Damit opfert er sie dem Südwind, denn die »Schöne« ist die weibliche Gottheit, die als Gefährtin des Südwinds mit ihm in seiner Laube wohnt, die unter der Mittagssonne liegt. Der Südwind freut sich, wenn er über seine Gefährtin angesprochen wird.

Die vier Winde sind die *akicita* oder Boten der Götter, und bei allen Zeremonien haben sie Vorrang vor allen anderen Göttern und müssen deshalb zuerst angesprochen werden.

Wenn dem Südwind geopfert ist, muß der Schamane die Pfeife wieder auf die gleiche Art bewegen, bis das Mundstück wieder nach Westen weist, und er sagt: »Mit dem ganzen Kreis vervollständige ich die vier Himmelsrichtungen und die Zeit.« Er muß das tun, weil die vier Winde die vier Viertel des Kreises sind und die Menschen nicht wissen, wo sie sein mögen oder von wo sie kommen, und die Pfeife muß direkt zu ihnen hin geopfert werden. Die vier Viertel umschließen alle, die auf der Welt sind und alle, die im Himmel sind. Daher wird mit dem Kreis der Pfeife das Opfer allen Göttern dargebracht. Der Kreis ist das Symbol der Zeit, denn Tag, Nacht und Mond sind Kreise über der Welt, und das Jahr ist ein Kreis um die Grenze der Welt.

Deshalb ist die im Kreis herumgeführte brennende Pfeife ein Opfer an alle Zeiten.

Wenn der Schamane die vier Viertel und die Zeit vollendet hat, richtet er das Mundstück der Pfeife zum Himmel und sagt: »Ich gebe die Pfeife dem Vater im Himmel.« Dies ist ein Opfer für den Wind, denn als die vier Winde die Hütte ihres Vaters verließen, da ging auch er weg und wohnt im Himmel. Er ist Herr der Jahreszeiten und des Wetters, und wenn man gutes Wetter wünscht, muß man ihn günstig stimmen.

Dann raucht der Schamane die Pfeife, und dabei sagt er: »Ich rauche mit dem Großen Geist. Laß uns einen blauen Tag haben.«

# DER TOD AUS INDIANISCHER SICHT
Dennis Tedlock


*Othos Unfalltod*

Im Sommer 1966 kam ich für einen kurzen Besuch nach Zuñi in New Mexico, nachdem ich etliche Monate fortgewesen war. Zuerst ging ich bei einem Freund vorbei, der einige Meilen außerhalb der Stadt wohnt. Gleich zu Beginn unseres Gesprächs erzählte er mir, daß in Daniels Familie unten in Zuñi »etwas Tragisches« passiert sei. Er wußte keine Einzelheiten, aber es mußte wohl eine Art Unfall gewesen sein. Daniels Enkel, der älteste Sohn seiner Tochter Ann, war tot.
Das wäre Otho, dachte ich. Ich erinnerte mich, daß er im Basketballteam des Gymnasiums gewesen war; seine Mutter und Lewis, sein Stiefvater, versäumten kein Heimspiel seiner Mannschaft. Er erledigte einen großen Teil der Arbeit, die zuhause anfiel. Einmal, Lewis bereitete gerade Figuren für das Familienopfer vor, sagte Otho zu mir: »Die Zuñi sind anders als jedes andere Volk der Erde.«
Ich fuhr nach Zuñi hinein, um Ann und Lewis zu besuchen. Ann sah überanstrengt aus, und ihr Haar war in Unordnung; ein leichter Händedruck, bei dem ich ein wenig an ihr vorbeiblickte. Ganz ohne Absicht grüßte ich sie mit *ko' ton lakyatikyanaawe*, das ebenso wie *ko'na ton tewanan aateyaye* soviel bedeutet wie »Wie ist es gegangen?«, sich aber auf einen kürzeren Zeitraum bezieht. Ann antwortete mit einem kaum hörbaren *k'ettsanisshe,* »glücklich,« begann zu weinen und ging für eine Weile nach nebenan. Als sie wieder hereinkam, setzte sie sich ans andere Ende des Raums und sagte nichts, bis sie sich wieder gefaßt hatte.
Lewis war nicht so niedergeschlagen und begrüßte mich sehr herzlich. Schon nach kurzem Gespräch kam er auf den Unfall. Während wir über die Einzelheiten sprachen, hörte Ann zu,

sagte aber nichts. Er zeigt mir das Gewehr, aus dem der tödliche Schuß abgefeuert worden war, und sagte, er wolle es »loswerden«, verkaufen oder so etwas. Er demonstrierte kurz, wie es geschehen war: Otho hatte irrtümlich angenommen, daß Kimme und Korn nicht in Linie waren. Er hatte das Gewehr mit dem Kolben auf die Erde gestellt, der Lauf zeigte auf seinen Kopf, und gegen das Visier geschlagen. Der Sicherungsbügel war gekippt, und dann hatte sich ein Schuß gelöst; der Einschuß war vorn am Kinn, und die Kugel blieb oben im Kopf stecken. »Wir wußten nicht, was wir tun sollten, als sie ihn so herbrachten«, sagte Lewis und fügte hinzu, daß Otho seinen jüngeren Bruder mehr als einmal vor der Gefährlichkeit des Gewehrs gewarnt hatte und es ihn nicht einmal benutzen ließ. »Und jetzt, er selbst, mit seinem kurzen Lebensweg, mußte da hinauf und sich selbst umbringen.« Tom (der Bruder von Othos Mutter) hatte gesehen, wie er sich am Visier zu schaffen machte, und ihn gewarnt, aber er hörte nicht. Übrigens stellte sich heraus, daß das Visier vollkommen in Ordnung war.

Lewis meinte, nach dem, wie Otho sich in letzter Zeit verhalten hätte, sei sein Tod durchaus verständlich. Er hatte den Sommer auf Daniels Farm verbracht und allzu schnell allzu viel Neues gelernt. »Er hatte noch nie einen Traktor gefahren, aber jetzt wußte er Dinge darüber, die ich nicht einmal kannte«, sagte Lewis. Otho hatte Daniels ganzes Maisfeld mit dem Traktor umgepflügt und im Garten seiner Großmutter Rose Unkraut gejätet. »Ich nehme an, er hatte es eilig, weil er sein Leben verlieren sollte«, sagte Lewis und fügte hinzu: »Es sieht schlecht aus für Daniel« und »Daniel ist ein Murkser«, weil er sich immer an Otho hielt, wenn es irgend etwas zu erledigen gab. Er sagte, Daniel und Tom wüßten über den Unfall viel mehr als er und würden es mir erzählen, wenn ich zur Farm ginge.

Ann brachte mir ein Farbfoto von Otho und sagte: »Das ist das letzte Bild von ihm.« Ich hatte etliche Aufnahmen von der Familie bei mir, die sie noch nicht gesehen hatten, und nahm mir vor, ihnen nur die Bilder zu zeigen, auf denen Otho nicht zu sehen war; aber als sie alle Bilder hervorholten, die ich ihnen früher schon gegeben hatte, machten sie bei den Bildern, die

Otho zeigten, keinerlei Bemerkungen. Eines der Bilder, das Lewis mit meiner Kamera gemacht hatte, zeigte Ann, Daniel und mich. Ann hatte darauf einen eigenartigen Gesichtsausdruck. Als sie das Bild sah, sagte sie, sie habe Lewis absichtlich ein Gesicht geschnitten, und führte es noch einmal vor, die Augen weit aufgerissen, das Kinn vorgeschoben und den Kopf verdreht; sie lachte dabei ein wenig. Aber die meiste Zeit war sie still. Obwohl die Mittagessenszeit längst vorbei war, bat sie Lewis, mir etwas zu essen zu geben.

Am späten Nachmittag kam ich bei der Farm an. Rose und ihre älteste Tochter kamen aus dem Haus, um mich zu begrüßen; sie lächelten, und Rose rief nach Daniel, der gerade das Maisfeld hackte. Er kam und begrüßte mich wie einen Verwandten. Auch er kam nach kurzem Gespräch gleich auf den Unfall. Er sagte, Otho habe in der Zeit, bevor die Feldbestellung losging, einmal ein Fenster im Haus mit einem abgerutschten Baseball eingeworfen. Otho sei darüber so bekümmert gewesen, daß Daniel ihm das Geld für ein neues Fensterglas gegeben hatte. Otho maß das Fenster aus, kaufte das Glas und setzte es ein, ganz allein. Teilweise aus Dankbarkeit hatte er später gesagt, er wolle den Sommer auf der Farm verbringen und aushelfen. Daniel betonte mehrmals, er habe Otho keineswegs dazu gedrängt. Er hatte in letzter Zeit viel über das Silberschmieden gelernt und seiner Großmutter dabei geholfen, und Daniel wollte ihm da nicht hineinreden.

Otho kam also auf die Farm und erledigte dort eine Menge Arbeit. Aber in letzter Zeit war Daniel aufgefallen, daß er zu seiner Großmutter Rose ein sehr gelöstes Verhältnis gefunden hatte, sie scherzten herum und neckten einander. Das ist zwar üblich zwischen einem Enkel und der Mutter seiner Mutter, aber Otho hatte so etwas noch nie getan. Zurückblickend sah Daniel das als ein Anzeichen des bevorstehenden Unglücks und bedauerte, daß er nicht rechtzeitig darüber gesprochen hatte. Otho hatte auch ungewöhnlich schnell gelernt, wie man mit dem Traktor umgeht. Daniel konnte von einem jungen Zuñi berichten, der gestorben war, nachdem er geträumt hatte, daß seine tote Großmutter (mütterlicherseits) ihm im Kachinadorf (der Heimat der Toten) eine gute Mahlzeit vorgesetzt hatte, und er fragte sich jetzt, ob Otho vor dem Unfall nicht vielleicht solch einen unheilkündenden Traum gehabt hatte. Wenn ja, dann hatte er jedenfalls niemandem davon erzählt.

Daniel verband Othos Tod mit den unseligen Ereignissen auf der Farm. Er sagte: »Irgendwas stimmt nicht«, oder »Mein Zündverteiler ist nicht richtig gestöpselt«. Zuerst sein eigener Unfall; er war gestürzt, als sein Gespann mit dem Wagen durchging, und wäre beinah umgekommen. Kurze Zeit später wurde sein Sohn Tom von einem Pferd getreten; auf seiner Oberlippe war immer noch eine große Narbe zu sehen. Und jetzt Othos Tod. Daniel war nicht auf der Farm, als Tom und Otho ihre Unfälle hatten; er sagte, er traute sich kaum noch wegzugehen, aus Angst, was noch alles passieren mochte.

Daniel erzählte, Tom sei mit Otho jagen gewesen, und gleich nach dem Unglück sei er zu den Nachbarn gegangen, weil Daniel zu der Zeit nicht da war. Daniel sah später Toms Spuren: er war nicht gelaufen, sondern gegangen. Der Nachbar hatte ihm einen Traktor geliehen und ihn so weit mit dem Fahrzeug vertraut gemacht, daß er mit einem Anhänger zu der Stelle fahren konnte, wo Otho lag, um ihn zu holen. Er hatte allerhand Ärger mit dem Traktor, schaffte es aber doch irgendwie. Er war noch auf dem Rückweg, als Daniel von Zuñi zurückkam. Man sagte ihm, es habe einen Unfall gegeben, aber erst als Tom ankam, erfuhr er, daß Otho schon »verschieden« war. »Ich war furchtbar erschrocken«, sagte Daniel. Otho hatte von der Jagd noch zwei Spechte unter dem Gürtel.

Daniel hatte sich in den folgenden vier Tagen auf einer nahen Ranch oder bei der Badestelle der Schafe aufgehalten, hatte aber den Bereich der Farm nicht verlassen. Er sagte, ihm sei einfach nicht danach gewesen, beim Haus zu bleiben. Während wir so sprachen, kam eine Nachbarin, eine ältere Frau, die zur Zeit des Unfalls nicht in der Gegend gewesen war und gerade zurückkehrte. Sie wollte sich bei Rose danach erkundigen, was geschehen war. Die Frauen unterhielten sich in der Küche; als die Rede auf Otho kam, weinten Rose und ihre Tochter einige Minuten, so wie auch Ann bei unserer Begrüßung geweint hatte.

Daniel wurde unruhig und schlug vor, wir sollten in den Garten hinuntergehen; die Sonne ging schon unter. In diesem Garten hatte Otho Unkraut gejätet. Als wir zum Haus zurückgingen, kam einer von Daniels Enkeln, der tagsüber bei den Schafen gewesen war, angerannt und berichtete, ein Bock sei gestorben. Daniel geriet in Wut und fluchte auf englisch. Es wurde schon dunkel, als wir mit Traktor und Anhänger über einen Hügel zur Schafherde fuhren, nicht weit von der Stelle, wo der Unfall geschehen war. Tom war bei dem Widder. Wir luden ihn auf, und Tom und ich fuhren zurück. Tom schüttelte mir die Hand; unterwegs sprachen wir über das Unglück. Tom sagte, Otho habe einen Sperber schießen wollen; er verfehlte ihn zweimal und meinte, es müsse am Visier liegen. Er stellte das Gewehr mit dem Kolben auf den Boden und schlug mit dem Taschenmesser seitlich dagegen, das ich ihm einmal geschenkt hatte; Tom warnte ihn noch, aber er lachte nur.

Tom sagte, er habe gerade nicht hingesehen, als das Gewehr losging. Er hielt Otho, »bis er kalt war«. Er sagte ihm: »Das hättest du nicht tun sollen«, und schüttelte ihn, »aber seine Augen rollten nur hin und her«. Zu mir sagte er: »Ich habe Gewissensbisse« und »Ich wollte dir einen Hirsch schießen, aber dann war dieser Unfall«. Er hatte beschlossen, zwei Jahre lang nicht mehr zu jagen. Er sagte, Otho habe zuviel gearbeitet: »Wenn er ein bißchen Zeit übrighatte, sagte er: ›Komm, jetzt hacken wir das Maisfeld durch‹, und das taten wir dann.«

In Othos Gewehr war keine leere Hülse gewesen, sagte Tom; sie hatten überall danach gesucht, konnten aber nichts finden. »Irgendwer muß sie genommen haben.«

Es war schon fast dunkel, als wir beim Haus ankamen. Zum Abendessen gab es einen Eintopf aus Kartoffeln und Hammelfleisch, Chili-Soße, frisches Gemüse aus dem Garten, Kräutertee, Kaffee und Wassermelone. Nach dem Essen erzählte Rose uns einen Traum, den sie in der vergangenen Nacht gehabt hatte: Sie sah Kachina-Tänzer in einer Reihe, und sie wußte, daß Otho einer in der Mitte war, der einige Opferfiguren trug. Dann gingen die Kachinas weg, und dabei rief der letzte das *ik'ok'u*, ein klagender Ruf wie von einem Hirsch.

Daniel erzählte mir, Rose habe einige Zeit nach dem Unglück ein Radio spielen hören, obwohl nirgendwo eins eingeschaltet war. Otho hatte ein Transistorradio gehabt, sagte Tom, »aber er nahm es mit«. Daniel sagte, daß Rose sich wegen des Todes so verhielt, und »weil der Indianer eben so ist«, daß sie sich aber sicher bald wieder fangen würde. Die vergangene Nacht war die letzte der vier Trauernächte für Otho gewesen, sagte Daniel, am Morgen sei die Tür offengeblieben, damit »die Seele hinausgehen konnte«. Er sagte, Rose habe jeden Tag an Otho denken müssen, weil er abends, wenn die übrigen Familienmitglieder heimkamen, nie dabei war.

In dieser Nacht konnte ich über alles nachdenken. Es war ganz natürlich, daß ich auch flüchtig den Gedanken faßte, daß Tom Otho aus Versehen erschossen und dann in seinem Entsetzen diese Geschichte erfunden hatte, aber ich hätte diesen Gedanken wohl nie ernsthaft in Erwägung gezogen, wäre da nicht die Sache mit der fehlenden Patronenhülse. Ich sprach mit niemandem darüber. Angesichts der zwiespältigen Gefühle, die ein Zuñi bei solch einem Tod hat, war es wirklich nicht so wichtig, wer den Schuß abgefeuert hatte. Tatsache war, daß es einen Unfalltod gegeben hatte und daß jeder, der irgendeine Verbindung dazu hatte, sich mitschuldig fühlte, am meisten natürlich Tom, denn er war ja zugegen gewesen. Niemand in der Familie meldete offen Zweifel an Toms Geschichte an, obwohl sie vielleicht im stillen etwas Ähnliches wie ich denken mochten. Wie man das Problem der fehlenden Hülse auch betrachten mochte, fest stand jedenfalls, daß Tom ein erfahrener und umsichtiger Jäger war, und daß die Einschußstelle seine Geschichte glaubwürdig macht.

Am nächsten Morgen fuhr ich mit Daniel nach Zuñi hinunter, wo er einiges erledigen wollte; unter anderem wollte er auch Othos Mutter besuchen. Sie sprach in sehr ernstem und sogar scharfem Ton zu ihm und sagte, sein Engagement für die Zuñi-Politik und vor allem seine Art, andere bei öffentlichen Versammlungen zu kritisieren, sei die Familie teuer zu stehen gekommen. Sie hatte schon immer gewollt, daß er seine Position in der Stammesregierung aufgab, und hatte nie einen Hehl

daraus gemacht, daß er für sie ein *peyek lhana,* ein »lauter
Mund« war. All das sagte sie ihm jetzt ins Gesicht. Er blickte zu
Boden, und sie begann zu weinen. Er verteidigte sich in ruhigem Tonfall und wechselte dann das Thema.
Am zweiten Abend erzählte mir Daniel nach dem Essen von
den seltsamen Ereignissen, die auf den einige Monate zurückliegenden Tod eines der Bekehrten der protestantischen Mission
in Zuñi gefolgt waren. Es war ein Mann in mittleren Jahren, der
trotz seiner christlichen Aktivitäten in Zuñi sehr angesehen war.
Er war auf der langen Fahrt zum kirchlichen Krankenhaus
gestorben; Daniel meinte, er hätte gerettet werden können,
wenn seine Frau ihn in das öffentliche Krankenhaus bei Zuñi
gebracht hätte. Als er tot war, sagte seine Frau, er werde in den
Himmel kommen, aber dazu müßte sein Körper direkt zur
Missionskirche gebracht werden und nicht erst nach Hause,
und seine Verwandten dürften nicht um ihn weinen. Die Leute
von Zuñi fanden das gar nicht richtig. Daniel fand ihren Plan
absurd, denn »sogar die Weißen« bringen ja einen Toten zuerst
nach Hause und beweinen ihn, genauso wie die Zuñi. Jedenfalls
wurde der Körper direkt zur Kirche gebracht. Anstatt ihn auf
dem alten Friedhof vor der Ruine der spanischen Mission aus
dem 17. Jahrhundert zu beerdigen, wo jeder Zuñi begraben
werden muß, wenn er ins Kachina-Dorf kommen soll, wählte
sie den neuen Friedhof im Süden der Stadt. Nach der Beerdigung sah sie ihren Mann im Traum in der Kirche – nur mit
Zeitungspapier bekleidet. Darauf wollte sie ihren Mann exhumieren und an der richtigen Stelle beerdigen lassen. Aber niemand, so sagte Daniel, wollte ihr dabei helfen, denn »niemand
hat das Recht, jemanden auszugraben, der schon beerdigt ist«.
Sie wünschte auch, daß ihre Söhne in die Kachina-Gesellschaft
eingeführt würden; das war nie geschehen, weil die Familie sich
so intensiv dem Christentum gewidmet hatte. Aber ihre Söhne
waren schon erwachsen, sagte Daniel, zu alt, um noch eingeführt zu werden, und dabei muß man die Sache bewenden
lassen.
Am nächsten Tag beendete ich meinen Besuch. Tom jagte nach
weniger als einem Jahr schon wieder. Othos Bild hängt im Haus

seiner Mutter immer noch an der Wand, und sie ist die einzige, die immer noch viel von ihm spricht. Aber niemand nennt ihn mehr bei seinem Zuñi- oder englischen Namen; sie sprechen von ihm immer als von »dem, der gestorben ist«.

## Zeichen und Deutungen

Nichts ist schwerer, als den plötzlichen »Unfall«-Tod eines jungen Menschen wie Otho zu verstehen. In ihrem Versuch, einen Sinn darin zu erkennen, erwogen Lewis, Ann, Daniel und Tom eine ganze Reihe von Möglichkeiten. Zuerst war da ihr eigener Schuldanteil. Auf der einfachsten Ebene sah es so aus, daß der Unfall nicht hätte geschehen können, wenn Otho im Sommer zuhause geblieben und nicht auf die Farm gegangen wäre, und in dem Maß, wie Daniel Othos Kommen mit veranlaßt hatte, mußte man ihn für seinen Tod verantwortlich machen. Und hätte Tom seiner Warnung mehr Nachdruck gegeben, so hätte das Unglück auch nicht geschehen können. Tom fand auch für mich noch einen Platz in diesem Netz aus Ursache und Wirkung, denn schließlich hatte ich ja Otho das Messer gegeben, mit dem er gegen das Gewehr schlug.

Zu diesen äußerlichen Gründen kam hinzu, daß niemand auf die Dinge geachtet hatte, die später als Vorzeichen für Othos Tod betrachtet wurden. Die deutlichsten Vorzeichen, unerwartete Visionen, fehlten allerdings in Othos Fall. Als Junge hörte Daniel nachts einmal etwas, das wie ein Weinen klang; er ging mit einer Taschenlampe nach draußen und entdeckte, daß das Geräusch von einem Schienbeinknochen kam, der aus einem Erdwall ragte. In den Jahren danach starben alle Mitglieder seiner unmittelbaren Verwandtschaft. Ein anderes Mal sah er Funken aus einer Bürste springen und erfuhr kurz darauf, daß seine Tante gestorben war. Und wieder ein anderes Mal hatten er, Rose und Tom einen Jungen, den sie kannten, auf eine Haustür zugehen sehen und einen Augenblick später entdeckt, daß der Junge nirgends mehr zu sehen war, obwohl die Haustür die ganze Zeit abgeschlossen war. Nicht lange danach starb der Junge.

Häufiger als im Wachzustand treten solche Vorzeichen in Träumen auf. Wenn man träumt, daß man einen Zahn verliert oder daß einem ein verstorbener Verwandter (meist die Großmutter mütterlicherseits) eine Mahlzeit aufträgt, so bedeutet das »du oder jemand in deiner Familie wird sterben«. Der Träumer kann »geheilt« werden, wenn er sich in den Schutz einer Medizingesellschaft begibt. Niemand wird je wissen, ob Otho solch einen Traum gehabt hat, aber Daniel schien ein gleichwertiges Omen in der plötzlichen Veränderung von Othos Verhalten gegenüber seiner Großmutter zu sehen, so als sei der scherzhafte Umgang mit einer lebenden Großmutter etwas Ähnliches wie das Essen bei einer toten; beides stellt eine sehr enge Beziehung zu einer alternden oder schon toten Frau her. Mit etwas mehr Achtsamkeit, oder wenn das Omen deutlicher gewesen wäre, hätte Daniel Otho vielleicht dem Schutz der Medizingesellschaft anvertraut, der er selbst angehörte.

Das deutlichste Vorzeichen für Othos Tod war seine »Eile«: er lernte zu schnell, bewältigte schwierige Aufgaben, und irgendwer hätte dem vielleicht Einhalt gebieten können. Statt dessen hatte Daniel sich aber immer mehr auf Otho verlassen. Jahre später zeigte Daniel mir den Hof eines Nachbarn, der vor kurzem gestorben war. Da gab es einen neuen Wagenschuppen, das Wohnhaus war frisch verputzt, und über dem Lagerkeller erhob sich ein neues Mauerwerk; alles sah sauber und fertig aus. Der Vergleich mit seinem eigenen, von Unordnung und halbfertigen Projekten umgebenen Haus lag nahe: das Haus eines Lebendigen neben dem Haus eines Toten.

Auf der allgemeinsten Ebene der Verantwortung sah Daniel den Unfall im Zusammemhang mit dem Leben der ganzen Familie in letzter Zeit: »Irgendwas stimmt nicht.« Das Familienoberhaupt muß mehr als jeder andere darauf achten, daß er und seine Verwandten ein gutes Verhältnis zum Kosmos haben. Das ist *tewesu*, Religion. Im alltäglichen Leben bedeutet das zum Beispiel, daß man beim Essen ein Stück Brot und Fleisch ins Feuer wirft und dazu sagt: »Eßt, Großväter.« Nur auf diese Art bekommen die Toten etwas zu essen, und dafür geben sie *haloowilinne*, »Glück«. Jeder kann ihnen Nahrung geben, aber vor allem sind die Ältesten dafür verantwortlich. Zur Sonnenwende gibt es andere Opfer: Figuren, die aus Weidenruten, Schnur, Federn und Farbe angefertigt werden und die der Atem von dem, der sie macht, zum Leben erweckt. Jeder in der Familie bestimmt diese Figuren für alle Toten; Männer geben sie dem Sonnenvater oder auch den Kachinas, wenn sie in die Kachina-Gesellschaft eingeführt sind; Frauen geben sie der Mondmutter. Die Figuren dürfen nur von Männern angefertigt werden, und sie müssen die ganze Familie dabei berücksichtigen. Ein Mitglied der Medizingesellschaft wie Daniel muß auch jedesmal zu Vollmond solche Figuren machen, darunter eine für die Toten der Gesellschaft; diese Figuren macht er nur für sich, aber ihre Opferung bringt Segen für die ganze Familie. Sowohl auf das monatliche wie auf das Sonnenwendopfer folgen vier Tage der sexuellen Enthaltsamkeit; nach dem Opfer zur Wintersonnenwende darf in dieser Zeit außerdem kein Fleisch gegessen werden, und geschäftliche Unternehmungen sind verboten.

Neben diesen individuellen religiösen Handlungen sollte man aber auch mindestens einmal im Jahr an den Maskentänzen der Kachina-Gesellschaft teilnehmen, und wer Mitglied einer der Medizingesellschaften der Zuñi ist, sollte bei der Versammlung zur Wintersonnenwende erscheinen. Diese Teilnahme und die privaten Speise- und Figurenopfer sind das mindeste, was man tun muß, um mit dem Kosmos auf gutem Fuß zu stehen. Wer vergißt, den Toten etwas zu geben, verliert die Verbindung mit ihnen; wer die Figurenopfer vergißt, verliert die Verbindung zum Sonnenvater oder zur Mondmutter; wer sich ein ganzes Jahr lang nicht als Kachina-Tänzer maskiert, verliert die Verbindung zu den Kachinas; und wer sein persönliches Mitgliedszeichen nicht zum Sonnenwendtreffen der Medizingesellschaft mitbringt, verliert den Schutz der »Raubtiere«. Wenn man diese Dinge zwar tut, aber falsch und ohne *tsemaa k'okshi* (»gute Gedanken, alle auf einer Seite«) ausführt, so ist es, als hätte man sie nicht getan. Wer die Verbindung zerschneidet, zerstört sein *haloowilinne*, das Glück, das dem gewährt wird, der an die kosmischen Dinge denkt. Als Daniel sagte: »Mein Zündvertei-

ler ist nicht richtig gestöpselt«, prägte er eine Metapher, die nicht nur seine schlechte Verbindung zum Kosmos beschrieb, sondern auch die Vielgestaltigkeit der richtigen Verbindung.
Deutlichstes Anzeichen für den Verlust des *haloowilinne* sind Unfälle, die einem selbst oder einem Verwandten geschehen. Daniel betrachtete seinen eigenen Unfall mit dem Wagen, Toms Unfall mit dem Pferd und Othos tödlichen Unfall mit dem Gewehr (die alle in einem Zeitraum von weniger als einem Jahr geschahen) als Ausdruck ein und desselben Zustands der Disharmonie, für den er vielleicht selbst verantwortlich war. Andererseits fiel ihm aber auch auf, daß die beiden anderen Unfälle während seiner Abwesenheit geschehen waren, und er schloß daraus, daß sein *haloowilinne* wohl doch noch in Ordnung war und sein einziger Fehler darin bestanden habe, andere ohne seinen Schutz zu lassen.
Aber außer dem Versagen der Verwandten besteht auch noch die Möglichkeit, daß böser Wille eines Außenstehenden am Werk war. Manche Menschen sind *aahalhikwi*, »Hexer«, Männer oder Frauen, denen der Ärger das Herz verhärtet, wenn jemand mehr Glück hat als sie oder wenn jemand sie beleidigt oder geringschätzig behandelt. Ein Hexer wird den Tod eines solchen Menschen herbeiwünschen und auch darauf hinarbeiten, und wenn dieser Mensch zu stark ist, wird er ihn indirekt treffen und jemanden angreifen, der ihm nahesteht. Gewöhnlich kommt eher eine Krankheit als ein Unfall über das Opfer, aber Tom machte ja eine Andeutung über Hexerei im Zusammenhang mit Othos Tod, als er sagte, »irgend jemand« müsse doch die leere Hülse genommen haben. Niemand maß dieser Idee große Bedeutung bei, aber es stimmte, daß eine bekannte Hexe mehrmals in der Nähe der Farm gesehen worden war. Othos Mutter stellte jedenfalls eine direkte Verbindung zwischen Hexerei und dem Schicksal der Familie her, als sie Daniel wegen seiner politischen Aktivitäten angriff; ihrer Meinung nach konnten einige der Leute, die er öffentlich attackierte, Hexer sein.
Und es gibt eine dritte Möglichkeit: Der Verstorbene kann seinen Tod selbst gewollt haben. Die Zuñi haben ein viel

weiteres Verständnis von dieser Möglichkeit, als sie etwa das deutsche Wort »Selbstmord« zeigt, denn sie unterscheiden nicht zwischen »bewußter« und »unbewußter« Motivation. Die bekannteste Möglichkeit, durch eigenen Willen zu sterben, ist ein zu langes und zu tiefes Trauern um einen Verstorbenen. Als Daniels Nachbar starb, folgte ihm seine Frau nach zwei Monaten. Und die zweite Möglichkeit, den eigenen Tod herbeizuführen, besteht in einem selbstverursachten Unfall.
Von einem Geschichtenerzähler hörte ich einmal das Märchen »Der Junge und die Hirsche«.[1] Ein Junge, den seine Mutter verlassen hatte, wurde von Hirschen aufgezogen und schließlich von Jägern entdeckt und eingefangen. Man brachte ihn zur Mutter zurück. Er lieh sich Bogen und Köcher des Großvaters aus und streifte jeden Tag in der Gegend umher. Am vierten Abend bat ihn seine Mutter, ihr die mittleren Blätter der breitblättrigen Yucca zu holen; sie brauchte die Fasern für einen Korb.

*Am nächsten Morgen, als er gegessen hatte,*
*legte er den Köcher an und ging hinaus.*
*Er ging auf den Großen Berg und sah sich um, bis er eine große*
 *Yucca fand,*
*mit sehr langen Blättern.*

*»Das muß wohl die Art sein, die du meinst.« Die Mittelblätter*
 *wollte sie.*
*Er legte Bogen und Köcher hin, faßte die Mittelblätter an, und*
 *begann zu ziehen.*
*Er zog,*
*plötzlich löste es sich,*
*und er stieß es sich geradewegs ins Herz.*
*Da starb er.*

*Er starb, und sie warteten auf ihn, aber er kam nicht.*

Ein Unglück scheint hier beschrieben zu sein, aber der Erzähler ließ diese Erklärung folgen:
Wahrscheinlich hatte er vor, sich zu töten, so fühlte ich beim

Erzählen. Alleweil war er bei seinen Hirschen; immer hatte er nur das im Sinn. Er wuchs nicht in seiner Familie auf, sondern bei diesen Hirschen, unter freiem Himmel, und wahrscheinlich gefiel es ihm im Haus nicht.
Der Erzähler sah keine Veranlassung, eine eindeutige Aussage darüber zu machen, ob der Junge seinen Tod »geplant« hatte oder nur an etwas dachte und den Unfall geschehen ließ.
Othos Fall hat eine fatale Ähnlichkeit mit dem des Jungen in der Geschichte. Niemand kann sagen, was in Othos Kopf vorging, aber jedenfalls zeigte er das äußere Symptom der Rastlosigkeit wie der andere Junge; und wie er hatte er sich entschieden, von zu Hause wegzubleiben. Sein Unfall war nicht weniger unwahrscheinlich als der in der Geschichte. Er hielt den Lauf auf sich gerichtet, obwohl er seinem Bruder lang und breit erklärt hatte, wie gefährlich das war, und er tat es immer noch, als Tom ihn davor warnte. Und schließlich stellte sich auch noch heraus, daß das Visier, das er so heftig mit dem Messer bearbeitet hatte, völlig in Ordnung war.
Eine weitere mögliche Erklärung für Othos Tod ist seine *onanne*, seine »Straße«. Der Sonnenvater setzt jedem bei der Geburt eine Lebensspanne fest; manchen gibt er eine lange Straße, anderen eine kurze. Otho, so vermutete Lewis, hatte vielleicht eine kurze. Wenn jemand das Ende seiner Straße erreicht hat, so ist nichts mehr zu ändern. Aber es gibt auch den vorzeitigen Tod: man kann auf ein Hindernis treffen, und das muß man, wie Daniel sagte, »wegfegen«, wenn man auf seiner Straße weitergehen will. Dabei hat man vielleicht die Hilfe einer der Medizingesellschaften nötig, die *ona yaanakya tikyaawe* genannt werden, »Gesellschaften zur Vollendung des Weges«. Das Hindernis kann in gefährlichen Träumen bestehen oder in Unfallgefährdung oder in inneren Krankheiten, die durch Hexerei verursacht sind. Wenn Otho wegen solch eines Problems gestorben war, so hatte er einen vorzeitigen Tod gefunden, den man mit der richtigen Diagnose hätte verhindern können. Aber da war auch noch Othos Hast, die bedeuten konnte, daß er ohnehin dem Ende seiner Straße nahe war und alles noch schnell erledigen wollte; sie konnte jedoch auch bedeuten, daß

er seinen Weg zu schnell ging und daher zu rasch an sein vorbestimmtes Ende kam.
Mag es auch sein, daß manche Menschen wirklich nur eine kurze Straße haben, so gibt es doch nur *eine* Art von Tod, die man als ein Ankommen zur rechten Zeit akzeptieren kann, und das ist, wenn ein alter Mensch sich schlafen legt und nicht mehr aufwacht. Solch ein Ende wird überhaupt nicht als »Sterben« im normalen Sinn betrachtet; man sagt, daß solch ein Mensch nicht mehr hier, sondern im Jenseits aufwacht.[2] Weniger glückliche Seelen müssen noch vier Tage in ihrem Haus abwarten, bis sie sich endlich Schritt für Schritt ins Jenseits aufmachen dürfen.

## Begräbnisrituale

Wenn jemand nicht zu Hause stirbt, so bringt man ihn heim, so wie auch Otho von der Farm zum Haus seiner Mutter in Zuñi gebracht wurde. Alle Verwandten und engen Freunde werden benachrichtigt; auch, wer etwa den Verstorbenen zur Mitgliedschaft in einer religiösen Organisation bewogen hat. Die Trauergäste treffen ein, während man den Leichnam noch vorbereitet. Sie sprechen Gebete und streuen Maismehl über den Körper. Manche weinen, die Frauen laut und die Männer leise, aber andere, selbst nahe Verwandte, weinen nicht.
Der Körper wird mit dem Kopf nach Osten gelegt, so wie die Lebenden niemals im Schlaf liegen sollten. Zwei oder drei nahe männliche Verwandte messen den Körper mit einem Seil und gehen, um das Grab auszuheben. Inzwischen baden die weiblichen Verwandten den Körper in einer Lauge aus den Knollen der Yuccapflanze und reiben ihn mit Maismehl ein, wobei er niemals vollständig unbedeckt bleiben darf. Danach wird der Körper neu eingekleidet – nicht mit Arbeitskleidung, aber auch nicht mit zeremonieller Kleidung – und mit Silber und Türkisen geschmückt. Jedes Kleidungsstück ist aufgetrennt, damit seine Seele herauskann, um die Seele des Verstorbenen zu begleiten. Auch die religiösen Gefährten geben dem Toten etwas mit:

einem Amtsträger der Kachina-Gesellschaft einen weißen bestickten Rock, wie ihn die Kachina-Tänzer tragen; einem Mitglied einer Medizingesellschaft ein schwarzes Lendentuch; einem Regenmacher- oder Bogen- (Kriegs-) Priester eine Wolkenkappe aus weißer, flockiger Baumwolle.[3] Diese Gefährten bemalen ihre Gesichter wie zu einer Zeremonie; für einen Regenmacher wird zum Beispiel das Kinn geschwärzt, eine schwarze Linie führt über die Oberlippe, und der obere Teil des Gesichts wird mit Maisblütenstaub bedeckt.

Bleibt ein Ehegatte zurück, so muß er oder sie vom Feuer ferngehalten und in kaltem Wasser gebadet werden, zuerst die Haare und dann der ganze Körper. Er (sie) hält sich abseits und still, bleibt vom Feuer fort und darf weder Salz noch Fleisch essen, bis vier Nächte vergangen sind.

Wenn der Körper vorbereitet ist, wird er in Decken eingeschlagen. Die Decken werden bis zum Hals zugeschnürt; nur das Gesicht bleibt noch frei, bis die Totengräber zurückkommen. Die Trauernden streuen Maismehl auf das Gesicht (oder auf die Brust, falls das Gesicht bemalt ist). Jetzt schließt man die Decke über dem Gesicht, und das Weinen der Trauernden wird lauter. Niemand begleitet die Totengräber, wenn sie den Körper zum Friedhof tragen.

In der Zeit der Spanier wurden die Zuñi gezwungen, ihre Toten vor der franziskanischen Mission zu beerdigen. Die Mission wurde 1821 aufgegeben, aber der Friedhof ist für alle Zuñi ein heiliger Ort geblieben; anderswo begraben zu werden, würde für einen Zuñi bedeuten, daß er nicht dort sein darf, wo er eigentlich hingehört. Der Körper wird mit dem Kopf nach Osten ins Grab gelegt. Bevor er mit Erde bedeckt wird, schneidet man die Verschnürungen der Decken auf, damit der Tote nicht dort unten gefangensitzt; sollte ein Sarg benutzt worden sein, so muß ein Loch hineingebohrt werden. Die Stelle des Grabes wird fast nie markiert.

Wie Daniel sagte, muß jemand, der einen Toten begräbt, *ottsi*, »mannhaft«, sein, denn wenn er auf dem Friedhof von Mitleid überwältigt wird oder so etwas wie »oh, mein armes Kind« sagt oder gar Tränen vergießt, so wird er krank werden, weil der

Tote ihn bei sich haben will. Nach der Beerdigung muß er allen Schmutz, den er etwa vom Friedhof mitgebracht hat, sorgfältig entfernen, und er muß auch seine Schuhe über brennendem Tannenharz reinigen, um die Geister des Toten zu vertreiben. Bevor sie den Friedhof betreten, verstopfen manche Männer sich Ohren und Nase mit Baumwolle, um allen Staub fernzuhalten.
Während der Tote begraben wird, werfen die Trauernden zu Hause große Mengen von Nahrungsmitteln ins Feuer. Diese Opfer werden fortgesetzt, bis vier Nächte vergangen sind, und sie sind nicht wie sonst für alle Toten bestimmt, sondern nur für diesen einen.
Die Verwandten des Verstorbenen zerstören alles, was ihm gehört hat. Alles, was nicht zu dem Toten in die Decken gelegt wurde, wird entweder verbrannt oder für ein besonderes Begräbnis aufgehoben. Otho hatte ein Transistorradio besessen; ich weiß nicht, was damit geschehen ist, aber »er nahm es mit«, wie Tom sagte. Hatte dem Toten auch ein mit Federn besetzter Maiskolben gehört, persönliches Zeichen der Mitgliedschaft in einer Medizingesellschaft, so werden die Federn von der Frucht abgelöst und bei einem Opfer für den Toten mitverwendet.
Die engere Familie des Toten muß so bald wie möglich ein Figurenopfer darbringen. Findet das Begräbnis sehr früh am Tag statt, so können sie die Opferung schon am gleichen Tag bei Sonnenuntergang vornehmen; ansonsten warten sie den nächsten Morgen ab. Sie verlassen die Stadt in westlicher Richtung und gehen zum Fluß. Dort wird der restliche Besitz des Verstorbenen verbrannt; wenn er wie Otho eine eigene Maske für den Kachinatanz besaß, so wird diese Maske in einem separaten Loch beerdigt. Dann graben sie näher am Fluß ein weiteres Loch, stellen ihre Figurenopfer hinein und beten. Außer den Figuren, die allen Toten gewidmet sind, bleiben bei dieser Gelegenheit einige Figuren nur dem toten Verwandten vorbehalten. Am Tag danach, wenn der Atem der Opfer zu den Toten gegangen ist, kommt jemand, um die Löcher wieder zu füllen, in denen sie stehen.
Die *pinanne*, »Seele« (wörtlich: »Wind«) des Toten, die zu

Lebzeiten im Atem oder letztlich im Herzen gewohnt hat, bleibt unter den Lebenden, bis vier Nächte vergangen sind. Sie kann sich auf verschiedene Arten bemerkbar machen. Als Daniels Nachbar starb, schoß einer von Daniels Söhnen einen Hirsch und warf die Leber als Opfer ins Feuer, weil der Tote selbst ein guter Jäger gewesen war; in dem Augenblick sprang die Haustür des Nachbarn auf und schloß sich wieder. Wenn nachts alle Türen und Fenster geschlossen sind, so wird die Seele des Toten im ganzen Haus kratzende Geräusche machen, weil sie nicht aus und ein gehen kann, wie sie möchte. In ihrer Einsamkeit wird die Seele irgend jemanden mitnehmen wollen, vor allem ein Kind oder den Ehepartner, und sie kann den Lebenden im Traum erscheinen. So war es bei dem toten Protestanten, von dem Daniel mir erzählt hatte; als er seiner Frau erschien, bestand sein Totengewand aus nichts als Zeitungen.

An vier Morgenden muß der Ehepartner nach Osten aus der Stadt gehen, um zu beten und Maismehl zu opfern. In der linken Hand hält man schwarzes Maismehl, bewegt es viermal um den Kopf und wirft es fort; das »macht die Straße dunkel« und verhindert Traumbesuche der Seele. Danach wird weißes Maismehl geopfert, das man in der rechten Hand hält. Der überlebende Ehepartner kann auch noch besondere Figurenopfer darbringen, zwei- oder viermal, im Abstand von jeweils vier Tagen. Das folgende ist ein Gebet, das man bei solch einem Opfer spricht.[4]

(Gesicht ostwärts, Figuren in jeder Hand)

*An DIEsem Tag · meine ÄLteren · die das heilige Wasser geWONnen haben · HEUte · ist hier · was EUer ist · das HEIlige Doppel, das ich gemacht habe · das HEIlige Doppel in meiner Hand · ich STEhe auf eurer Straße · ich GEbe euch dieses heilige Doppel ·*

(Aufstellen der Figuren für die Toten im allgemeinen)

*Möget ihr unser heiliges Doppel HALten · möget ihr mir ALL eure guten Wünsche GEben ·*

(Verstreuen von weißem Maismehl)

*Ebenso · DU, den ich [hier sagt man für einen Ehemann »Vater« und für die Ehefrau »Mutter«] nannte · JA, wahrhaftig, im Tagesicht · lebten wir · unsere Herzen ineinander verschlungen · du hast das heilige Wasser geWONnen · was DEINS ist · OPfere ich dir jetzt · das HEIlige Doppel, das ich gemacht habe · daß du es umarmst · daß du TEILhast an meinem heiligen Doppel ·*

(Aufstellen der Figuren für den Ehepartner)

*Du hast keinen GRUND, IRgend jemanden WEGzunehmen · wo auch IMmer die Leiter nach unten führt · der PRIEster des Mais hat Kinder · einige sind JUNgen · einige sind MÄDchen · ihre STRAßen liegen noch voraus · und IRgendwer, eine Person des Wissens vielleicht · hat aus irgendeinem GRUND · mit BÖsem Herzen · und WAFfen · deine Kraft zuNICHte gemacht · möge DAS der EINzige sein, den deine Gedanken fangen · mögest du uns deine GUten Wünsche GEben · mögen wir SIcher sein auf der GUten Blütenstaubstraße · mögen unsere WEge ihr Ziel erreichen ·*

(Verstreuen von weißem Maismehl)


Das »heilige Doppel« ist natürlich das Figurenopfer, im Grunde ein Selbstopfer.[5] »Gute Wünsche« ist ein anderer Ausdruck für *haloowilinne*, das Glück, das in diesem Fall aus der richtigen Beziehung zwischen Lebendigen und Toten erwächst. Vor allem aber darf der Tote niemanden mitnehmen, der das vorbestimmte Ende seiner Straße noch nicht erreicht hat, es sei denn die »Person des Wissens« oder die Hexe, die vielleicht den Tod verursacht hat.

Am vierten Morgen nach dem Tod läßt man die Haustür offen, damit diese Seele das Haus endgültig verlassen kann. Die Leute auf der Farm taten das für Otho, obwohl sein Zuhause unten in Zuñi war. Wenn eine Seele noch über diese Zeit hinaus im Haus bleibt und nachts Lärm macht, so vertreibt man sie mit dem Rauch von Tannenharz.

War es ein vorzeitiger, vor allem ein von dem Verstorbenen selbst beabsichtigter Tod, so reist die Seele nur bis zum »Wind-Ort« (Seelenort), einer Ruine, die etwa eine Meile westlich außerhalb der Stadt liegt. Dort muß sie warten, bis das vom Sonnenvater festgesetzte Ende ihrer Straße erreicht ist, und kann erst dann zu den anderen Toten.

Ein zurückgebliebener Ehepartner, der zu früh wieder heiratet, beschwört damit die Wiederkehr des Toten herauf. Der Besuch kann im Traum stattfinden, aber auch im Wachzustand, und dann erscheint der Tote als wandelnder, klagender Leichnam.

## *Weg der Seele nach dem Tod*

Niemals aber kann ein Toter als lebender Mensch wieder zu den Lebendigen zurückkehren. Diese Endgültigkeit des Todes ist etwas spezifisch Menschliches; andere Formen des Lebens sind davon nicht betroffen, denn sie leben in einer anderen Zeit. Auch andere Lebewesen sterben, aber der Tod hat für sie nicht die gleiche Bedeutung, denn sie werden wiedergeboren; ein Hirsch wird beim Tod wieder ein Hirsch, ein Bär wird ein Bär. Ihr Leben ist wie die Jahreszeiten oder wie das Leben mehrjähriger Pflanzen. In der religiösen Terminologie der Zuñi sind sie *ky'apin aaho"i,* »rohe (oder weiche) Leute«, während die Menschen *akn aaho"i* sind, »reife (oder gare) Leute«. Menschen werden auch *tek'ohannan,* »Leute des Lichts«, genannt, weil ihr Sonnenvater sie aus der Finsternis der Unterwelt heraufgerufen hatte, damit sie in seinem Licht leben konnten. Der Aufstieg zum Licht war das erste aus einer Reihe von einzigartigen historischen Ereignissen, von denen die »reifenden« Leute von der rohen (oder natürlichen) Welt der zyklischen Zeit getrennt wurden. In mancher Beziehung wiederholt ein einzelnes Leben die historische Menschwerdung, angefangen damit, daß jedes Neugeborene dem Sonnenvater dargeboten wird. Der Tod, »das Ende des Lichts«, hebt alle Ergebnisse der Menschheitsgeschichte und der persönlichen Geschichte auf und führt den Verstorbenen in die rohe Welt zurück. Wie diese Aufhebung vonstatten geht, hängt davon ab, was man im Leben getan hat. Einer von Daniels Söhnen sagte: »Je mehr du hier lernst, desto besser für dich dort drüben.«

Ein Junge lernt zum ersten Mal etwas, das ihn auf den Tod vorbereitet, wenn er in die Kachina-Gesellschaft eingeführt wird. Das geschieht in zwei Stufen: im Alter von fünf bis neun und dann wieder zwischen dem zehnten und vierzehnten Lebensjahr. Von der zweiten Einweihung an erlernt er die Maskentänze zur Verkörperung der *kokkookwe*, der »Kachina-Leute«, der gestorbenen Zuñi, die zwei Tagesmärsche westlich unter einem See im Kachinadorf wohnen.[6] Er lernt nicht nur zu singen und zu tanzen wie diese Toten, sondern darf auch an der alle vier Jahre stattfindenden Pilgerschaft zum Ufer dieses Sees teilnehmen. Wenn er stirbt und seine Seele das Haus verläßt, wird er nach zwei Tagen im Kachinadorf ankommen (sofern er nicht einer von denen ist, die am »Wind-Ort« warten müssen). Hatte er im Leben eine eigene Maske, so darf er an den Tänzen der Toten teilnehmen. Das sah Rose für ihren Enkel Otho voraus, als sie in der Nacht, bevor seine Seele aufbrach, träumte, daß er mitten in einer Reihe maskierter Tänzer stand.

Manchmal werden auch Frauen in die Kachina-Gesellschaft eingeführt, um sie von einem bösen Schrecken zu heilen, den ihnen ein Kachina eingejagt hat. Im übrigen kommen Frauen nach dem Tod ins Kachinadorf, wenn sie mit einem Mitglied der Gesellschaft verheiratet waren; sie kehren zu ihrem früheren Mann zurück. Das ist die Umkehrung der Verhältnisse im Leben, wo ein Mann sein Zuhause verläßt, um mit seiner Frau und ihrer Familie zu leben. Die Witwe, von der Daniel gesprochen hatte, die ihren konvertierten Mann auf dem falschen Friedhof begraben hatte und ihm dadurch alle Möglichkeiten abschnitt, ins Kachinadorf zu kommen (selbst wenn er gewollt hätte), wird selbst auch nach ihrem Tod keinen Ort haben, wohin sie gehen kann. Was auch aus den beiden wird, sie werden nicht unter Zuñis sein und ihre Söhne auch nicht, denn sie sind zu alt, um noch in die Gesellschaft einzutreten.

Die Leute im Kachinadorf sind für ihren Lebensunterhalt ganz auf die Lebenden angewiesen; ihre einzige Quelle für Nahrungsmittel und Kleidung ist die *pinanne* oder Seele der Dinge, die man ihnen opfert. Da sie selbst Seelen sind, können sie keine Nachkommen zeugen; ihre Zahl vergrößert sich nur durch immer neue Tote. Die Kachinas gewähren den Lebenden eine Art von Glück, die nur sie geben können: *ky'ashima,* alle Arten von lebenspendender Feuchtigkeit. Sie sorgen nicht nur für die Fruchtbarkeit der Felder, sondern auch der Menschen, der Haustiere und des Heimhandwerks, etwa der heutigen Silberschmiedekunst. Und sie vermitteln den Menschen Freude: Die Lieder derjenigen, die Kachinas verkörpern, sind so »wunderschön« (wörtlich: »vielfarbig«), daß man meinen könnte, sie sollten den Lebenden das Totenreich schmackhaft machen.[7] Wenn jemand stirbt, während die Tänzer in der Stadt sind, so sagt man, die Kachinas hätten ihn mitgenommen.

Die Kachinas, die im Leben eine eigene Maske besessen haben, können in Geistform zu den Lebenden zurückkehren – in der Maske eines lebenden Tänzers. Jeder Bewohner des Kachinadorfs kann in einer Wolke oder in einer ganzen Gruppe von Regenwolken zu den Lebenden zurückkehren; wer aber im Leben selten an den Tänzen teilgenommen oder niemals zugesehen hat, der wird allein am Himmel sein, eine »lügende« Wolke, die keinen Regen bringt. Wenn die Lebendigen zum Kachinadorf pilgern und im Regen nach Zuñi zurückkehren, so wird im Dorf geweint, weil sie die Toten mit zurückgebracht haben.

Wenn die Bewohner des Kachinadorfs nicht gerade in einer Wolke oder in anderer Form nach Zuñi reisen, leben sie ähnlich wie die »reifen« Menschen, die sie einmal waren. Sie haben Menschengestalt, sie tragen Kleider und sie essen gekochte Speisen (zumindest deren Geist). Wie unter den Lebenden gibt es auch bei ihnen Hexer. Aber in anderer Hinsicht sind sie der rohen Welt um einen Schritt näher. Die meisten von ihnen

Gemälde auf einem Tongefäß. Eine gefiederte Wolke. Eine Zuni-Frau äußerte dazu: »Ein Gebet, daß jemand nach seinem Tod mit Regen und Donner wiederkehren möge. Wir tun den Kopf in die Wolken, um zu zeigen, daß es eine Person ist. Die Wolken sind die Toten.« Aus Ruth Bunzel: *The Pueblo Potter*, (1972), S. 110, 113.

können nicht sprechen; sie äußern sich durch Tierschreie, vor allem mit dem Schrei der Hirsche. Ihre Lieder haben Worte, aber sie singen nie allein, sondern nur gemeinschaftlich. Sie haben keine Individualität mit unverwechselbaren Gesichtern und Persönlichkeiten, sondern sind Personentypen: entschlossen und würdevoll, unbeholfen und immer aus dem Tritt, dumm und kindisch, freundlich und einfach, häßlich und schmutzig, stattlich und auffällig, heißblütig und heftig, gereizt und faul oder für immer mit einem nervösen Tic behaftet. Sie sind mit breitem Strich gezeichnete Skizzen wirklicher Personen. Wenn sie von den Lebenden beim Kachinatanz verkörpert werden, so erscheinen sie nicht mit ihrem persönlichen Namen, sondern nur mit dem Namen ihrer Maske. Der Ungeschickte ist der *Hehe'a*, der Heißblütige heißt *Salimopiya* und so weiter.[8] Wenn der Lebende seine *Hehe'a*-Maske trägt, so ist er *Hehe'a* und kann nicht mit seinem eigenen Namen angesprochen werden. Und wer stirbt und ins Kachinadorf geht, wird von den Lebenden nie wieder bei seinem eigenen Namen genannt. Auch die Frauen erleiden im Kachinadorf den gleichen Identitätsverlust.

Sehr gefährlich ist es, wenn ein Toter doch noch einmal in seiner wirklichen Identität unter den Lebenden auftaucht. Regenwolken oder maskierte Kachinas im Traum zu sehen, ist ein gutes Vorzeichen für Regen, aber wenn man das Gesicht eines toten Verwandten erkennt, so ist man vom Tod gestreift worden. Roses Traum lag genau dazwischen: sie wußte, daß Otho der mittlere Tänzer war, aber er trug seine Maske.
Manche Tote kommen auch woanders hin als ins Kachinadorf, selbst wenn sie Mitglied der Kachina-Gesellschaft waren oder Ehefrau eines Mitglieds. Wer einmal dem Tod nahe war und durch Einführung in eine Medizingesellschaft gerettet wurde, der kommt zu den Toten aller Medizingesellschaften der Welt in *Shipaapuli'ma,* wo es eine einzige Gesellschaft für die Vollendung des Weges gibt. *Shipaapuli'ma* liegt nicht wie das Kachinadorf am Grund eines Sees, sondern hoch oben in den östlichen Bergen. War der Tote nicht nur Mitglied der Gesellschaft, sondern hatte auch gelernt, die Raubtiere zu verkörpern, so wird er es auch bei den Toten können und außerdem in der Lage sein, die lebenden Darsteller der Toten als Geist zu besuchen. Die östlichen Toten dürfen auch ins Kachinadorf, sind aber nicht sehr daran interessiert.
Auch die Leute vom Kachinadorf und von *Shipaapuli'ma* können noch sterben, und ihr Tod ist immer noch die menschliche Art von Tod, denn er verändert das ganze Sein. Sie müssen sogar noch dreimal sterben, bis sie die Menschlichkeit völlig abgelegt haben und wieder in die rohe Welt eintreten. Es gibt zwei Ansichten darüber, wo sie sein werden, wenn sie das vierte und letzte Mal gestorben sind. Entweder sind sie wieder an dem Loch, noch weiter westlich als das Kachinadorf, wo die ersten Vorfahren am Anfang der Zeit aus der Erde hervorkamen, oder sie sind Tod für Tod in die tiefste der vier Unterwelten hinabgestiegen, wo die Ahnen vor ihrem Aufstieg zur Erde lebten. In jedem Fall kehren sie in den Zustand vor der Bildung der Kachina-Gesellschaft und der Medizingesellschaften der Zuñi zurück, als die Zuñi noch nicht von den anderen Völkern geschieden waren, als noch kein Mensch gestorben war und als der Sonnenvater den ersten Menschen noch kein Bewußtsein

ihrer selbst geschenkt hatte, indem er sie ans Licht rief. An diesem Punkt verlassen die viermal Toten das spirituelle Leben und werden als rohe Wesen wiedergeboren, um niemals wieder reife Wesen zu sein.

Die menschlichen Vorfahren, die durch die Unterwelten nach oben kamen, waren »Moos-Leute«, sie hatten Schwänze, Schwimmhäute an Händen und Füßen und waren mit Schleim bedeckt; sie mußten also etwa wie Salamander gewesen sein. Wer viermal gestorben ist, kehrt nicht genau in diesen Zustand zurück, sondern nimmt die Gestalt des rohen Wesens an, zu dem er im Leben eine besondere Beziehung hatte. Wer einer Medizingesellschaft angehört hatte, konnte Berglöwe, Bär, Dachs, Wolf, Adler, Maulwurf, Klapperschlange oder rote Ameise werden; frühere Hexer wurden Coyote, Eule oder Schlange, und Mitglieder der Kachina-Gesellschaft konnten zu Hirschen werden.[9] Otho mag vielleicht ein Hirsch geworden sein, wie auch der Junge aus dem Märchen »Der Junge und die Hirsche«, der sich mit dem Blatt der Yuccapflanze erstach.

Für Kinder, die ohne alle Vorbereitungen sterben, ist der Weg kürzer. Wenn sie so früh sterben, daß sie noch keine gekochten Speisen gegessen haben, so sind sie noch relativ roh und gelangen schon nach einem einzigen Tod wieder in die rohe Welt. Sie werden dort etwas Ähnliches wie die Moos-Leute der Vorzeit, Schildkröten, Wasserschlangen und Frösche.

Die einzige Möglichkeit, dem endlosen Reinkarnationszyklus der rohen Welt zu entkommen, besteht darin, ein *Uwanam Aashiwani*, ein Regenmacher-Priester, zu werden. Man bewirbt sich nicht darum; der Priester hält nach einem jungen Mann oder einer jungen Frau Ausschau, und *er* ergreift dann die Initiative. Wer aufgefordert wird, versucht meist, sich irgendwie herauszureden, denn es ist eine so ernste Sache. Selbst manche von denen, die sich darauf einlassen, geben später wieder auf. Wie andere Menschen sind die Priester verheiratet und haben Familie, aber ein großer Teil ihres Lebens ist Fasten und Gebet gewidmet. Sie dürfen niemals töten und achten sogar darauf, keine Ameise zu zertreten. Selbst mit dem Tod von Pflanzen dürfen sie nichts zu tun haben; sie säen ihr Maisfeld, aber andere ernten für sie. Sie beten nicht nur für sich selbst und ihre Familie, sondern für alle Zuñi und auch für alle Menschen und überhaupt für alle Wesen auf der Welt, »sogar für jeden schmutzigen Käfer«.[10] Wenn sie sich im Sommer in einen Raum, der durch vier weitere Räume von der Außenwelt getrennt ist, zur Einkehr zurückziehen, so verläßt ihr Geist den Körper und reist in der ganzen Welt umher, um die Zukunft zu schauen. Wie die Kachina-Gesellschaft sorgen auch sie für den Sommerregen, aber ihr Regen bewässert nicht nur die Felder der Zuñi, sondern die ganze Welt.

Ganz am Anfang, in der vierten Unterwelt, lebten die Regenmacher an den Ufern des großen Ozeans, der die Erde umgibt; sie folgten den anderen auf dem Weg nach oben und dann nach Osten zum Licht, und sie halfen mit ihrer Sehergabe den Menschen, den Weg nach Zuñi, dem Mittelpunkt der Welt, zu finden. Nach dem Tod kehrt ihr Geist an den Ozean zu allen früheren Priestern zurück. Diese Priester sind die eigentlichen Regenmacher. Ihre Nachfolger unter den Lebenden rufen sie bei ihren *Eigennamen* an, die so alt sind, wie es überhaupt Namen gibt.[11] Sie sind die am weitesten entrückten Toten und doch zugleich die, die den Menschen am nächsten stehen.

Früher gab es noch eine andere Art, der Wiedergeburt zu entkommen: man mußte ein Bogenpriester werden, ein Beschützer der Regenmacher und der anderen Menschen. Während der Regenmacher niemals tötet oder auch nur streitet, nahm der Bogenpriester nicht nur den körperlichen, sondern auch den spirituellen Kampf auf sich; er brachte die Geister getöteter Apachen und Navajos nach Zuñi. Dort verwandelte er diese Geister in Regenbringer und zog sich dann zurück, um sich zu reinigen.[12] Waren sie im Krieg, so standen sie unter dem Schutz der Raubtiere und der beiden kriegerischen Söhne des Sonnenvaters. Waren sie aber zu Hause, so beteten sie zu den Beschützern der gestorbenen Regenmacher, den Geistern der toten Bogenpriester, zu denen sie nach dem Tod auch gehören würden. Sie sind die Erzeuger des Blitzes.

Die Zuñi bitten im Gebet um ewiges *(ishalhmatte)* Glück, aber es gibt unter ihnen auch solche, die nach dem Tod der Welt selbst fragen. Am Anfang war die Erde selbst roh und weich, aber schon die Generationen von Daniels Vätern und Großvätern begannen sich zu fragen, ob sie nicht zu reif, zu hart werde. Daniel berichtet, sie hätten eine Hungersnot vorausgesagt, und diese Hungersnot sei schon da, verberge sich nur hinter dem scheinbaren Überfluß der Supermärkte. Am Ende, so hatten die Älteren gesagt, werden all unsere Werkzeuge und alles, was wir gemacht haben, sich gegen uns erheben; die Sterne werden fallen, und wir werden alle in heißem Regen sieden.

# ANMERKUNGEN

## Abkürzungen für häufig zitierte Zeitschriften und Serien

AA = American Anthropologist
APNH = Anthropological Papers of the American Museum of Natural History
ARAE = Annual Report of the Bureau of American Ethnology
BAE = Bulletin of the Bureau of American Ethnology
JAF = Journal of American Folk-Lore
MAA = Memoirs of the American Anthropological Association
MFS = Memoirs of the American Folklore Society

## Einleitung

1 Virgil J. Vogel: *American Indian Medicine*, Ballantine, New York 1973, S. 227–230.
2 »Monotheism Among Primitive Peoples«, in: Special Publications of the Bollingen Foundation, Nr. 4 (1954).
3 *Schamanismus und archaische Ekstasetechnik*, Rascher Vlg., Zürich, Stuttgart 1957, S. 8.
4 John Fire/Lame Deer und Richard Erdoes: *Lame Deer Seeker of Visions*, Simon and Schuster, New York 1972, S. 246.
5 Für eine eingehende Beschreibung der visionären Suche der Papago s. Kap. 4.
6 Leo Simmons (Hrsg.): *Sun Chief*, Yale University Press, New Haven 1942, S. 47–50.
7 Schwarzer Hirsch, John G. Neihardt: *Ich rufe mein Volk*, Walter Vlg., Olten 1955, S. 50.
8 *Ich rufe mein Volk*, S. 39. Über das Phänomen der Verwandlung bei den Ojibwa s. Kap. 8 des vorliegenden Buches.

9   Weitere Einzelheiten über *Tirawa* in: Alice C. Fletcher: *The Hako; A Pawnee Ceremony*, ARAE 22 (1904).
10  Erschöpfende Behandlung der Medizinbeutel in Clark Wissler: *Ceremonial Bundles of the Blackfoot Indians*, APNH 7, Teil 2 (1912).
11  Für eine allgemeine Darstellung über den Wächter siehe Ruth Benedict: *The Concept of the Guardian Spirit in North America*, MAA 29 (1923).
12  Father Bernard Haile: »A Note on the Navaho Visionary«, AA 42 (1940), S. 359; Arthur C. Parker: »Secret Medicine Societies of the Seneca«, *AA* 11 (1909), S. 161–185; Ruth Landes: *Ojibwa Religion and the Midewiwin*, University of Wisconsin Press, Madison 1968; Leslie A. White: »A Comparative Study of Keresin Medicine Societies«, *Proceedings of the Internal Congress of Americanists* 23 (1928), S. 604–619.
13  Landes: *Ojibwa Religion*, S. 21.
14  Paul Radin: *The Autobiography of a Winnebago Indian*, Dover, New York 1963, S. 70.
15  Benedict a.a.O. S. 39 f.; Charles H. Lange: *Cochiti*, Southern Illinois University Press, Carbondale 1959, S. 233–236.
16  Siehe Kap. 5.
17  Vera Laski: *Seeking Life*, MFS 50 (1958), S. 128.
18  »Look to the Mountaintop«, in: *Essays in Reflection II*, hrsg. von E. Graham Ward, Houghton Mifflin, Boston 1973, S. 97.
19  J. Barre Toelken: »The ›Pretty Language‹ of Yellowman«, *Genre* 2, Nr. 3 (1969), S. 213.
20  *God is Red*, Grosset & Dunlap, New York 1973, S. 52.
21  Vgl. Kap. 8, das auch einen Abschnitt über Animismus enthält.
22  Mehr über Wege in Ruth L. Bunzel: *Zuñi Ritual Poetry*, ARAE 47 (1923), S. 721–756; Paul Radin: *The Culture of the Winnebago as Described by Themselves*, Special Publications of the Bollingen Foundation 1 (1949); Paul Radin: *The Road of Life and Death*, Pantheon, New York 1945.

## *Erster Teil: Sehen und Heilen*

### WERDEGANG EINES MEDIZINMANNS
(Aus Marius Barbeau: *Medicine Men of the North Pacific Coast*, Bulletin of the National Museum of Man and the National Museum of Canada 152 (1958). Barbeau schrieb diese Geschichte 1920 in Hazelton,

British Columbia, auf. Isaac Tens war ein Mitglied der Gitenmaks-Abteilung der Gitksan.)

1 Am Zusammenfluß von Skeena und Buckley in Hazelton.
2 In der Mythologie der Gitksan das verlorene Paradies.

## REISE EINES SCHAMANEN ZU TAKÁNAKAPSÂLUK, DEM GEIST DES MEERES

(Aus Knud Rasmussen: *Intellectual Culture of the Iglulik Eskimos*, Bd. VII, Nr. 1, *Report of the Fifth Thule Expedition, 1921–24*, Gyldendalske Boghandel, Nordisk Forlage, Kopenhagen 1929. Rasmussen wurde bei den Grönland-Eskimos geboren und wuchs dort auf. Die Iglulik-Eskimos des vorliegenden Berichts leben auf der Melville-Halbinsel und der Baffininsel im Nordwestterritorium.

## HANBLECHEYAPI: EINE VISION ERFLEHEN

(Aus Joseph Epes Brown: *Black Elk speaks*, University of Oklahoma Press, Norman 1953. Schwarzer Hirsch (1862–1950) gehörte zum Oglala-Zweig der Teton-Sioux. Brown verbrachte den Winter 1947/48 mit ihm und seiner Familie in der Nähe von Manderson, South Dakota.)

1 Ich habe den Begriff *wichasha wakan* durchweg mit den Ausdrücken »heiliger Mann« oder »Priester« wiedergegeben; die Bezeichnung »Medizinmann« ist in vielen Büchern falsch verwendet worden. [Siehe dazu auch den ersten Teil von Kap. 10. – Hrsg.]
2 Der Indianer identifiziert sich vollkommen mit den Eigenschaften des Wesens oder Dinges, das ihm in einer Vision begegnet, sei es ein Vogel, ein anderes Tier, eines der Elemente oder irgendein Aspekt der Schöpfung. Damit ihn diese Kraft nie verläßt, trägt er immer etwas bei sich, das die Quelle seiner Kraft vertritt. Diese Dinge hat man oft fälschlich Fetische genannt; tatsächlich entsprechen sie eher den christlichen Schutzengeln, denn für den Indianer sind alle Tiere und alle Dinge »Spiegelungen« der göttlichen Prinzipien in materieller Form. Die Form ist für ihn nur wegen des in ihr enthaltenen Prinzips von Bedeutung.
3 Schwarzer Hirsch hatte seine große Vision schon mit neun Jahren. Näheres darüber in Schwarzer Hirsch/ John G. Neihardt: *Ich rufe mein Volk*, Kap. 3.
4 Diese Demutshaltung entspricht der »geistigen Armut« im Christentum; sie ist *faqr* im Islam und *balya* im Hinduismus und kennzeichnet all jene, die erkennen, daß ihre eigene Individualität gegenüber dem göttlichen Prinzip nichts ist.
5 Die Botschaft »Sei achtsam!« charakterisiert die Einstellung indiani-

scher Völker; sie besagt, daß der Große Geist in jedem Augenblick, in jeder Handlung und in allen Dingen gegenwärtig ist, und daß man auf diese Gegenwart beständig und konzentriert »achten« muß. Das Bewußtsein von der Gegenwart *Wakan Tankas* ist das, was im Christentum »im Augenblick leben« oder »ewiges Jetzt« genannt wird; im Islam gibt es dafür den Ausdruck *Waqt*. Die Lakota nennen diese Gegenwart *Taku Skanskan* oder – in der Sprache der heiligen Männer – einfach *Skan*. [Vgl. dazu Kap. 10 – Hrsg.].

## DIE SALZPILGERSCHAFT

(Aus Ruth Underhill: *Papago Indian Religion*, Columbia University Contributions to Anthropology 33, New York 1946, S. 211–242. Die Papago leben im südlichen Arizona und im angrenzenden Teil von Sonora; die Pima sind ihre nördlichen Nachbarn. Der Bericht fußt auf Feldarbeit in den dreißiger Jahren.)

1   Herbert Bolton: *Anza's California Expedition*, Berkeley 1930, Bd. I, S. 90.
2   Carl Lumholtz: *New Trails in Mexico*, New York, S. 196–254.
3   Luis Velarde: »Relación of Pimería Alta, 1716,« hrsg. von Rufus Kay Wyllys, *New Mexico Historical Review* 6 (1913), Abt. 2, S. 127.
4   Die Pima machen die Salzpilgerschaft nicht; sie sagen, daß sie ihr Salz aus dem Handel mit den Papago beziehen.
5   In dieser Rede werden die Wörter »Sonne« und »Coyote« umschrieben. In der alten Zeit wurde die Sonne »leuchtender Wanderer« genannt, aber inzwischen haben sich christliche Ausdrücke eingeschlichen.
6   Bernardino des Sahagún: *Histoire générale des choses de la Nouvelle-Espagne*, übertragen und mit Anmerkungen versehen von D. Jourdanet und Remi Siméon, Paris 1880, S. 344–348.
7   Pinacate, Mexiko.
8   Dieser Ausdruck bezieht sich auf die alten Frauen, die den Pilgern bei der Rückkehr aus dem Dorf entgegenkamen und um Salz bettelten.

## DER PEYOTE-WEG

*(Aus J. S. Slotkin:* »The Peyote Way,« *Tomorrow* IV, Nr. 3, 1956. Slotkin (1913–1958) war ein Anthropologe, der vor allem bei den Menomini von Wisconsin arbeitete; er wurde Mitglied und Amtsträger der Native American Church, der größten Vereinigung von Peyotisten. Der Peyotismus ist vor allem in den Great Plains verbreitet, aber auch

westlich bis nach Arizona und Nevada, im Osten bis zu den großen Seen und im Norden bis zum Mackenzie-Becken.).

1 »Peyotism, 1521-1891,« *AA* 57, 1955, S. 202-230; *The Peyote Religion,* Free Press, Glenoce (Ill.) 1956; »Menomini Peyotism,« *Transactions of the American Philosophical Society* 42, Teil 4 (1952). Siehe auch Weston Labarre: *The Peyote Cult,* Schocken, New York 1969; David F. Aberle: *The Peyote Religion Among the Navaho,* Aldine, Chicago 1966.

## DER WEG DES CLOWNS

1 Morris Opler: *An Apache Life Way,* University of Chicago Press, Chicago 1941, S. 276.
2 Für eine Beschreibung des Donnerwesens siehe Schwarzer Hirsch/Joseph Epes Brown: *Die heilige Pfeife,* Walter Vlg., Olten 19 mm; und Frances Densmore: *Teton Sioux Music,* BAE 61 (1918), S. 157-158.
3 John Fire/Lame Deer und Richard Erdoes: *Lame Deer Seeker of Visions,* Simon and Schuster, New York 1972, S. 236.
4 Schwarzer Hirsch/John G. Neihardt: *Ich rufe mein Volk,* Walter Vlg., Olten 1956, S. 179.
5 E. W. Hawkes: *The »Inviting-In« Feast of the Alaskan Eskimos,* Memoir of the Canadian Department of Mines, Geological Survey, Anthropological Series 45, Nr. 3 (1913), S. 13 f.
6 John Swanton: *Contribution to the Ethnology of the Haida,* Memoirs of the American Museum of Natural History 8, Teil 1 (1909), S. 168.
7 Alfred Kroeber: *The Arapaho,* Bulletin of the American Museum of Natural History 18 (1902-1907), S. 192; William Strong: *Aboriginal Society in Southern California,* University of California Publications in American Archaeology and Ethnology 26 (1929), S. 166; De Cost Smith: »Witchcraft and Demonism of the Modern Iroquois,« JAF 1 (1888), S. 192.
8 Robert Lowie: *The Assiniboine,* APNH 4 (1909), S. 62-65; Gladys Reichard: *Navaho Religion,* Bollingen Foundation, New York 1963, S. 184; Opler a.a.O., S. 30.
9 Franz Boas: *The Social Organization of the Secret Societies of the Kwakiutl Indians,* Reports of the United States National Museum for 1895 (1897), S. 468-471.
10 Schwarzer Hirsch/Neihardt a.a.O.
11 George Grinnell: *The Cheyenne Indians,* Yale University Press, New Haven (Conn.) 1923, Bd. 2, S. 204, 329.

12  Roland Dixon: *The Northern Maidu*, Bulletin of the American Museum of Natural History 17 (1905), S. 316.
13  S. A. Barrett: *The Wintun Hesi Ceremony*, University of California Publications in American Archaeology and Ethnology 14 (1919), S. 457.
14  Washington Metthews: *The Mountain Chant, a Navajo Ceremony*, ARAE 5 (1887), S. 447.
15  J. Barre Toelken: »The ›Pretty Language‹ of Yellowman«, Genre 2, Nr. 3 (1969), S. 231.
16  Matilda Coxe Stevenson: *The Zuñi Indians*, ARAE 23 (1904), S. 132.
17  Matthew Sterling: *Origin Myth of Acoma and Other Records*, BAE 135 (1942), 33, 37, 42 f.
18  Elsie Clews Parsons: *Isleta, New Mexico*, ARAE 47 (1932), S. 360.
19  Leslie White: *The Pueblo of Sia, New Mexico*, BAE 184, (1962), S. 116.
20  Opler, a.a.O., S. 276.
21  Alanson Skinner: *Political and Ceremonial Organization of the Plains-Ojibway*, APNH 11 (1914), S. 529.
22  Gladys Reichard: *Social Life of the Navaho Indians*, Columbia University Press, New York 1928, S. 132.
23  Grinnell, a.a.O., S. 205, 210.
24  Vera Laski: *Seeking Life*, MFS 50 (1958), S. 81.
25  Leo Simmons: *Sun Chief*, Yale University Press, New Haven (Conn.) 1942, S. 411.
26  Frank Hamilton Cushing: *Zuñi Breadstuff*, Indian Notes and Monographs, Heye Foundation 8 (1920), S. 620.
27  Stirling, a.a.O., S. 33–37, 65.
28  Dixon, a.a.O., S. 271–274.
29  Charles Lange: *Cochiti*, Southern Ill. University Press, Carbondale 1968, S. 304.
30  Cushing, a.a.O., S. 621.
31  Stirling, a.a.O., S. 113.
32  Alexander Stephen: *Hopi Journal*, hrsg. v. Elsie Clews Parsons, Columbia University Contributions to Anthropology 25, Bd. 1, S. 328.
33  Morris Opler: *Myths and Tales of the Jicarilla Apache Indians*, MFS 31 (1938), S. 18, 189.
34  Ruth Bunzel: *Zuñi Texts*, Publications of the American Ethnological Society 15 (1933), S. 66.
35  Elizabeth Tooker: *The Iroquois Ceremonial of Midwinter*, Syracuse University Press, Syracuse (N.Y.) 1970, S. 53, 129, 138.

36  E. W. Gifford: *Central miwok Ceremonies*, Anthropological Records 14 (1955), S. 270.

37  Albert Reagan: »Masked Dances of the Jemez Indians«, *The Southern Workman* (1915), S. 423–427; Alanson Skinner: *Ponca Societies and Dances*, APNH 11 (1915), S. 789; Boas, a.a.O., S. 546.

38  Frank Speck: *The Creek Indians of Taskagi Town*, MAA 2 (1907), S. 136.

39  Stephen, a.a.O., S. 491; Alfred Kroeber: *Handbook of the Indians of California*, BAE 78 (1925), S. 186.

40  Robert Lowie: *Military Societies of the Crow Indians*, APNH 11 (1913), S. 217; Julian Steward: »Indian Ceremonial Buffoon«, *Papers of the Michigan Academy of Science, Arts and Letters* (1931), S. 194; Ruth Bunzel: *Zuñi Katcinas*, ARAE 47 (1932), S. 952.

41  Lange, a.a.O., S. 303.

42  Steward. a.a.O., S. 199.

43  ebenda, S. 386.

44  Nancy Wilson Ross: *The World of Zen*, Vintage Books, New York 1960, S. 184 f.

45  Chang Chen-chi: *The Practice of Zen*, Harper and Brothers, New York 1959, S. 52.

## Zweiter Teil: Denken über die Welt

### EIN INDIANISCHES MODELL DES UNIVERSUMS

(Aus *Language, Thought and Reality; Selected Writings of Benjamin Lee Whorf*, hrsg. von John M. Carrol, M.I.T. Press, Cambridge 1956, S. 57–64. Die Hopi leben im nordöstlichen Arizona. Bekannt wurde Whorf (1897–1941) durch seine Untersuchung der Beziehung zwischen Sprache und Denken, eine Beziehung, die er als »korrelativ« und nicht als bloß mechanistisch betrachtete.)

1  Auf diese Vorstellung wird manchmal mit den Ausdrücken »Geist des Atems« *(hikwsu)* und »Mächtiges Etwas« *(a'ne'himu)* angespielt, aber diese Begriffe – obwohl auch sie ehrfurchtgebietend sind – haben möglicherweise eine geringere kosmische Bedeutung.

### ONTOLOGIE, VERHALTEN UND WELTBILD DER OJIBWA

(Aus *Culture in History; Essays in Honor of Paul Radin*, hrsg. von Stanley Diamond, Columbia University Press, New York 1960. Hallowells Feldarbeit erstreckt sich vor allem auf den Saulteauy-Zweig der nördlichen Ojibwa am Berens River in Manitoba.)

*Die Jahreszahlen beziehen sich auf das anschließende Literaturverzeichnis.*

1 Redfield 1952, S. 30; vgl. auch *African Worlds*.
2 Hallowell 1955, S. 91. Für eine ausführlichere Diskussion des kulturell vermittelten Verhaltensumfelds siehe dort S. 86–89 und Anm. 33. Der Begriff »Selbst« ist nicht mit dem Ego der Psychoanalyse identisch. Siehe ebenda S. 80.
3 Vgl. Basilius 1952; Carrol in Whorf 1956; Hoijer 1954; Feuer 1953.
4 Hallowell 1955, Kap. 5.
5 Bruno de Jésus-Marie 1952, S. XVII: »Die in diesem Buch zusammengefaßten Untersuchungen sind in zwei Hauptgruppen unterteilt, von denen die erste sich mit dem theologischen Satan befaßt. Die Analyse der Exegese, der Philosophie und der Theologie behandelt den Teufel hier als ein personales Wesen ..., dessen Geschichte man aufzeichnen kann.« S. 6: »Engel haben keine Körper, aber sie sind den Menschen in körperlicher Gestalt erschienen, haben mit ihnen gesprochen und haben sie als Gefährten auf ihrem Weg begleitet.«
6 Hallowell 1934b, S. 7–9; 1936, S. 1308 f; 1951, S. 182 f; 1955, S. 256–258.
7 Kelsen 1943, Kap. 2, diskutiert die »soziale« oder »personalistische Interpretation der Natur,« die er als den Kern des sogenannten Animismus betrachtet.
8 In einer Vorbemerkung zu *Ojibwa Texts*, Teil I, sagt Jones (S. XIII): »›Wesen‹ oder ›Geschöpf‹ könnte ein allgemeiner Ausdruck für das Belebte sein und ›Ding‹ ein Ausdruck für das Unbelebte.« Vgl. Schoolcrafts Pionieranalyse der belebten und unbelebten Kategorien in der Ojibwasprache, S. 171 f.
9 Greenberg 1954, S. 15 f.
10 Ich glaube, daß Jenness viel zu stark generalisiert, wenn er sagt (S. 21): »Für den Ojibwa ... haben alle Dinge Leben ...« Stimmte das, so wäre die *unbelebte* grammatische Kategorie in der Tat merkwürdig. Im Rahmen des differenzierteren modernen biologischen Denkens erscheint die Einstellung der Ojibwa gar nicht mehr so naiv. N. W. Pirie weist darauf hin (S. 184 f.), daß die Wörter »Leben« und »lebendig« aus dem Alltagsgebrauch übernommen wurden und nicht mehr verwendbar sind. »Leben ist kein Ding, keine philosophische Entität, sondern eine Einstellung des Geistes zu dem, was beobachtet wird.«
11 Feldnotizen. Von dem gleichen Indianer erhielt ich einen etwa fünf Zentimeter langen und dreieinhalb Zentimeter breiten abgerundeten Kieselstein, den ihm sein Vater gegeben hatte. Er riet mir, ihn in einer Blechdose aufzubewahren, sonst könnte er vielleicht »gehen«. Ketegas,

ein anderer Indianer, berichtete mir von den Umständen, unter denen er einen Stein mit lebendigen Eigenschaften und von großem medizinischem Wert erhalten hatte. Dieser Stein war eiförmig. Er hatte eine dunkle, amorphe Zeichnung, in der Ketegas sich selbst und seine drei Kinder sah. »Du denkst vielleicht, dieser Stein lebt nicht«, sagte er, »aber er lebt. Ich kann machen, daß er sich bewegt.« (Er führte es nicht vor.) Zweimal, so fuhr er fort, hatte er den Stein einem Kranken für die Nacht überlassen, und beide Male fand er sich morgens in seiner Tasche. Er bewahrte den Stein in einem eigens dafür angefertigten Lederetui auf.

12 Gelbe Beine hatte von diesem bemerkenswerten Stein in einem Traum erfahren. Auch der genaue Lageplatz wurde ihm enthüllt. Er schickte zwei andere Indianer, um ihn zu holen. Sie fanden ihn auf Birch Island, mitten im Lake Winnipeg, etwa dreißig Meilen südlich der Mündung des Berens River.

13 Sinnverwandte Wörter finden sich in Chamberlains Zusammenstellung »literarischer« Ausdrücke der Cree und Ojibwa.

14 Jones 1917/19, Teil II, S. 574n.

15 Diese Einstellung findet sich keineswegs nur bei den Ojibwa. Schon vor fast einem halben Jahrhundert sagte Swanton: »Einer der am weitesten verbreiteten und für die Folklore und die vergleichende Mythologie besonders unseligen Irrtümer ist die selbstverständliche Identifizierung von Mythos und Fiktion . . .« Man kann demgegenüber ohne Übertreibung behaupten, so sagt er, »daß die meisten Mythen . . . bei den Stämmen, wo sie gefunden wurden, als Erzählungen wahrer Begebenheiten angesehen wurden.«

16 Bidney 1953, S. 166.

17 Lovejoy und Boas 1935, S. 12; Lovejoy 1948, S. 69.

18 Siehe z. B. Collingwood 1945; Randall 1944, S. 355 f. Zur Anwendbarkeit des Gegensatzpaars natürlich – übernatürlich auf primitive Kulturen siehe Van Der Leeuw 1938, S. 544 f.; Kelsen 1934, S. 44; Bidney 1953, S. 166.

19 Vgl. Krech und Crutchfield 1948, S. 10.

20 Vgl. Hallowell 1934a.

21 Wahrscheinlich liegt hier die Rationalisierung eines Mutter-Sohn-Inzests vor. Aber die Frau gab es nie zu und wurde auch nie mit Krankheit bestraft. Für die Ojibwa ist die Verletzung des Inzest-Tabus ein Vergehen, das böse Folgen haben muß, und da diese Folgen nicht eintraten, war die Darstellung der Frau im Rahmen des Ojibwa-Weltbilds durchaus akzeptabel.

22 Thompson 1946, S. 258.

23 Hallowell 1926.
24 Hallowell 1934a, S. 397.
25 Zauberer können auch die Gestalt anderer Tiere annehmen. Peter Jones, ein konvertierter Ojibwa, der als Prediger und Autor berühmt wurde, sagt: »Sie können sich in Bären, Wölfe, Füchse, Eulen, Fledermäuse und Schlangen verwandeln . . . Viele aus unserem Volk berichteten mir, sie hätten Hexen in der Gestalt dieser Tiere gesehen und gehört, vor allem als Bären und Füchse. Sie sagen, wenn man einer Hexe in Gestalt eines Bären plötzlich nachsetzt, dann läuft sie hinter einen Baum oder Hügel, damit man sie für einen Augenblick nicht sehen kann, und wenn man sie einholt, dann sieht man statt einem Bären eine alte Frau, die friedlich einhergeht oder nach Wurzeln sucht und dabei so unschuldig wie ein Lamm aussieht.« (Jones 1861, S. 145 f.)
26 Dorson 1952, S. 30.
27 Ebenda, S. 29.
28 Hallowell 1955, S. 176 f.
29 Dorson 1952, S. 31.
30 Hoffman 1891, S. 205 f.
31 Unveröffentlichte Feldnotizen.
32 Siehe Hallowell 1955, Kap. 15.
33 Vgl. Skinner 1915, S. 261. Cooper 1933 (S. 75) schreibt: »*Manitu* war im Bewußtsein meiner Informanten deutlich personenhaft und nicht eine unpersönliche übernatürliche Macht . . . Soweit ich sehen kann, bezeichnet *Manitu* stets ein übernatürliches, personenhaftes Wesen . . .«
34 Radin 1914a, S. 350.
35 Ebenda, S. 349 f.
36 »Wenn einer böse Dinge tut, damit fängt die Krankheit an«, formulierte einer meiner Informanten. Eine ausführliche Diskussion des Zusammenhangs von unerlaubtem Sexualverhalten und Krankheit findet sich in Hallowell 1955, S. 294 f., 303 f. Vergl. Hallowell 1939.
37 Vgl. Hallowell 1955, S. 305.
38 Radin 1927, S. 177: »In dem Gebiet, das die Woodland-Stämme von Kanada und den Vereinigten Staaten bewohnen, bedeutet zu langes Fasten den Tod.« William Jones 1917/19 (Teil II, S. 307–311) erwähnt zwei Fälle von Überfasten. In einem der Fälle fand der Vater später die Knochen seines Sohns.

*Literatur*
*African Worlds; Studies in the Cosmological Ideas and Social Values of African Peoples*, 1954. Veröffentlicht für das International African

Institute. Oxford University Press, London. Baraga, R. R. Bishop, 1878: *A Theoretical and Practical Grammar of the Otchipwe Language*, Beauchemin and Valois, Montreal. Ders. 1880: *A Dictionary of the Otchipwe Language Explained in English*, Beauchemin and Valois, Montreal.

Basilius, H., 1952: »Neo-Humboldtian Ethnolinguistics«, *Word* 8.

Bidney, David, 1953: *Theoretical Anthropology*, Columbia University Press, New York.

Bruno de Jésus-Marie (Hrsg.), 1952: *Satan*, Sheed and Ward, New York.

Chamberlain, A. F., 1906: »Cree and Ojibwa Literary Terms«, *JAF* 19, S. 346 f.

Collingwood, R. G., 1945: *The Idea of Nature*, Clarendon Press, Oxford.

Cooper, John M. 1933: »The Northern Algonquian Supreme Being«, *Primitive Man* 6, S. 41–112.

Dorson, Richard M., 1952: *Bloodstoppers and Bearwalkers; Folk Traditions of the Upper Peninsula*, Harvard University Press, Cambridge (Mass.).

Feuer, Lewis S., 1953: »Social Aspects of the Relation between Language and Philosophy«, *Philosophy of Science* 20, S. 85–100.

Fletcher, Alice C., 1910: »Wakonda«, in: *Handbook of American Indians*, BAE 30.

Greenberg, Joseph H., 1954: »Concerning Inferences from Linguistic to Nonlinguistic Data«, in: *Language in Culture,* hrsg. von Harry Hoijer, University of Chicago Press, Chicago.

Hallowell, A. Irving, 1926: »Bear Ceremonialism in the Northern Hemisphere«, *AA* 28, S. 1–175.

Ders., 1934a: »Some Empirical Aspects of Northern Saulteaux Religion«, *AA* 36, S. 389–404.

Ders., 1934b: »Culture and Mental Disorder«, *Journal of Abnormal and Social Psychology* 29, S. 1–9.

Ders., 1936: »Psychic Stress and Culture Patterns«, *American Journal of Psychiatry* 92, S. 1291–1310.

Ders., 1939: »Sin, Sex and Sickness in Saulteaux Belief«, *British Journal of Medical Psychology* 18, S. 191–197.

Ders., 1951: »Cultural Factors in the Structuralization of Perception«, in: John H. Rohver und Muzafer Sherif: *Social Psychology at the Crossroads*, Harper, New York.

Ders., 1955: *Culture and Experience*, University of Pennsylvania Press, Philadelphia.

Hewitt, J. N. B., 1902: »Orenda and a Definition of Religion«, AA 4, S. 33–46.

Hoffman, W. J., 1891: *The Mide'wiwin or »Grand Medicine Society« of the Ojibwa*, ARAE 7.

Hoijer, Harry (Hrsg.)., 1954: *Language in Culture*, MAA 79.

Jenness, Diamond, 1935: *The Ojibwa Indians of Perry Island, Their Social and Religious Life*, Canada Department of Mines, National Museum of Canada Bulletin 78, Anthropological Series, Ottawa.

Jones, Peter, 1861: *History of the Ojibwa Indians*, London.

Jones, William, 1905: »The Algonkin Manitu«, JAF 18, S. 183–190.

Ders.: *Ojibwa Texts*, Publications of the American Anthropological Society, Bd. 7, Teil I und II, Leyden 1917, New York 1919.

Kelsen, Hans, 1934: *Society and Nature; A Sociological Inquiry*, University of Chicago Press, Chicago.

Krech, David, und Richard S. Crutchfield, 1948: *Theory and Problems of Social Psychology*, McGraw-Hill, New York.

Lovejoy, Arthur O., 1948: *Essay in the History of Ideas*, Johns Hopkins Press, Baltimore.

Lovejoy, Arthur O., und George Boas, 1935: *Primitivism and Related Ideas in Antiquity*, Johns Hopkins Press, Baltimore.

Pirie, N. W., 1937: »The Meaninglessness of the Terms ›Life‹ and ›Living‹«, in: *Perspectives in Biochemistry*, hrsg. von J. Needham und D. Green, Macmillan, New York.

Radin, Paul, 1914a: »Religion of the North American Indians«, JAF 27, S. 335–373.

Ders., 1914b: *Some Aspects of Puberty Fasting among the Ojibwa*, Geological Survey of Canada, Department of Mines, Museum Bulletin Nr. 2, Anthropological Series Nr. 2, S. 1–10.

Ders. 1927: *Primitive Man as Philosopher*, D. Appleton, New York.

Randall jr., John Herman, 1944: »The Nature of Naturalism«, in: *Naturalism and the Human Spirit*, hrsg. von H. Krikorian, Columbia University Press, New York.

Redfield Robert, 1952: »The Primitive World View«, *Proceedings of the American Philosophical Society* 96, S. 30–36.

Schoolcraft, Henry R., 1834: *Narrative of an Expedition through the Upper Mississippi to Itasca Lake, the Actual Source of the River*, Harper, New York.

Skinner, Alanson, 1915: »The Menomini Word ›Häwätûk‹«, JAF 28, S. 258–261.

Swanton, John R., 1910: »Some Practical Aspects of the Study of Myths«, JAF 23, S. 1–7.

Tanner, John, 1830: *Narrative of the Captivity and Adventures of John Tanner*, hrsg. von E. James.
Thompson, Stith, 1946: *The Folktale*, Dryden Press, New York.
Van Der Leeuw, G., 1938: *Religion in Essence and Manifestation*, Allen and Unwin, London.
Whorf, Benjamin Lee, 1956: *Language, Thought and Reality*, hrsg. von J. B. Carroll, Wiley, New York.

## DAS INNERE GESICHT VON SCHAMANISMUS UND TOTEMISMUS

(Robin und Tonia Ridington: »The inner Eye of Shamanism and Totemism«, in: *History of Religions* 10, Nr. 1 (August 1970). »Unsere Rolle bestand allein darin, diesen Essay zu formulieren. Wo er die Wirklichkeit nicht trifft, ist es unsere Schuld, und wir bitten um Nachsicht. Die Ideen, die wir hier zu vermitteln versuchen, sind jedermanns Besitz. Wir haben von und mit Teilnehmern eines Seminars über Mythen an der University of British Columbia gelernt, aber unsere wirklichen Lehrer sind natürlich die Beaver selbst und ihr Schamane Charlie Yahey. Wir sind seit 1964 ihre Schüler. Auch die Werke von Mircea Eliade sind als Vorbereitung für den Weg von großer Bedeutung.« Die Beaver-Indianer leben im nordöstlichen British Columbia und in Nord-Alberta.)

1 Susan Reid: »A Methodologica Inquiry into the Nature of Kwakiutl Ceremonialism«, unveröffentlichtes Manuskript, Department of Anthropology, University of British Columbia 1969.

2 Claude Lévi-Strauss: *Das wilde Denken*, Suhrkamp Vlg., Frankfurt/M. 1968.

3 Mircea Eliade: *The Sacred and the Profane*, Harcourt, Brace & World, New York 1957; und *Schamanismus und archaische Ekstasetechniken*, Rascher Vlg., Zürich 1957.

4 Carlos Castaneda: *Die Lehren des Don Juna*, S. Fischer Vlg., Frankfurt 1976.

5 Für eine detaillierte Beschreibung der schamanischen Kosmologie siehe Eliade: *Schamanismus . . .*, Kap. 8.

6 Basiert auf Mythen, Geschichten und schamanischen Texten der Beaver und auf unveröffentlichten Feldnotizen aus den Jahren 1964 und 1968.

## DIE METAPHYSIK DER OGLALA

(Aus J. R. Walker: *The Sun Dance and other Ceremonies of the Teton Dakota*, APNH 16, Teil I, 1917. Der Arzt J. R. Walker lebte viele Jahre bei den Oglala, einer Abteilung der Teton-Sioux; Schwert, Finger, Ein-Stern, Tyon und andere Schamanen wurden seine Freunde und führten ihn in die schamanischen Praktiken ein.)

## DER TOD AUS INDIANISCHER SICHT

1 Dieses Märchen ist vollständig übersetzt in Dennis Tedlock: *Finding the Centre; Narrative Poetry of the Zuñi Indians,* The Dial Press, New York 1972, S. 3–32. Der hier wiedergegebene Abschnitt sollte laut mit einer Pause nach jeder Zeile und einer längeren Pause nach jeder Strophe gelesen werden.
2 Matilda Coxe Stevenson: *The Zuñi Indians,* ARAE 23, 1904, S. 309, 567.
3 Vgl. Ruth L. Bunzel: *Introduction to Zuñi Ceremonialism,* ARAE 47 (1932), S. 482 f. Meine Beschreibung des Begräbnis-Zeremoniells fußt zum großen Teil auf Stevenson, a.a.O., S. 305–317.
4 Dies ist meine Übersetzung des Zuñi-Texts in Ruth L. Bunzel: *Zuñi Ritual Poetry,* ARAE 47 (1932), S. 633–634. Es wird sehr schnell gesprochen und auf den hervorgehobenen Silben betont.
5 Wie Barbara Tedlock in »Prayer Stick Sacrifice at Zuñi« (unveröffentlichtes Manuskript) gezeigt hat, sind die Figuren ein Ersatz für das Selbst und daher ein wirkliches »Opfer« und nicht bloß eine »Gabe«.
6 »Kachina« ist das Hopi-Wort für diese Wesen, das in die amerikanische Sprache eingegangen ist.
7 Diese Interpretation der Beziehung zwischen den Kachinas und den Lebenden entwickelt Barbara Tedlock in *Kachina Dance Songs in Zuñi Society* (unveröffentlichte M.A.-Arbeit in Anthropologie, Wesleyan University), S. 71–74.
8 Für eine erschöpfende Aufstellung der Kachinas und ihrer Eigenschaften siehe Ruth L. Bunzel: *Zuñi Katcinas,* ARAE 47 (1932), S. 905–1086.
9 Dennis Tedlock: »Zuñi Religion and World View«, in: *Handbook of North American Indians,* hrsg. von Alfonso Ortiz, Smithsonian Institution, Washington, Bd. 9, Kap. 49.
10 R. Bunzel: *Zuñi Ritual Poetry,* S. 666 f.; Tedlock: *Finding the Centre,* S. 32, 142, 152. (Im Zweiten Weltkrieg wurden Regenmacher als »Geistliche« nicht eingezogen.)
11 Bunzel, ebenda, S. 656.
12 Stevenson, a.a.O., S. 579–585.

# REGISTER

Achsen der Welt, siehe Weltachsen
Andere Welt 13 f., 16 ff.
Animismus 125, 140, 231

Castaneda, C. 12
Christentum 19, 100, 162, 204, 226 f.

Dimensionen der Welt, siehe Weltachsen
Donnervögel (-wesen) 47, 52, 61, 109 f., 112, 147–151

Eliade, M. 11 f., 170, 236
Erfahrung, unmittelbare 104, 110, 120
–, mystische 106 f.
–, innere 169 f., 177

Fasten 19, 56, 64, 159, 164, 166 f., 221
Freud, S. 174 f.

Gebet 55, 100, 104, 130, 211, 221
Geheimgesellschaften 18 f. (siehe auch Kachinagesellschaft, Medizingesellschaften, Midewiwin.)
Geister, böse 57, 63, 184, 193
–, gute 193

Hexerei 208, 210, 215, 233
Himmelsrichtungen, die vier 48, 50, 131, 146, 171, 176, 193

*Kachina* 113, 207, 217 f., 220, 236
Kachinadorf 200, 217 ff.
Kachinagesellschaft 204, 207, 212, 217, 220 ff.

Kachinatänzer 202, 207, 212
Kosmologie 168 ff., 182
Kosmos 9, 127, 135, 146, 206 ff.
Krankheit und Heilung 103 f., 115–118, 163, 165 f., 184, 208, 212

Lebenszyklen 178 f., 181
Leere des Geistes 13, 20
Lévy-Bruhl, L. 10
Lévy-Strauss, C. 11, 168 ff.
Lieder der Schamanen 27 f., 30–33, 179 ff.

Macht, persönliche 156 f., 161, 165
Mächte des Universums 46, 51, 58, 112
Magie 143 f., 162
Maismehl 67–70, 80 f., 88 ff., 97, 113, 211 f., 214 f.
Mandala 169, 178
*manitu* 161 ff., 233
Medizin 118, 179, 183 f., 192
Medizingesellschaften 206 f., 210, 212 f., 220
Metamorphose, siehe Verwandlung
Metaphysik 126, 129, 136, 161, 164
Midewiwin 18, 140 ff.
Mythen 132, 136, 142 ff., 146, 149 f., 152, 157, 159, 168 f., 175, 177, 182, 232
Mythologie 141, 156

Nadir 132 f., 176

Native American Church 13 f., 100, 102, 108
Natur, Mensch und 10, 20, 144 f.

Offenbarung 104, 106
Omen (Vorzeichen) 200, 205
Opfer 42–63, 195, 197, 207, 213
Opferfiguren 202, 207, 213 ff., 237

Person 136–167
Peyote 13, 100–108, 227
Pfeife, rituelle 42–63, 185, 190, 195 f.

Radin, P. 11 f., 134, 162
Raum, siehe Zeit
Regenmacher 14, 74, 212, 221, 237
Reinigung, rituelle 13, 42–63, 65 f., 79, 92–99, 222
Reise des Schamanen 35 f., 170, 179, 182

Schöpfung 142 f., 179 ff.
Schöpfungsmythen, siehe Ursprungsmythen
Seele 140, 156, 159, 190 f., 193, 203, 211, 213 f., 216
Sprache 15 f., 124–133, 135, 138, 142
Symbolik, religiöse und mythische 113, 168, 182, 194 f.

Tabak 9 f., 13, 45, 47 ff., 72
Tabu 39 f., 165, 179
Tod 14, 20, 116, 160, 181, 198–223

Traum 28 f., 31, 66, 147, 156, 158 ff., 164, 178 ff., 204, 206, 214, 216, 220

übernatürliche Mächte 89, 144, 162
übernatürliche Welt 110, 146, 169, 171
Unterwelt 115, 130, 169 f., 176, 220, 222 (siehe auch Kachinadorf)
Ursprungsmythen (Schöpfungs-) 75, 114 f., 133, 170

Verwandlung (Metamorphose) 151–161
Verwandtschaft 15 f., 50 f., 93, 137
visionäre Suche (-Reise) 175–179, 180 f.

Weltachsen (Dimensionen der Welt) 12, 130 f., 169
Weltbild 134–138, 151
Weltende 223
Wertvorstellungen 134 f., 161, 165 ff.
Wiedergeburt 176, 178, 180 f., 216, 221 f.
Winde, die vier 145 f., 185, 195 f.

Zeit und Raum 124–133, 169 f., 177 f., 180 f.
Zen Buddhismus 120
Zenith 130, 176

Hans Findeisen/Heino Gehrts
## Die Schamanen
*Jagdhelfer und Ratgeber, Seelenfahrer, Künder und Heiler. DG 47. ca. 256 S. mit Abb. (Herbst 83)*

Die schamanistischen Mysterien der Nordvölker – von den Lappen bis zu den Tschuktschen im Osten. Aufzeichnungen des bedeutenden Schamanenforschers Findeisen, veranschaulicht durch eine Fülle faszinierender Texte.

Basil Johnston
## Und Manitu erschuf die Welt
*Mythen und Visionen der Ojibwa. DG 24. 192 S. mit 12 Abb.*

Ein Ojibwa erzählt die Mythen und Visionen seines Volkes, wie sie ihm von den Stammesältesten überliefert wurden. Es ist das »ökologische Bewußtsein« der Indianer, ihre Achtung vor Tier und Pflanze und dem Gleichgewicht der Natur, von dem wir Zivilisationsgeschädigte heute lernen können.

## Popol Vuh
*Das Buch des Rates. Aus dem Quiché übertragen und erläutert von Wolfgang Cordan. DG 18. 232 S. mit 22 Abb.*

Das Popol Vuh, in dem die Maya ihre Schöpfungsgeschichte, die Sagen und Berichte ihrer eigenen Frühzeit aufgezeichnet haben, ist wichtigste frühindianische Quelle der Maya-Kultur.

Frank Waters
## Das Buch der Hopi
*Nach den Berichten der Stammesältesten aufgezeichnet von Kacha Hónaw (Weißer Bär). 380 S. 93 Abb. Geb.*

Hopi heißt »Volk des Friedens«. Ihr Lebensgeheimnis: die Gemeinschaftszeremonien und esoterischen Rituale, eine bewußte Ökologie und die »Kraft des Hoffens«. Die Hopi kennen kein Paradies und keine Erbsünde, sie lehnen Krieg und Gewalt ab; Besitzansprüche auf Land und Luft und Wasser können sie nicht begreifen.

Royal B. Hassrick
## Das Buch der Sioux
*380 Seiten mit 51 Abb. im Text und 23 Fotos. Geb.*

Wer weiß schon, wie die Sioux wirklich leben? Hier erfahren wir ihre Riten und ihr Handwerk, Familienleben, Sexualität und Kindererziehung, Jagd- und Kriegszüge, und ihre Vision von Wakan Tanka, dem Großen Geheimnis.

# Eugen Diederichs Verlag